ESSENTIALS OF LEARNING AND VARIATION IN TEACHING

教学的稳与变

吴颖惠　丛立新　等　著

教育科学出版社
·北　京·

序　一

学习的关键

非常感谢从立新教授邀请我为本书写序。这本书是一项很有意思的教育项目的研究成果。

二十年前，我与香港学者 TSE Lai Kun 以及澳大利亚学者 Gloria Dall' Alba 一起做过一项研究。这项研究的成果题目是“中国学生的学习悖论”（The paradox of the Chinese learner）。那时候（现在仍然如此），人们一般认为中国学生的学习是以重复和记忆为主要特点。同时，大家发现中国学生很善于学习。而重复和记忆并不是特别好的学习方式。于是，一个问题产生了：中国学生并没有采用什么优异的学习方式，那他们的学习怎么能这么优秀？这就是我们所说的“中国学生的学习悖论”。

为了探寻上述问题的答案，我们在上海对一些教师进行了访谈研究。访谈内容是教师对学习、教学、记忆、理解等话题的认识。大部分教师认为记忆是一种重要的学习方式，但所有人都谈到理解才是学习的关键。在他们的认识中，记忆和理解似乎是交织在一起的，而重复对两者都很重要。

后来，我在赴香港担任客座教授的几年间，继续与中国学者一起研讨这一问题。我开始了解变化和差异在中国教学中的重要作用。教师在复现教学内容的时候往往会做一些改动。我们发现，这些改变的系统运用是中国式教学法的重要特色。这一点在数学学科尤为明显。我学会了“变式”这个重要概念，并会见了这个概念的提出者顾泠沅教授。他提出了数学教学中系统运用变与不变的一套理论。所有这些都很令人振奋。我们逐渐形成了关于学习的变与不变的理论，即变异理论（Variation Theory）。

当我了解到北京市海淀区与北京师范大学合作开展的“变异教学理论的课堂实验研究”项目时，我非常高兴。与这个项目的研究者保持联系，这是我专业生涯里最开心的事情之一。我们提出的变异教学理论在很大程度上参考了中国的教学法传统和经验，而今这个理论在中国得以运用于促进学生的学习。该项目研究发现，我们的教学理论作为一种理论工具，可以为中国教师改进教学发挥积极作用。这给我带来极大的喜悦。据我了解，这个项目进行得很顺利，使参与项目的学生、教师、研究者能以更有力的方式来认识事物和做事情。这本书讲述了项目参与者在教和学方面的成功故事，值得所有关心教与学的人们学习和思考。

马飞龙（Ference Marton）

瑞典弗洛达，2013 年 9 月 5 日

FOREWORD

It is a great honor for me to be invited to write the foreword to this book about a most interesting project in Education.

Twenty years ago I carried out a study, together with TSE Lai Kun from Hong Kong and Gloria Dall' Alba from Australia. The results were presented under the title "*The paradox of the Chinese learner*". It was about the following. At that time-and to some extent still-learning in China was seen as being characterized by repetition and memorization. At the same time Chinese students had a reputation of being excellent learners. But repetition and memorization are not considered to be especially powerful ways of learning. So how can Chinese students be so excellent when they use not particularly excellent ways of learning? This is what we called "The paradox of the Chinese learner".

We addressed this paradox by carrying out an interview study with a group of teacher educators from Shanghai, about their views of learning, teaching, memorization, understanding and related phenomena. Most of them pointed to memorization as an important aspect of learning, but basically none of them without also mentioning understanding as a vital aspect of learning. They seemed to see memorization and understanding intertwined, repetition playing an important role for both.

I continued to explore this issue with some Chinese colleagues later on, when I worked in Hong Kong as a Visiting Professor during some years. I become aware of the central role of variation in teaching and learning in China. When you repeat something you usually vary something. We found that the systematic use of variation is a characteristic feature of Chinese pedagogy . This is especially true in the learning and teaching of Mathematics. I learned about the concept of "bianshi" and met Professor Gu Lingyuan who had developed a theory of the systematic use of patterns of variation and invariance in the teaching of Mathematics. All this was very, very exciting as we were working on a theory about variation and invariance in learning, called the variation theory.

So when I came into contact with the Haidan project it was one of the happiest events in my entire professional career. Our theory that to a great extent was inspired by what we learned about Chinese pedagogy was now used in China to enhance student learning. To the extent our theory was found useful as a conceptual tool in Chinese teachers' work, it was the purest joy for us. And the project seemed to work very well. Everyone who took part in the project, students, teachers and researchers, learned to see things and to do thing in more powerful ways than before. This book is about a success story, it is about the learning of all involved.

Floda, Sweden, September 5, 2013

序　二

对于课程与教学专业的学者而言，课堂是最具有吸引力的所在，也是最终安身立命的所在。围绕教学奥秘的各种求索，关于教学不同主张的争论，涉及教学改革假说的各种验证，最终要在课堂这个阵地见分晓。不过，真正长久、深入地进入课堂展开研究，在今天已经不是一件很容易的事情。因此，十分感谢海淀区教育科学研究所，以合作研究的方式，给了我们一个深入课堂的机会，也十分感谢瑞典的马飞龙教授，为我们提供了变异教学这样一个内涵丰富、洞见深刻的理论。

就如时下人们经常谈到的，自从新课改以来，中国基础教育出现了众多的巨大变化，其中不乏令人鼓舞的成果，但也的确出现了诸多令研究者和实践者均感困惑和迷茫的现象。正是在这样一个大的背景之下，2011 年，由北京师范大学课程与教学研究院与海淀区教育科学研究所合作的项目“变异教学理论的课堂实验研究”正式启动。合作双方的共识在于，扎根到课堂，进入实际教学之中，面对当下各种各样的老生常谈和各种各样的新鲜话题，去思考、去发现，做出明确的回答，满足教学的真实需求，促进教学质量的提高。

在海淀区这个北京市面积最大的城区内，北京师范大学、海淀区教育科学研究所的项目学校分布的覆盖面可谓宽广，从最东边延伸至最北面。项目学校中既有规模可观的实力雄厚者，也有某些年级只有一个班级，且师生刚过百人者。师资力量和学生来源更是悬殊。这就使得项目研究既富有趣味性又极具挑战性。项目组认为，这也将使研究的成果更有意义。

教学是人类最为复杂的活动之一，三年的时间，当然不可能沧海桑田。但是在项目即将结束的此时此刻，每个参与者都看到了令人欣慰的研究成果。从始至终，项目实施的立足点是学校生活和教师职业中最为平实的各种活动：理论学习、集体备课、教学展示、说课评课、经验交流，等等。在这些平实的活动中，我们和项目学校的教师一起，尝试将变异理论注入小学课堂，数学、语文、外语、科学……探讨理论宏旨及其精微之处，至远至近；揣摩教学设计的结构及其每一个细节，至深至浅。面对大量时髦和流行的口号，面对普遍存在的教学实践弊端，不回避、不轻视，而是付诸联系实际的具体解决。依据变异理论的精髓，将对教学内容的关照放在优先地位，在特定教学内容的精细分析与精准把握基础上选择和安排方法与形式。这样的做法是琐碎而繁重的，但毫无疑问也是有意义、有价值的。正是在这样的努力中，一点一滴地，实实在在地，项目组的成员见证了教师们的转变，见证了教学活动的提升：从来如此的教学惯例得到反思，长期存在的学生错误得到了新的审视。一些教师已经能够自觉地从概念的关键属性出发考虑教学结构，选择安排所需要的例证类型。更有一些教师提炼研究过程中的所悟所得，写出了公开发表的论文。来自北师大的学者，也不断地得到新的理论感悟，不断地充盈自己的专业修养。

三年的投入，艰难是必然的，收获也是充实的。在项目即将收尾的时候，整理和总结的结果便是这本书。当然不可能全部囊括研究的成败得失，也不可能反映所有参与者的心路历程，不过，相信本书比较集中地反映了项目研究的基本过程和主要成就。

从立新
2013 年 9 月

目　录

前　言

北京市海淀区教育科学研究所　吴颍惠

20 世纪 80 年代以来，教育、教学改革风起云涌，各种教学模式此起彼伏。特别是进入 21 世纪，实行基础教育新课程改革以来，伴随建构主义教学思想的广泛推行，教学改革成为热门话题，出现了许多新的教学思想与理念。

在深入推进基础教育课程改革的背景下，许多人期待课堂教学能够发生“革命性变化”——从教学思想来讲，“能力比知识重要”；从教学过程来讲，“过程比结果重要”；从教学内容方面讲，“重直接经验多于重间接经验”；从教学方式方法来讲，“秧田式的教学组织形式和讲授教学法”受到了猛烈抨击，而相应的“小组合作的教学组织形式和探究体验的教学法”得到了大力推崇；从教学效果评价方面来看，“综合素质评价重于简单分数评价”，等等。以课程改革为分水岭，当前的教学改革常常把以前的教学笼统地归结为“教师讲授为主的传统教学”，而将这以后的教学归结为“学生活动为主的新课改新教学”。这种主张弱化了教学改革的继承性与发展性，期待教学过程有一个彻头彻尾的深刻变革。

（一）

从本质而言，教学就是人类知识与经验传递的过程。自古以来，人类就需要把上一代人积累的知识和经验传递给下一代人。教师在教学过程中，培养学生适应现实社会的知识和技能，形成应对未来社会变化的能力和素质。

可见，教学过程主要是学生对人类积累知识和间接经验的学习，这一点是不能改变的。至于采用什么样的方法有利于人类知识和经验的传递，并且在传递过程中如何生成新的知识和经验，构建学生的认知结构和能力结构，则是一个教学方法和手段的问题。

知识是能力和素质的基础。对未成年人而言，基本知识和基本技能的学习是必须经历的教育环节。学生必须在掌握人类社会长期积淀下来的基本知识和基础技能的基础上，经过多年学校学习和成长经验积累，才能够逐渐发展能力和养成素质，并且人的能力增长和素质养成是终生的事情，是一个漫长积累和实践的过程。要发展孩子的能力、养成素质，知识的学习是必不可少的，这一点从人类社会有了教育开始，就没有改变过。因此，我们在中小学教学过程中，必须高度关注知识内容的学习，必须在有限的课堂教学时间内，让学生尽可能学到最基本、最有用的科学知识，进而发展能力和形成素质。

为了确保学生能够获得滋养终生的、可持续发展的知识，学生在学校里的学习需要练习、复习、作业和考试，这些都是教学过程中必不可少的环节。练习是为了复习巩固，考试是为了检测评价，这些都是教学过程中亘古不变的真理。尽管作业、复习和考试可能会增加学生学习负担，使得学习不再是一种“轻松有趣”的事情，但是这是学生在学校学习必须付出的代价。在教学过程中，我们应该努力让学生明白这一点。明白理解了这一点，就抓住了学生学习的本质。因此，在教学过程中，我们必须在努力培养学习兴趣和动机的同时，尤其关注学生学习的意志品质和自我控制能力的培养，让学生从小养成一种努力学习的精神和品质，这一点也是教学过程中亘古不变的真理。在这个世界上，没有人能够轻轻松松成功，也没有一个学生可以不通过自身努力就取得良好学业成绩，进而发展能力和形成素质。

这里需要谈到考试。从古到今，考试都是一个广受诟病的东西，古代有“范进中举”式的科举考试，如今则有千夫所指的高考制度。“文化大革命”期间曾经宣扬过“交白卷的时代英雄”，也曾经连续十年取消过高考制度，但后来恢复高考，却成为万民期盼的一场伟大的“教育革命”。可见，高考制度有其存在的合理性，但是如果高考制度的影响力延伸到中小学教育，就必然会影响到义务教育发展走向，就会激起全社会的“愤慨”情绪，引起整个社会对儿童健康成长的关注。这种关注是有道理的，但这种关注并不能否定学校考试存在的必然性。当然，这里所说的基础教育阶段的考试是作为一种教学检测手段，而非一种如高考般的选拔性考试。学生在学校学习过程中，要随时随地接受检测学习式的考试是必然的，对大班额教学而言，这也是必不可少的教学环节之一。考试不仅对随时随地改进教学有利，对于家长及时了解学生的学习进程和学习质量有利，对于学生获得知识、体验学习成功、激励更为深入的学习也大有裨益。学校考试方式和考试内容都会发生改变，事实上，考试改革是时时刻刻都在进行，但是考试作为一种教学和学习质量监测的方式，这一点却是有其合理性的，是不可改变的。

实际上，由于教学改革可能会影响到一代人的成长，影响到人类知识与经验的传递，因此，教学的改革必须是渐进的，而非革命性的变革。任何一次教学改革都必须建立在继承的基础上，在继承基础上追求发展。这是由教学的相对稳定性所决定的。

（二）

课堂教学是需要质量的，我们必须给孩子提供有质量的教育。有质量的教育包括学习的质量和学习的效率。要提高学生在学校的学习质量，让学生获得适应未来社会必要的阅读能力、计算能力和科学认识世界的能力，是基础教育永远不变的人才培养目标。但是如何提高课堂教学质量和学生学习质量，则是由所采用的教学策略、教学模式、教学方法和手段所决定的。教学的策略、模式和方法等都是可以改变的，教本无定法。教学方式本身就是中性词，没有褒贬之分，并非传统讲授的教学方式就不好，而探究式教学方式就一定好。相应地，学习方式本身也没有褒贬之分。学习方式是由学习内容决定的，有什么样的学习内容，就有什么样的学习方式。教学过程中首先应该高度关注的是学生的学习内容，而非学习方式，需要根据学习内容来确定科学的学习方式。

这次基础教育课程改革，把教学和学习方式变革作为教学改革的主要目的之一，强调“学习方式变革”的重要性，倡导“怎么学”比“学什么”

更重要，甚至把教学方式截然区分为传统的讲授式和现代的探究式，对中国传统的教学方式进行深刻的批判，这在一定程度上误导了课堂学习的过程，使得伴随新课程改革以来推行的探究、合作和体验学习，逐渐成为主流的课堂学习方式。其实，教学和学习方法都不是一成不变的，而是可以选择、可以改变的，没有一成不变的教学和学习方法。教学和学习方法必须依据学科教学内容而定。

正如许多学者所指出的，在新课程改革中“知识教学”有被“虚化”的问题。“知识教学”被“虚化”主要表现在两个方面：一是脱离知识的传授与学习，片面强调教学方式的变革。新课程中不少课堂热衷于情境化教学、小组合作学习、探究式学习，却忽视了对基础知识、基本技能本身的学习。课堂教学不是基于知识学习的需要设置情境，进行合作探究学习，而是单纯为情境而情境，为合作探究而合作探究。这种问题在新课程新教学中屡见不鲜，成为课堂教学的一种新的思维方式，纯粹追求脱离教学内容的教学方式变革，追求表面上“热热闹闹”的探究合作，实际上却是“无源无本”的知识能力培养。

在教学组织形式方面，新课程改革以后，几乎是一律采用了小组合作的学习方式。从表面上看似乎彻底改变了过去“秧田式”的教学组织形式，4个人或6个人一个小组，在一定程度上便于学生课上讨论，但随之也带来了课堂教学纪律和秩序问题，出现了学生上课听讲不认真、不专心的问题。由于基础教育课堂教学中，不是每一项教学内容都适合学生讨论，学生需要通过听讲来领会新知识，需要通过独立思考来内化新知识，而这种小组合作的座位排列形式，显然不利于学生独立思考能力的培养，容易造成课堂教学上“人云亦云”、“一知半解”的问题。何况，学生长时间背对黑板或侧对黑板，也极不利于学生的身体健康。可见，对于大班额教学而言，采用“秧田式”教学组织形式，仍然有其合理性。小组合作学习亦非在所有课堂上对所有教学内容都适用。

总之，教学过程是极为复杂的过程，是人与人之间的交流过程。教学方式和教学组织形式，都不可能是一成不变的，都需要根据教学内容作适当调整和改变。没有一种教学方式或教学组织形式是适合一切课堂教学的。必须根据学科特点和具体教学内容来选择合适的教学方式与组织形式。脱离学习内容讲情境、体验、合作、探究，讲情感、态度和价值观培养，是没有任何价值和意义的，终究都是一句没法落实的空话、大话和虚话。长久下去，势必会影响我国基础教育的质量和水平。

（三）

不断提高中小学课堂教学质量，是教育理论工作者和实践工作者共同关心的话题，也是教育实践中的一个永恒话题。国内外的任何一项教学改革都会本着提高课堂教学质量而展开，在此基础上，形成各种各样的教学改革流派。但是，要真正提高课堂学习质量，还需要依靠科学的学习理论和教学理论，研究分析中小学生的思维和学习特点，提出符合儿童认知规律的课堂学习内容，根据学习内容来确定科学的学习方式，才能够达到提高课堂学习质量的目的。

基于以上认识，我们关注了北京师范大学丛立新等教授倡导的变异教学理论。变异理论（此后多处引文原为“变易理论”或“变易教学理论”，为避免歧义，本书统一为“变异理论”或“变异教学理论”）是瑞典著名教育家马飞龙（Ference Marton）教授在20世纪90年代提出的、在国际上相当有影响力的一种学习理论，已经被欧洲和香港地区的学者研究证明其对课堂学习是十分有效的。变异理论认为学习源于变异，变异（Variation）、审辨（Discernment）和同时性（Simultaneity）是变异理论的三要素。马飞龙认为学习意味着发展学生看待事物（对象）的一种方式，而这种方式的建立是基于学习对象关键特点（Critical aspects）的审辨及对这些特点的同时聚焦。正是由于变异，我们能够体验与分辨学习对象的关键方面。当不同的变异出现在同一时段时，它们使学习者认识到学习对象的不同方面。

变异学习理论要求高度重视学习内容，根据学习内容选择合适的学习方式，这才是教学改革的根本，也是提高课堂学习质量的基本要求。在课堂学习过程中，学生必须明确学习内容，要通过自己的视角、听觉和触角等直接接触学习内容，取得对学习内容的初步认识。教师的角色则在于尽可能引导学生去辨识所要学习内容的关键属性。教师要做的一项工作就是采用不同变化的案例把学习对象的关键属性呈现给学生，引导学生体验学习内容的各个方面，从而做出比较、分析、综合，加深对学习内容的深刻认识，让学生在变异空间内感受学习内容的各个关键特征。

当然，在学习过程中，学生不仅要明确学习内容的本质属性，而且要明确这些关键属性有什么作用和价值，即用所学习的内容到底能做些什么。这就是知识或原理的应用问题，而学习只有上升到应用问题的层面，才能够达到学习能力培养的目的。比如，在学习记叙文的六大要素时，不仅要求学生从一篇记叙文范文中找出“时间、地点、人物、起因、经过和结果”六大要素，而且要求学生能够用这六大要素说出或写出一个故事。这实际上既有了对学习对象的关键属性的认识和理解，又有了对关键属性的情境应用和能力培养。所以，新课改所要倡导的情感、态度和价值观以及能力培养的目标，必须在学生对学习对象关键属性即核心概念深刻理解的基础上进行，学生在学习和掌握知识的过程中，才能够培养能力和发展素质。没有对学习内容的深刻理解，就没有能力的培养。

变异理论一经提出，就引发教学研究领域专家的高度关注。香港的彭明辉、上海的顾泠沅、北师大的丛立新等教授，都先后撰文并亲自实践这一人类学习理论，并且把它引入到课堂教学领域，开展变异教学理论的研究和实践。2010 年 3 月北京市海淀区教育科学研究所与北京师范大学课程与教学研究院，开展“变异教学理论的课堂实验研究”的合作研究，先后选择海淀区东升、二里沟、苏家坨、上庄等四个学区的 23 所学校开展了变异教学理论的实验研究。

经过四年科学扎实的教育改革实验，在北师大丛立新、郭华、易进和陈红兵等四位教授的精心指导和亲自参与下，分别在小学数学、语文和英语学科中，运用了变异教学的思想研究了课堂教学中的“举例”问题。用“正例”、“反例”、“非标准正例”和“非标准反例”等不同举例方式，追求教学过程中的不断变化，而这种变化是围绕教学内容深入推进的变化，是为了学生更好地理解教学内容而精心设计的教学过程变化，而非是没有思维内涵的纯粹教学方式和组织形式的变化。只有这样的教学过程变化，才能够增加学生思维活动的新鲜感，激发学生参与高质量的思维活动，确保课堂教学目标和任务的完成，真正做到不断提高课堂教学质量和水平的目的。

目前，变异教学实验工作还在进行之中，从初步实验结果来看，变异教学改革实验已经取得了明显的教学效果。本书既是对实验过程的回顾与梳理，也是前期研究成果的总结和提炼。全书收集了大量来自教学第一线的教学改革成果，积累了大量变异教学案例，整理了教师在教学改革中的感悟和体会，成为众多教学改革中独树一帜的一项研究成果。全书撰写分工为：第一章：郭华；第二章：从立新；第三章：李艳莹；第四章：吴颖惠；第五章：从立新；第六章：易进；第七章：陈红兵；第八章：郭华；全书统稿：吴颖惠。

当然，变异教学理论还是一项新生的理论，还不为教学理论和实践界所共知。但是，经过北京市海淀区学校的初步实验，已经能够看到它是一种切近课堂教学改革实际、切近教师教学变革，具有强大生命力和现实推动力的教学改革理论。变异教学理论实验对于当前丰富教学理论思想、更新教育观念、深入研究课堂教学、把握课堂学习本质、回归课堂教学本真、科学开展教学方式变革等，都具有重要的现实意义。

第一章

路在何方：对教学改进的追问与反思

在基础教育阶段，没有人敢理直气壮地说，我们的教学质量是高的。更多的却是对教学的不满和抱怨。这种抱怨主要来自两个方面：一是低质量低效率的教学结果，二是大多数改革措施得不到令人很满意的改革结果。

第一节　教师的辛勤工作为什么换不来高质量的教学效果？

在一定意义上，大多数人都会承认，中国学生的高分数和高成就主要是靠中国学生的勤奋和刻苦，而不是来自愉快的学习。也就是说，中国基础教育的水平主要靠“出大力流大汗”，而不是来自游刃有余地对教学规律的运用。古代就倡导启发式教学，但教师面对学生却经常口干舌燥而不能有所启发。大多数的教学并不愉快，也不轻松，教师教得辛苦学生学得辛苦，学生厌学、教师厌教是普遍的现象。

一、学生为什么会“误入歧途”？

课堂导入是重要的教学环节，好的课堂导入可以激发学生的学习兴趣，为学生的学习做好铺垫，让学生快速地投入到课堂的学习活动中，从而提高课堂效率。但是，不当的导入也可能造成学生认知的偏差，影响学生的认知，造成学生先入为主的模糊认识，导致学生的认识和理解走入歧途。

下面来看一个教学片段，教学内容是《用字母表示数》：

师：在上新课之前，我们先进行一场比赛。（请5位学生到黑板前与老师比赛按顺序写自然数，其他学生做裁判）

比赛开始，老师写1，2，3，4，5，6，…，n

学生写1，2，3，4，5，6，7，8，…

师（1分钟后）：停，谁写得多？

生1：×× 同学写得多。

生2：我认为老师写得多。

生3：老师赖皮。

生4：n 可以表示任何数，老师写得多。

全班学生注意力都集中在老师写的字母 n 上。

老师对生4 的说法予以肯定，然后导入新课。

出示练习题：1 只青蛙1 张嘴2 只眼睛4 条腿；

2 只青蛙2 张嘴4 只眼睛8 条腿；

3 只青蛙3 张嘴6 只眼睛12 条腿；

__只青蛙__张嘴__只眼睛__条腿。

可是，有部分学生填：n 只青蛙n 张嘴n 只眼睛n 条腿。

师：这样填，你能说说理由吗？

生：因为n 可以表示任何数，所以这样填。

很多学生也表示赞同。

在这里，学生的认识错误显然是受到教师导入环节中“n 可以表示任何数”的影响，而忽视了用字母表示数是有条件的，当然，教师也可把这种错误当作教学的契机，进一步讲清用字母表示数的全面内涵。仅就上例来看，教师的目的是为了引起学生对“字母表示数”的兴趣和好奇，却忽略了教学的严谨，成了“误导”。

二、教师的精心设计为什么会“事与愿违”？

在课堂教学中，经常会出现事与愿违的现象，即实际的教学结果背离了预定的教学目标。

例如，小学《科学》六年级上册《工具与机械》单元的第一课是《使用工具》，其中有一个内容：通过在表格里列举“工具名称”和每种工具“可以做哪些事情”，引导学生建立工具的概念，然后再将简单工具和简单机械这两个概念形成联系。

教师是这样设想的：在请学生列举之前，老师出示一张剪纸，引导学生说出剪刀这个工具。学生在表格的“工具名称”一栏一般会写钳子、螺丝刀等工具。这样，老师似乎就可以顺水推舟，引导学生并提出这些简单工具都是简单机械。

可是，在实际的教学中，学生填写的表格与老师的预设相去甚远。有的学生在“工具名称”一栏写“电脑”，对应的“可以做哪些事情”一栏写“玩游戏”；有的写“课桌（学习写字）”；还有的写“字典（查找生字）”。从表面看，这些都可以算是广义的“工具”概念，但与本单元想要学生理解的“工具”概念却不一致。

再如，有的教师为了防止学生犯错误，选择在课堂上呈现一些易错的习题，希望未雨绸缪。只可惜，经常事与愿违。

一位教师在教完“亿以内数的读写法”后，出示以下的判断题：

3303030 读作：三百万三十万三千零三十。（　）

3303300 读作：三百万三十万三千三百。（　）

四百三十万五千写作：400305000。（　）

五百万零五十写作：500050。（　）

一个数由 6 个百万、3 个万和 5 个十组成，这个数写作：60000003000050。（　）

可是在作业中，仍然有相当一部分学生犯以上的错误。这是怎么回事呢？

老师在学生还未犯错时搬出错题，难道不是提示学生不要犯错，防患于未然吗？为什么还会出现事与愿违的情况？一般来说，错误的例子应该与正确的例子同时呈现才能起到对比的作用，错误的例子只有在正确的例子被正确掌握之后，才能被分辨出来，如果一味呈现过多错误的信息，反而会导致学生对正确的知识理解不透，从而背离了呈现反例的初衷，造成学生在不知不觉中接受了错误的认知。

还有许多教师，在教学中喜欢类比或者举例子，这固然是促进学生理解知识的有效手段。好的类比和例子可以让学生由浅入深、触类旁通、由此及彼地迁移学习。例如，中学电学概念的建立是一个难点，通过类比，可以巧妙地将电学中的电源、电压和电流三个基本概念与生活中的水泵、水位差和水流联系在一起。该模型的建立，明晰了抽象而难以想象的电现象，学生很容易理解相关的概念。

但是，类比和例子的选取如果有问题，事与愿违的情况就会出现。比如，一位老师在教倒数的时候，先出示了几个汉字：吞、呆等。然后让学生把它们的部首调换位置，看看结果会是什么？学生回答：“吞”字上下部首调换应是“吴”字；“呆”字调换部首是“杏”字。随后老师表示要出一些比较难的题目，问学生是否敢挑战。学生坚定地说：敢！老师出示了什么难题呢？原来，老师的要求是：“客上天然居”、“人过大佛寺”，把这两个句子倒过来念，看谁的反应速度快！学生兴奋地开始迎接挑战。殊不知，这种文字的倒置和倒数概念的内涵风马牛不相及，这种课堂表面看起来很热闹，可怎么会实现教学的有效性呢？这种先入为主的观念对学生造成的影响是负面的，可能会导致学生只看到倒数的外在形式，而没有真正理解“倒数”这一概念的本质。学生可能会以为“倒数”就是位置颠倒的数，在写“9”的倒数时，把“9”的倒数写成“6”。

不难看出，类比的不合理，对于学生理解概念和掌握知识，不但起不到帮助的作用，反而可能会造成学生的错误认知或混乱的认识。

如此种种，导致了课堂教学效果出现意外原因的复杂多样。面对课堂的意外和教学效果的事与愿违，教师需要怎样去做？教师该怎样去进行分析，从而改进教学设计和教学活动，促进教学目标的达成？

三、知识宝库为什么打不开？

学生在教学中所学的知识是人类历经千百万年积累而形成的知识的精华，它以最简约的方式浓缩在语言符号中。单凭学生个人的力量难以理解知识的内在道理，因而需要教师“打开”知识。但是，许多老师并没有把知识充分地展开，导致学生的认识产生模糊性。例如，对于长方形和正方形的关系，一般的学生往往无法深入理解，特别是对“正方形属于特殊的长方形”这一点缺乏认识。如果老师在教学中，没有对此知识点进行充分地展开，学生的认知就会产生混乱：正方形是方方的，长方形是扁扁的，正方形怎么会属于长方形呢？在教学设计中，老师如果不对长方形变形而演变成正方形的过程进行演示和说明，那么就会造成学生对知识的不理解。

再比如，在“分数的认识”中，对单位“1”的认识是一个难点，也是学生容易产生错误认识的地方。老师如果没有让学生充分理解单位“1”的含义，学生出错也就不难理解了。

单位“1”可以表示一个物体，这很容易理解。单位“1”也可以表示一个物体的一部分，把半个橘子作为单位“1”，如果把半个橘子平均分成4份，每份就是半个橘子的$\frac{1}{4}$。单位“1”还可以表示由一些物体组成的整体，例如，把10支铅笔看作一个整体，单位“1”就代表10支铅笔，如果把它平均分成2份，每份是这个整体的$\frac{1}{2}$，就是5支铅笔；如果平均分成5份，每份是这个整体的$\frac{1}{5}$，就是2支铅笔；如果平均分成10份，每份是$\frac{1}{10}$，取其中的3份，就是$\frac{3}{10}$。单位“1”所代表的数量不同，平均分成若干份后其中每份的大小（或多少）也就不一样。可见，分数中的单位“1”比整数里的“1”范围广泛得多。如果老师不能让学生彻底地理解单位“1”，学生就难以清晰掌握分数的意义，就可能会犯错误。

老师们都明白，灌输教学要不得，要把知识充分打开，充分呈现概念的内涵，以及知识与其他知识之间的联系，才能让学生更好地理解知识、记忆知识、运用知识。但是，许多老师并不能充分地打开知识，只能照本宣科地灌输知识，学生并没有很好地理解知识。

为什么总是出现这种情况？

知识在成人头脑中，是以一种简化的形式存在的，许多时候我们运用知识的水平已经处于自动化的程度，不会意识到自己是如何进行思考或者运用概念的。比如我们都明白，两个数相加，不一定越来越大；但在未学过负数的小学生看来，两个数相加，一定越来越大，这似乎是天经地义。如果忽视学生的已有经验和认知规律，不能准确抓住教学的重、难点，势必造成教学效率低下。由于学生还没有获得相关的知识，没有形成相关的心智技能，出现困难和问题在所难免。

第二节　教学改革为什么难有成效？

教学改进是教学活动的永恒话题，教学领域是最能体现“只有更好没有最好”的一个领域。我们永远不敢说现在的教学是最好的状态，不敢说现在的教学最充分地实现了学生的发展。所以，教学改革、教学改进，通过教学实验、教学试验、教学探索来追求更有质量的教学，是所有理论研究者和实践工作者共同努力的方向。尤其是在教学活动效率不高、枯燥、乏味，学生学习负担居高不下、厌恶学习的情况下，改革教学、创新教学的新方式，就更成了教育者思虑和行动的焦点了。

那么，现行的教学活动存在怎样的弊端？有哪些是做得好的，哪些是做得不好的？有哪些是应该保留、继续发扬的？哪些方向是对的，但做得还不够好，需要加强的？有哪些是应该去除或尽量避免的？这应该是教学改革行动发生时首先要问的问题。只有全面分析了现行教学的优势和缺陷，教学改革和改进才能有的放矢，才不至于把好的改掉了，或者在改弊端的时候“把孩子连同洗澡水一同泼掉”了；也才不至于漫无头绪、左奔右突、“拆东墙补西墙”、“按下葫芦浮起瓢”……

一、“生活化”可以信马由缰吗？

教育与生活的关系是教育学的一个基本理论问题，因而也是教育学界持续讨论的一个问题。无论是“教育为生活做准备”，还是“教育即生活”，终究是教育离不开生活。具体到教学活动中，教学与生活的关系也有完全不同的理解。有的主张教学只有高于生活、远离生活，才能真正把握生活的本质；也有的主张教学要回归生活，这样才能使学生与教学建立起意义联系。生活与教学当然密不可分，教学论强调“间接经验与直接经验相结合”。学生都是带着自己的生活经验来到课堂的，无视学生的生活经验就不可能有好的教学，设计真实情境、利用生活经验来促进学生对知识的理解，都是联系生活的重要体现。

下面是在有关“循环小数”的教学设计中，一位老师设计了这样的问题：

> 师：从前有座山，山里有座庙，庙里有一个老和尚和一个小和尚。老和尚对小和尚说，从前有座山……这个故事有什么特点？
>
> 生：故事里的内容是依次不断重复的。
>
> 教师根据学生的回答，揭示规律：依次不断重复出现的现象叫循环。然后，让学生再一次体验“循环”一词。
>
> 师：在自然界和生活中存在着许多依次不断重复出现的循环现象，如白天和黑夜。想一想，还有哪些循环现象呢？
>
> 生1：春夏秋冬——一年四季不断循环。
>
> 生2：星期一至星期日不断循环。
>
> ……
>
> 师：你们的知识可真丰富！你们知道吗，在数学知识中也有着有趣的循环现象，那就是——循环小数。

上面这个案例，教师正是从学生已有的生活经验入手，利用学生对生活中的“循环”现象的朴素认识，帮助学生理解“循环小数”的意义。在这里，生活中的“循环”是嫁接“循环小数”的“枝”，没有这个“枝”，要想让学生进入对“循环小数”的理解会困难许多。从这个意义来讲，教学就是应该从生活经验入手而达至对间接经验的学习。在这里，生活经验是为间接经验的学习服务的。

但是，强调生活经验在教学中的重要意义，教学是否就要“生活化”呢？“生活化”是否能够成为化枯燥为生动的良药呢？其实，如果处理不当，背离教学的基本内容，“生活化”就可能成为阻碍教学顺利进行的干扰因素。

比如，一位教师在教《乘法的初步认识》时，首先出示了一段精美的动画：一片绿油油的大草地中间有一条流动的小河，河上有一座小桥，河边有好多漂亮的小花，还有几棵小树，树下，六只灰兔子分为三组分别闪烁出现。

师：大家看见了什么？有谁愿意说一说？

生1：小河。

生2：小桥。

生3：草地，还有好多漂亮的小花。

……

老师急了，“难道你们没有看见兔子吗？”

学生们的注意力终于集中到兔子身上。

师：你们怎么知道图上有六只兔子的？

生：一只一只地数。

老师又急了，“有没有是两只两只数的？”

……

在这个例子中，教师的出发点是好的，即在生活化的情境中让学生学得轻松、学得自然。然而事实却适得其反，于是，“老师急了”。事实上，教学不可能完全生活化，即使是对生活经验的利用，也要对生活经验做有意识的选取、改造、设计，否则，所谓的生活化情境就如上例那样只会将学生的注意力转移到和教学内容不相关的事物上去，而难以顺利进入到教学活动中。

学生在日常生活中，会形成大量的经验性认识。但这些认识，多是字面上的或是直观上的“知道”，大多属于前概念（初级概念），是学生在日常生活中形成的、建立在个人经验基础之上的对于各种现象的解释，远不能达到科学概念和系统掌握的程度。例如，对于鲸鱼不是鱼，而是和人、狮子等一样，属于哺乳类动物，这在小孩子看来简直是莫名其妙。同样，对于蚂蚁、蜗牛，他们也是从自己已有的经验和形象去判断的：因为蚂蚁和蜗牛的运动方式为爬行，所以小孩子们理所当然地认为它们属于爬行类。……这些都是学生在生活中的经验，但这样的经验离科学概念远得很，必须要经过严密的设计，利用并改造这些日常经验，从而达到科学概念的水平。

在诸多前概念中，有时与科学概念相左，从而对教学产生消极和负面的影响；有时是科学概念的直观、零星表现，如利用得当，可以对教学产生积极的作用。因此，教师在教学中应该充分了解和利用学生的前概念，发挥它的积极作用，对各种生活经验进行科学的梳理和提升，引导学生向较高的思维水平攀登。如果不注意这一点，盲目地认为学生已经掌握了成人的思维方式，就可能会采用不当的素材，或是把教学停留在感性经验的层次，不能有效地促进学生的发展。

利用生活经验、从生活经验出发来设计教学和展开教学是应当的，但是，利用生活经验不等于教学要生活化，更不能把教学降低到日常生活的水平，信马由缰的生活化是要不得的。

二、“自主探究”是终极方法吗？

探究学习是从学科领域或现实社会生活中选择和确定研究主题，在教学中创设一种类似于学术（或科学）研究的情境，通过学生自主独立地发现问题、实验、操作、调查、信息搜集与处理、表达与交流等探索活动，获得知识技能，发展情感与态度，培养探索精神和创新能力的学习方式和学习过程。应该说，探究学习是有其价值和意义的，能够促进学生的积极性，发展学生多方面的综合能力。

优秀的探究课堂上，教师巧妙设计，精心引导，可以实现很好的教学效果，也能帮助学生很好地理解知识形成的过程。

例如，一位生物老师为了让学生理解花的结构，让每一位学生都画一朵花。结果，所有的学生都把花画得很“完整”、很“美”，尤其关注花瓣、花茎，但所有的学生都遗漏了花最重要的部分“花蕊”。老师抓住这一遗漏，让学生去探究花的结构究竟由哪些部分组成，最重要的部分是什么。通过探究，学生不仅了解了花的结构，而且理解了花蕊的重要作用：没有花蕊，花就不能繁殖，甚至不能被称之为花。

在上面这个例子中，学生是在进行探究，而且能够在较短的时间内达到目的，这样的探究是有目的、有意义的，追根究底，学生之所以能够进行这样的探究，是由于教师的引导。也就是说，教学中的自主探究，离不开教师的引导。

但是，当前对自主探究的理解，总是强调探究、强调自主，而忘记教师的主导，忘记了探究的目的，成了为探究而探究，为自主而自主。例如：

在一节小学语文课上，老师让学生探究“菜”字，学生说“菜”是上下结构，上面草字头，下面是“彩”色的彩去掉三撇。老师说很好，还有其他不同看法吗？再有学生说，上面是辛苦的“苦”去掉“古”，下面是彩色的“彩”去掉三撇；老师说很好，还有其他方法吗？又有学生说，上面是“花”字去掉“化”字，下面是“彩”字去掉三撇……

显然，这样的探究既无意义也无价值，是浪费学生宝贵的学习时间。并不是所有的知识都适用于探究的学习方式，有些不必要、有些不可能、有些不允许。关于事物的名称、事实等方面的事实性知识就不必要让学生花大量的时间去探究，靠听讲、阅读、理解等学习方式就能掌握；有些知识不可能去探究，例如月球表面的状态；有些不允许，例如死亡体验……无须探究的问题却要去探究，导致了探究的浅层化和泛化，变成了为探究而探究。

教师在进行教学设计时，究竟如何处理接受学习和探究学习的关系？教师在讲授的过程中，如何能让学生有意义地接受概念知识，从而很好地建立知识结构？教师又如何保证探究学习的有效性，让学生的探究发挥其应有的功能？这些都是有待解决的问题。

三、“个人知识”至高无上吗？

我们总是拥有自己独特的个人体验、个人经验，这种独特的经验和体验，或可称为“个人知识”。重视个人知识，正视个人知识的存在，是教学得以顺利进行的重要条件。也就是说，在教学中，教师要知道学生对事物有怎样的看法，为什么会有这样的看法。只有弄清楚学生的想法和已有的知识，教师才能有针对性地进行引导。例如，语文课文《愚公移山》，本是一则寓言，意在说明：只要坚持不懈，大山也可以移动。在学习时，有学生提出，愚公移山是不切实际的作为，违反了客观规律；还有的学生认为，愚公移山会破坏生态环境。学生有这样的认识（个人知识）是不奇怪的，因为他们生活在一个强调客观规律、重视生态环境的大背景下。了解学生的这些想法更是教师的责任。只有弄清楚学生的想法，教师才能回到课文，强调和突出这则寓言的本意，才能让学生心悦诚服地接受这篇课文。

那么，重视学生的个人经验或个人体验，是否就意味着“个人知识”至高无上，可以超越人类历史经验呢？近年来，“个人知识”已经成为一个时髦的词。重视个人知识，便是尊重个人思想和个人独立性的重要表现，反之，不重视个人知识，便成了忽视个人、忽视个人主体性、不尊重个人的重要特征。在知识观上，认为任何知识都是主体个人自主建构的，根本不存在独立于个人之外的确定的、客观的知识。反映在教学中，则要求充分尊重学生的个人知识，打破教师一言堂，避免教师或外在的知识权威对学生的束缚，要让学生形成自己认为合理的观点、算法等。

不妨看一个例子：一位老师正在带领学生学习“两位数减一位数的退位减法”。老师通过问题情境出示例题“23－8”，然后，为了尊重学生的“个人知识”，老师问：“你们都有什么好办法？”于是，在老师的启发下，学生的“个人知识”纷纷显现，每个人都有不同于他人的个人的“算法”，老师在黑板上一一写下了学生的“算法”：

$23-1-1-1-1-1-1-1-1=15$

$23-3=20$，$20-5=15$

$23-10=13$，$13+2=15$

$13-8=5$，$10+5=15$

$10-8=2$，$13+2=15$

$23-13=10$，$10+5=15$

$23-5=18$，$18-3=15$

……

临近下课，老师匆匆表扬了学生们的积极思考，却没有进行不同算法之间的比较，也没有进行算法优化，更没有讲清楚如何用“退位法”去做“两位数减一位数”的减法。从根本上说，这节课没有达到教学任务，浪费了学生的时间，还可能造成学生思想的混乱。虽然相比于教师一上课就给出“退位法”的规则，学生只能“照葫芦画瓢”的情况，这种教学方法尊重了学生的想法，会让学生更主动，但是，学生只说出自己知道的东西，教学就没能实现引导学生发展的任务，这样的教学是不能称其为教学的，因为它没能给学生带来新的知识，也没能促进学生的发展。

应该说，重视学生的想法和经验，不等于一味迁就学生的观点和水平。有些学生为了标新立异，甚至会故意制造一些稀奇古怪的说法，即使在态度认真严肃的学生那里，也不乏错误的认识。对于错误的或片面的观点，需要纠正；对于处于低水平的见解，需要通过教学来提升。只有这样，才是真正尊重学生、信任学生。

四、“课堂活跃”是教学改革的重要目的吗？

在许多人的印象中，课堂的安静似乎直接等同于死气沉沉，学生处于被压抑的状态。有许多人认为，只有气氛活跃的课堂、只有热情高涨，学生才能学好知识，才能在各方面得到发展。

一般来说，活跃的课堂总是比沉闷的课堂好，但活跃的课堂并不是吵闹的课堂，也未必就不是安静的课堂。有的教师为了让课堂活跃起来，组织大量的活动，以调动学生参与课堂教学的积极性，活跃课堂教学的气氛，把课堂的活跃看作衡量教学成效的一个重要指标。然而，一味追求热闹和活跃，会失去教学本来的意义。比如，在语文课上，动辄让学生把课文改编成小短剧，或是让学生分角色进行表演。这些活动本身如果运用得当，能够发挥学生的表演才能，还能够加深学生对文本的理解。但是，如果没有教师的有目的引导，就只能是热闹的活动，对于学生深入理解课文、咀嚼文字的艺术魅力，掌握课文的写作手法等没有丝毫的帮助。再以数学为例。一位教师在教学“时、分、秒的认识”时，为了让学生充分参与，安排了形式丰富的自主活动：有1分钟口算、1分钟写字、1分钟背唐诗、1分钟跳绳、1分钟拍皮球……数学课堂一下子成了游乐场，学生像脱了缰绳的野马奔向“未知”的领域。没有了教师的指导，没有核心数学知识的牵引，这些活动很难说是有效的。

类似的还有一个例子：

> 师：同学们，《游园不值》这首诗描写的景色给你怎样的感受？
>
> 生：景色太美了。
>
> 师：你们想不想把这美丽的景色画下来呢？
>
> 生（齐）：想……
>
> 师：那就赶快动手吧！
>
> 学生开始作画，然后师生共同评议学生代表的作品。（这一过程一共花去10分钟）
>
> 师：看到这美丽的景色，心情就很愉快，而歌声最能表达我们此刻的心情，让我们一齐唱《郊游》，在歌声中再次感受诗中所描绘的美丽景色。
>
> （生齐唱《郊游》，这一环节共4分钟。）

在这个案例中，过多的体验活动遮盖了知识本身的学习，导致课堂教学的肤浅，很难说学生能从这节课中学到什么。许多时候，如果学生对知识的学习停留在表层或者说直觉经验的水平，而没有把握到概念或知识的关键属性和核心特征，与其说这是教学，还不如说它只是游戏。

课堂的有效性并不在于热闹还是安静，安静的课堂也可能是高效的，热闹的课堂也可能是低效的。活跃的课堂自然比沉闷的课堂要好，但课堂活跃并不是教学的目的，教学的目的在于学生积极、主动地参与到课堂教学中，并能够获得全面发展。

五、“师生对话”对出了什么？

在一节 40 分钟的小学语文课上，一位老师提了 80 多个问题，平均不到 1 分钟 2 个问题。粗略计算，有 70 多个问题都是可以在书本中找到答案的。教师为什么要提这么多问题呢？因为要改变“满堂讲”嘛，结果呢，从“满堂讲”走向了“满堂问”，提一些不必要或学生已知道答案的问题……

极端地说，没有师生对话，就没有教学。教学主要是借助于语言符号来进行的，教学正是通过提问、通过师生之间的对话，来引起学生积极的思考，从而推进教学活动的。教师与学生对话的经典案例当然可以追溯到苏格拉底的“产婆术”，即通过对话，使学生产生富有创造性的思考。因此，富有启发性的提问和师生对话，是教学必不可少的要素。但是，有的教师只是追求形式上的提问和对话，并不理解课堂上为什么要提问，因而只能满堂“问”，而难以启发学生的深入思考，也没有真正“对”起话来。

正如有学者所指出的，“满堂问”实则“满堂灌”的变种。“满堂问”的实质，仍然是教师自我中心式的操纵。只不过换了一种操纵的办法：力图用环环相扣的问题抓住学生，让学生神经高度紧张，没有喘气的间隙。更为严重的，学生还可能会对老师频繁而又简单的问题感到单调和厌倦。“满堂问”的师生互动，只是为了作秀和表演。“从如今的公开课中，不仅可以见到教师满堂问，还可见到许多师生互动的新花样。如类似电视节目的课，类似游戏的课，倒煞是热闹，只是不知成效如何？”①

师生对话的实现，是需要教师的精心设计的。这样的设计，不仅要有对教学内容的深层把握，更要有对学生学习活动的精准把握。只有这样，才能通过有效的问题，有目的、有计划地让学生生疑、质疑和解疑，触及学生的思维层次，引导学生进行有质量的思维活动，进入真正的对话。

---

① 陈桂生. 漫话“满堂问”[J]. 教育发展研究，2001（7）.

面对课堂中存在的问题，需要追问，需要研究。一直以来，我们追求“少而精”的课程内容以及高效的课堂教学，希望学生能以较少的付出获得最大的收获。在追求这个目标的道路上，仍然还有许多问题需要解决。面对“少、慢、差、费”的课堂教学，我们不禁要继续追问：课堂教学高效的真正密码和改进的路径在哪里呢？摒弃对经验和感觉的盲目依赖，教师怎样教才能让学生更好地理解，怎样才能打开知识的“宝库”，让学生不断地建立全面、合理的认知结构？这是永恒的追问，需要不断地研究和追问。

第二章

志同道合：变异理论催生课堂教学改革

第一节　新思维新观点——富有特色的变异理论

“丛老师，今天的大会发言都不错啊。其中有一个特别精彩，至少对我们来说，非常有针对性。”

“你先别说，让我来猜猜，是不是那个变异理论的发言？专门讨论课堂教学的？”

“没错，就是那个欧洲教授的发言。他讲的‘差异性与迁移’，还有关于‘教什么比怎么教更重要’，不光是观点新，而且非常有道理。”

“不只是你，很多人都认为这个理论很有意思。”

这是发生在2008年年底的一段对话，对话一方是海淀区教科所所长吴颖惠，另一方是北师大教育学院的丛立新。对话中所提到的大会即北师大教育学院当年召开的课程与教学国际学术研讨会。吸引吴颖惠所长格外注意的，则是瑞典学者马飞龙介绍的变异理论的发言，那么，变异理论究竟有什么与众不同，何以引起了人们对它的特别关注？

一、古老问题的新视角

变异理论创立者马飞龙（Ference Marton）教授，是瑞典哥德堡大学哲学博士、理学博士、名誉副校长，香港教育学院教授，世界著名的教学论专家。他所创建的变异理论享有全球性的声誉。

迁移是心理学和教学论的古老问题。迁移的重要性是所有的教育学和心理学工作者，以及所有的教师们都无比熟悉的：课堂中所给予学生的一切，无非希望他们将来能够迁移到课堂之外的某个地方加以运用，课堂中所学习的各种门类、不同水平的知识技能，彼此之间也经常存在着事实上的迁移关系。

变异理论的不同凡响在于，见人所未见，令人们对于迁移的认识焕然一新。因为，从迁移这个古老的问题切入时，变异理论采用了迥异于传统的全新视角，突破了以往各种理论的迁移学说。

“马飞龙的变异理论想要挑战的，正是这种只强调共同性的迁移观。变异理论提出，没有共同性当然就不会有迁移，但是没有差异性也不会有迁移。二者同样重要。我们之所以能认识事物的特征，是因为这些事物有些方面相同而有些方面不同，进而通过对比、区分来加以认识和理解。比如我们说某一个人个子很高，是因为我们曾经见识过各种不同高度的人；我们能认识到鸡蛋的形状，是因为它同我们之前看过的（与它颜色一样的）球不同。

因此，按照变异理论的观点，迁移在其本质上是差异性和共同性一起作用的结果，学习迁移的必要条件是同时具备共同性和差异性。这一点是变异理论超越过去的迁移理论的突破口。”①

马飞龙的变异理论，从新的视角出发对课堂教学展开了系统的研究。他主张在课堂上，教师应当通过系统运用变异，既强调共同性，更要突出差异性，以此促进学生的学习。

---

① 陈健翔，易进. 从“迁移理论”到“变异理论”［C］//运用变异理论改进课堂教学资料集，2010.

“教育研究的一个重要问题是理解学生在课堂学什么与课堂发生了什么之间的关系。研究这个问题的代表性做法是将学习结果同学习的组织方式（个别指导、班级教学、项目学习、小组学习、交互式学习等）联系起来。对学习组织方式差异的描述并不能告诉我们学习内容的差异或学习者关注对象的差异。要弄明白后者，我们必须对教学同样内容的不同课堂加以比较。通过比较我们可以发现，特定教学内容的有些方面在变化，而另一些方面则保持不变。例如，我们来看看线性等式 $y=ax+b$ 对应的函数图，教师可能保持 b 不变（如 $b=0$）并变换 a 的值（如 $a=1$，1/2，2，3…），由此使学生注意线的斜率。同样，教师可以保持斜率不变并改变 b 的值，由此使学生注意平行线及其间距变化。只有斜率变化时，学生可能学到一样东西。只有 y 轴上的值变化时，学生可能学到另一样东西。两个参数一起变时，学生可能学到第三样东西。如果两种变异源随机混合，学生可能学到不同的东西。如果在坐标系里出示一条直线，使学生可以将不同的数值代入等式 $y=ax+b$ 中，那结果又会不同。

不同事物变化和不变的部分不一样，人们根据这些差异才有可能学习不同事物。为此，针对特定教学内容，对变与不变的不同处理就影响着学生从该教学内容中学到什么。例如，Marton 和 Pang（2006）对五个成绩很好的中学班级进行了研究，每个班级的任课教师都经验丰富。结果发现，各班掌握一个复杂经济学概念的比率从6%到97%。这种差异与课堂上运用了哪些变异事例和不变事例，以及如何系统运用这些事例有关。以下两部分将通过几个例子探讨在课堂系统运用变异的教学效果。”①

为了说明差异性在迁移中的意义，马飞龙做了大量的阐释和说明。

一个典型的表述是，在学习某个新的知识时，教学内容只呈现给学习者一个单独的例子，最终能够达到知识迁移的目的吗？比如，学习三角形的高时，只呈现一个正三角形？学习分数时，只呈现一个被分割的苹果？变异理论的回答坚定鲜明：这是不可能的。我们不妨再来听听马飞龙的详细陈述。

要通过一项实例掌握其背后的普遍原理，就必须将普遍原理与这个具体

① 马飞龙. 迁移中的共同性与差异性［M］//丛立新，王本陆. 国际视野中的课程与教学改革. 北京：北京师范大学出版社，2012.

实例做出区分。但是如何实现这种区分？这是一个关于一般属性与具体事例的经典问题。前者属于柏拉图的纯粹理论世界，后者广泛存在于我们的世界。我们如何将二者分开？例如，怎么把“三”从“三个苹果”中分离出来，怎样从一个幸运事件中分离出“好运”，或者在 Gick 和 Holyoak（1980）的研究中，怎样把聚集不同通道的力量这个想法与对胃溃疡的放射治疗这一具体问题区分开？

结合 Greeno 等（1993）和 Lobato、Siebert（2002）的研究，我认为，在一个实例中一般和具体完全纠结在一起，前者内隐，后者外显，因此仅仅通过一个实例很难对二者进行区分和分离。如果有两个反映同一原理且彼此之间有足够差异的实例，那么二者共通之处（原理）就有可能同二者不同之处（实例）区分开。学习者接触的实例越多，他们就越有可能排除其差异特征，进而把原理作为基本属性或唯一的共性识别出来（Reeves & Weisberg, 1994）。通过引导学习者注意不同实例间的共通之处也可促进他们将原理同其具体实例进行区分。

凡是熟悉课堂熟悉教学的人，很容易从马飞龙的思考中发现其普遍的价值。这个古老问题的新视角，绝不仅仅是“新”而已，它凭借对差异性在迁移中意义的发现和提倡，为人们重新审视和处理教学，开启了全新的方向。

二、呼唤教学内容的优先地位

在一片“改变学习方式”的声音中，有意无意地，人们正在减少对教学内容的关心。如前所述，“知识教学”在热闹化、表层化的教学中被“虚化”。课堂中，脱离知识的传授与学习，孤立地追求教学方式的变革，片面地热衷于情境化教学、探究式学习。教师们在设计或安排教学时，不是从具体教学内容的特点，不是从学生学习具体内容的特定需要出发去选择方式方法，而是单纯为情境而情境，为变化而变化。事实上，一旦脱离了具体的教学内容，无论情境、体验、探究，还是情感、态度和价值观，便失去归依，学生的发展最终成为虚无。可以说，对于教学内容有意无意的冷漠态度，是目前实践中出现问题的根源之一。

无独有偶，如此倾向在发达国家同样存在，也同样引起担忧。作为变异理论的创始人，马飞龙教授对此提出了旗帜鲜明的主张："教什么"比"怎么教"更为重要。只有建立在周密思考基础上，才可能有对"教什么"的合理选择与安排。就此，变异理论积累了大量理论主张以及实验研究。马飞龙教授曾经在讨论利用共同性与差异性促进迁移时，谈到以下基本观点。

1. 不能从一个实例中识别出一个原理

> "要想把……普遍原理识别出来，至少需要两个实例。传统的迁移观——在情境 A 学到某些东西（识别一个普遍原理）并在情境 B 中应用——在逻辑上是站不住脚的。Lave（1988）引用的所有迁移实验都显示，只有在学习者处理情境 B 而不是情境 A 的时候，才会出现他们识别出普遍原理的情况。……在我看来，这反映了变异的必要性。没有彼此有差异的实例（至少两个），学习者几乎不可能意识到普遍原理。"①

就如前面提到的，如果只是采用一个正三角形来教学高的概念，那么，在遇到钝角三角形时，学生面对一个角的高需要移至三角形之外的情况便会不知所措。如果只是采用苹果的例子教学分数，学生遇到涉及人群的分数时难免疑惑无助。

马飞龙援引了 Schwartz 和 Martin（2004）的一个颇为复杂的实验研究。在这项研究中，设定了几种不同的情境，控制了学生的不同学习行为——任务、程序等，最后安排学生完成不同的任务以考查他们的学习效果。就如实验的复杂，结果也颇为复杂，简言之，学生在教学中的实际活动内容及方式，直接地影响到了他们最后的迁移质量。

"这意味着在情境中的认识（学到了什么）行动同所认识的内容（该行动所指向的情境特征）不可分割。没有可认识的东西，人们就不可能认识；

① 马飞龙. 迁移中的共同性与差异性［M］//丛立新，王本陆. 国际视野中的课程与教学改革. 北京：北京师范大学出版社，2012.

没有认识的行动，任何东西也不可能被认识。同样，正如前例所示，学会集中趋势或离散程度就意味着未来面对各种形式的数据分布时能说出其集中趋势和离散程度。”①

希望得到最大程度的正迁移没有他途，只有通过对于教学内容的精细安排，让学生在各种情境中，采用不同的方式，通过数量足够的、富于变化的例证，去辨识、去捕捉，从而最终抓住学习内容的精髓。

2. 理解一个理论对理解另一个理论是必要的

> “我可以进一步提出，不经历可替换的事例就不可能掌握任何一样东西。例如，如果没有接触过关于同一现象的另一种理论，我们（如果不是不可能）就很难理解一种理论。人们怎么能把理论同其现象区分开？但这同时意味着我们不可能理解首次遇到的理论。于是，有人提出应将科学史作为科学课程的组成部分。”
>
> “在我看来，向学习者介绍可替换概念、历史渊源，或被现代科学认为是错误的学生自己的朴素观点等之所以有重要作用，是因为正是这些可替换的概念使现代科学中的正确观点显现出来。如果没有对比，学生就只能学到笼统的‘整体’，而且通常是通过死记硬背的方法，这对他们将来以有效方式解决新问题没有任何帮助。”②

马飞龙用了几个例子进一步阐释这个观点：“因为有对比（很多时候是互相对立），学习亚里士多德关于力与运动关系的学说可以促进对牛顿相关观点的理解；学习笛卡尔对重力的解释有助于学生理解牛顿的重力学说；绝对的时空观可以揭示相对论的含义；地心说可以促进对日心说的理解……”③

这个观点集中反映了变异理论的核心观点，联系中小学各门学科的内容，

---

① 马飞龙. 迁移中的共同性与差异性［M］//从立新，王本陆. 国际视野中的课程与教学改革. 北京：北京师范大学出版社，2012.

② 同①。

③ 同①。

与其有关的例子俯拾皆是。或者从正面、或者从侧面、甚至从反面，在不同理论解释的对比中，对所学知识的认识得以拓展，达到精确。了解乘法的运算原理，有助于对除法意义的理解；用盘古开天地的神话，衬托出地球起源于太阳星云的学说；用人眼的结构及相应的视野，比照昆虫的复眼及产生的强大视野，等等。

3. 知觉学习

知觉学习理论认为，学习者从周围的世界得到了太多的信息，因此需要从众多信息中做出辨别。“学会辨别意味着做越来越精细的区分。这种辨别是指找出使一事物区别于其他事物的突出特征，或关键差异。这些突出特征就是事物的变异维度，可用来说明哪些是这个事物（正例）和哪些不是（反例）。因此，知觉学习就是找出突出特征或关键性的变异维度。如果用迁移来说明知觉学习，那就是，学习者在情境 A 学会辨别正例和反例，而他在情境 B 遇到的既有可能是正例，也有可能是反例。如果学习者因为参与情境 A 而能更好地在情境 B 中辨别正例和反例，那么情境 A 就对情境 B 有积极的影响。依照 Gibson 的知觉学习观，情境 B 中的表现既需要情境 A 中的差异，也需要情境 A 和情境 B 之间的差异。Eleanor Gibson（1969）引用过 Vurpillot 等人（1966）的迁移研究，该研究显示，知觉学习包括对区分正反事例的突出特征的学习和迁移（当然也包括对正例的共有特征的学习和迁移）。”①

生字的获得，图形的认知，文体的了解，语法的习得……都是需要在大量相关的信息中实现和完成的。在一定意义上，教学就是令学习者从各种信息中辨别和确认特定的学习对象。

4. 动作学习

在一些技能学习领域，变异理论也得到了若干实验的支持。“1975 年，Schmidt 发表了在动作学习领域具有高度影响的论文《离散运动技能学习的图式理论》。该理论最著名的应用实例是变异练习学说，认为多变化的练习（迁移研究所说的情境 A）可以促进在新情境（情境 B）的表现。有意思的

① 马飞龙. 迁移中的共同性与差异性［M］//丛立新，王本陆. 国际视野中的课程与教学改革. 北京：北京师范大学出版社，2012.

是，该学说认为，之所以有这样的影响，不是因为两种情境间有共同的地方，而是因为两种情境之间有差异。这个学说自发表以来得到大量实证研究的肯定和支持。”①

“Kerr 和 Booth（1978）进行了一个类似的研究，任务也是向一个物体投掷，但练习的关键差异是与目标之间的距离。任务是用小沙包投向目标。有 36 个平均年龄为 8.3 岁及 28 个平均年龄为 12.5 岁的孩子参加了实验。两个年龄组的孩子都随机分为固定组和图式组。所有孩子在实验开始和结束时都接受测试，年龄较小组从 3 英尺处投，年龄较大组从 4 英尺处投。每投之后都对其偏离目标的距离进行测量，并计算各组的平均错误情况，实验开始和实验结束之间的平均错误差异用来表示两次测验之间的练习效果。

固定组的练习是从要测试的距离，即小孩子组 3 英尺，大孩子组 4 英尺，练习多次。图式组的孩子从不同的距离练习，且其中没有要测试的距离。有意思的是，图式组孩子的表现好于固定组。因此，不按测试进行的练习比完全按照测试来练习的效果更好。”②

其实，这样的研究结果与中国许多成功教师的经验也是高度一致的，譬如多年来为人推崇的“精讲多练”，并不是单纯的重复，而是将多种类型的变化纳入到练习之中。计算、写作、解决问题，无不如此。

5. 变异促进学习

“不同事物变化和不变的部分不一样，人们根据这些差异才有可能学习不同事物。为此，针对特定教学内容，对变与不变的不同处理就影响着学生从该教学内容中学到什么。例如，Marton 和 Pang（2006）对五个成绩很好的中学班级进行了研究，每个班级的任课

① 马飞龙. 迁移中的共同性与差异性［M］//从立新，王本陆. 国际视野中的课程与教学改革. 北京：北京师范大学出版社，2012.

② 同①。

教师都经验丰富。结果发现，各班掌握一个复杂经济学概念的比率从6%到97%。这种差异与课堂上运用了哪些变异事例和不变事例，以及如何系统运用这些事例有关。”①

观察优秀教师和新手教师教学的差别，可以印证这个观点。前者能够驾轻就熟地运用各种巧妙变化的实例让学生掌握所学，缺乏经验的教师却往往停留在简单的重复，单一的或者少数的例证。在同样的教学目标中，最终导致悬殊的教学质量。可以说，是否善于变化地展开教学，正是两类教师的分野。

变异理论的这些基本观点，不正切合我们基础教育的现状吗？不正是我们的困惑所在吗？不正为我们的概念教学提供了新的指导和启示吗？

事实上，香港的许多早期研究，以及在运用变异理论分析和改进课堂教学等方面的实践，已经提供了很好的经验和证明。在香港，提高教学质量一直是教育日程表上最重要的目标。政府为了达到这一目的发起了多次改革。在“目标为本课程”改革的推进中，诸如“什么样的课才是优秀的课”等这样的问题暴露出来。随着马飞龙教授的加入，研究团队把变异理论作为课堂分析的理论架构。他们发现，学生的学习成效被证明主要是教师的教学行为所致，而非取决于教师本身的素质。而且，课的有效性与过去传统上对教学策略的区分并无相关，更佳的学习成果与教师如何安排学习内容的结构有关。他们认为，运用变异理论，可以成功地解释，并几乎可以预测学生的学习成果。

于是，香港方面正式开始了课堂学习研究，尝试利用上面的发现和变异理论，来帮助教师设计更佳的教学，以便产生更好的学习效果。将变异理论作为课堂教学改进的指导思想和工具，重视学习内容的安排，展开教师为研究主体的行动研究，这是香港给我们的重要启示和借鉴。

三、直击课堂教学本质

与其他许多理论一样，变异理论对于课堂教学中发生的事情给予了系统

---

① 马飞龙．迁移中的共同性与差异性［M］//丛立新，王本陆．国际视野中的课程与教学改革．北京：北京师范大学出版社，2012．

的说明。与其他理论不同的是，变异理论并不停留于理论的解释层面，而是继续延伸，一直达到教师的日常教学层面。对于时下一些异常敏感的话题，一些令教师心存困惑的主张，几乎都可以在变异理论中找到鲜明的观点和具体的阐释。

教师中心？学生中心？时下对此问题的争辩激烈且众说纷纭。马飞龙和彭明辉则用“悖论”来概括相关的混乱认识。

> “有些学者提出，教师教学越有效，学生就会越容易学习，越能够领会并掌握所学的知识和技能。这意味教师教学越有效，学习效果将会越好。这样，悖论就出现了：想要学生学习越好，越要学生自主学习，越不需要教师教学；这意味教师教学越有效，学生学习好的可能性就越小。”①

他们也对于悖论的解决给出了答案：

“这个潜在的悖论（或者关于教学和学生自主性的问题）应该有一个不同于惯用的看法和更为准确的表达。我们不只要说究竟是教师还是学生做得多或少，而且还要清楚地表明谁在做什么以及那样做的效果。”②

举一反三？触类旁通？这种做法不是已经人人皆知，还需要讨论吗？变异理论恰恰在此推陈出新。

运用各种例子进行教学，可谓课堂中最为平常、最为普通的做法。不过，却很少进入专门研究领域，基本上是停留在教师个人经验水平的教学行为。变异理论则就此长驱直入，别有建树：区分出例子的几种不同类型，就各类例子在教学中的作用、价值及其使用展开，并且积累了大量丰富的实证研究，令这种教学行为获得了系统化的理论阐释。

每一个教师都会在课堂上使用例子，无论是否自觉，也都会对所使用的例子有所选择。不过，在大多数条件下，这似乎是教师个人的事情，没有什

---

① 马飞龙，彭明辉．变异理论：学生自主学习和教师帮助之间的关系［J］．教育学报，2009（6）．

② 同①。

么理论指导，也很少听说有什么策略或者方法。变异理论，则运用大量的实验证明了，根据特定的教学目标，有意识地选择和使用标准正例、非标准正例、反例，构建变与不变的范式，呈现不同例子的对比，让学生分辨出关键属性和关键特征，就可以促进学生对教学内容的掌握和理解。

构成各个学科的概念，在教学时如何突出关键属性？

不同观点的理论，如何相互对照以促进学生的思维？

……

这样的理论，多么地贴近日常教学，对于教师多么具有亲和力！

第二节　达成共识——研究的根本特征

“丛老师，有个事情和你商量。还是上次说的那个变异理论，我们所打算搞个立项课题，用这个理论带动课堂教学改进。你觉得怎么样？”

“好啊，变异理论简直就是为课堂教学打造的，这个立项实在，用现在话说，项目预期应该比较乐观，教师受益，学生受益。你和我说这个，有什么想法吧？”

“当然，准备找几个专家，怎么样，你们是北师大课程与教学专业的，有兴趣吗？”

“还用说吗，合作一把！”

一个项目的成败，首先取决于合作者能否达成共识。海淀区教科所和北师大的专家开始沟通，逐步确定项目的具体目标。

海淀区的教育，闻名遐迩，在北京位居前列，在全国声名远扬。就在本次课程改革中，依然是最先进入的地区。处于这样一个教育高度发达的地区，海淀区教科所多年来完成过各种各样的教学研究。如今，面对改革中出现的种种新的问题，运用变异理论改善课堂教学，应该怎样进行呢？与曾经完成的各种研究相比，这个项目有哪些不同以往的特点？

北师大的学者们，也曾经主持和参与过大大小小各级各类的研究项目，其中更不乏以课堂教学为对象者。那么，运用变异理论改进课堂教学，与过去的研究对照，又有哪些不同？这一项目的研究过程和研究途径，应当满足什么样的要求，在这些要求中，有没有特别突出、迫切之处？

很快，双方达成了如下共识。

一、从理论思辨到行为改变

之所以选择变异理论作为项目的支持，是源于这一理论对于当下种种问题的切合，源于这一理论与课堂教学的密切关系。由此，项目研究首要和特别看重的，是向日常教学的延伸，是对于课堂教学的直接干预。

在中外教育史上，众多心理学流派及各门课程的教学理论，分别对于课堂教学给出了自己独特的解释和说明，对于教学实践的价值也各有千秋。但其中虽大多洋洋洒洒体系完整，却尚未向下延伸到课堂，没有也不太可能直接地具体化为教学活动的操作性方式方法，好像几何学的“普遍公理”，代数的“一般公式”没有形成普通教师能够得心应手运用于日常教学的形态。这些流派理论与普通教师日常教学存在着实际上的距离，正是这种距离，阻碍和降低了理论对于实践的影响力。种种理论，或者在职前教育的不同课堂上，或者在入职之后的各种培训、进修活动中，都曾经或多或少、或深或浅地为教师们“如是我闻”，有领会也有体悟，事实上构成了他们专业成长的理论基础。教师在自己的课堂实践中，自觉或不自觉地会运用不同理论去解决各种教学问题，不过，由于理论的“宏大”、“概括化”，教师们的这些领会、体悟、运用，每每只能凭借个人尝试发生作用，所积累的也多半是经验式的成果。虽然其中也不乏精彩、杰出者，却总归由于浓厚的个人色彩，难以推广和普及，也难以保持和进一步发展。

“运用变异理论，改进课堂教学”项目，是要匡正实践中的偏差，追求改进课堂教学的现实性成果。因此，尽管变异理论自身有很强的实践色彩，在推行过程中，还要更上层楼，向应用层次倾斜，将变异理论的观点、主张直接用来解决教学中的真实问题。

二、直面课堂中“教”和“学”的辩证关系

新课改以来，基础教育领域极大地提倡和推崇自主学习，激发了广大教师鼓励学生主动学习的愿望，但同时，广大教师又对学生自主与教师主导之间关系产生了诸多困惑。前面提及的种种问题，许多正是这种困惑的反映。

如前所述，教师中心和学生中心已经争论了几百年，是历史上经过多次反复的两个极端。以教师为中心，教师教学成了完成自己主观预订的计划，容易忽视学生的需要和兴趣。于是，常常是填鸭式、满堂灌，学生完全是学习的被动者。以学生为中心，往往导致对学生的放任，教师成了学生的尾巴，学生牵着教师的鼻子走，学生兴趣高涨的表面现象遮盖了系统知识和基本技能的欠缺。

教学是教和学所组成的双边活动，二者不可分割，相互统一。教和学的辩证统一关系对理论的要求是，必须兼顾教和学。在许多情况下，“‘学习理论’与‘教学理论’又常是容易令人混淆的。许多学习理论有助于人们深刻洞悉学生的学习过程，但是，几乎没有一种理论能让教师轻易采纳作为其教学设计的指导原则，以达成教师在课堂中的教学期望。因此，教师最需要的理论是可以作为指导设计教学原则的理论。”① 理论工作者当然可以好整以暇，在这个问题上无休止地继续纯粹的思辨，而中小学教师却难以摆脱现实中的纠结，在公说公有理婆说婆有理的喧嚣中进退两难。

仔细分析当下的问题，无疑是教师中心和学生中心的又一轮碰撞，不过这一次的碰撞有着鲜明的时代和地域特色。发生在21世纪以来中国基础教育的“这一次”，其实质是，在充分肯定学生是教学主体的前提下，如何坚定不移地、科学合理地坚持教师的主导作用。在这一问题上，变异理论的主张与我们不谋而合，有着清楚的逻辑、科学的阐释，更有着平实具体的主张。

---

① 卢敏玲，等．优化课堂学习计划中期报告［R］．香港：香港教育学院，院校协作与课堂学习研究中心，2008．

三、凭借“具体的教学内容”弥合理论与实践的鸿沟

根据前面的两点共识，第三点差不多已经成为“必然”。项目应该是一种“行动研究”，也就是说，在行动研究中将系统化的理论转化为教师懂得和理解的操作要求，在行动研究中将操作要求落实为经过改进和提升的教学设计。简言之，联系具体的教学内容推进项目。“乘法分配律”一课应该如何安排？英语的时态变化又该如何设计？我们的项目，将在不断地提出和解决诸如这样一些现实的教学任务中完成。

长期以来，理论和实践之间的鸿沟难以逾越，原因之一是专家们习惯于以思辨形式存在的理论学说，习惯于远离鲜活的课堂教学，习惯于在书斋里构建“高贵”的教学理论。这样的理论当然是有价值的，但是好像是鲜美的苹果或李子，变成干瘪的苹果干或李子干。行动研究当然也离不开理论，但最为关注的不是其完备性和系统性，而是它的应用前景，特别是它的可操作性。通俗地说，就是它是不是“好使”。理念总需要转化为行动，否则理念也就成了空中楼阁或者虚无缥缈的东西。即使是良好的理论，如果一味维持自己的“抽象”性，便很难令教师明确面对实践时应有的行动，无法在进行教学设计和教学实施过程中有意识地运用，也无法很好地促进教师的教学反思。

作为行动研究，项目专家尊重课堂教学的真实形态，尊重教师对于教学的理解和设计。通过与教师沟通和交流，对教学任务展开准确的分析和把握，发现可资改进之处，明确由此产生的教师对于理论的需求，对症下药地将理论具体化以解决问题，最终实现教学的改进。也就是说，项目不满足于向教师系统地介绍和说明变异理论，更加看重将理论融入思考和解决真实问题的过程中。

联系具体的教学内容，便赋予了理论巨大的生命力，就能令教师们从对理论的敬而远之变为积极的靠拢和接受。只有这样，所谓的理论，才不会成为墙上的东西，教育研究者才不会成为脱离实际课堂的“天外来客”。

第三节　脚踏实地——项目的“行动纲领”

“吴所长，我们几个参加项目的老师议论了一下，有个不情之请，委托我问问你啊。”

“洗耳恭听。”

“知道海淀教育名校资源雄厚，全市全国大名鼎鼎的学校多得是。不如我们这个项目就找些普通学校？说到底普通学校才是大多数嘛。”

“我也是这样打算的，还担心你们不愿意，这下想到一起了。我也有个希望，这些年高校专家关注课堂教学是越来越多了，是好现象。不过很多时候，专家对课堂教学的指导往往不太具体，培训都做得很充分，但是比较理论化，很难真正落实到课堂教学中去，老师们觉得和自己距离远，研究结果还是打了折扣的。”

“对对，咱们这回一定要插到底，我们也商量了，要直接干预教学，把变异理论具体化，一直到教学设计这样的层次。”

“英雄所见略同。”

如何把双方对项目的共识付诸实践？如何才能真正“插到底”？从一般公式更进一步成为操作性要求，应该遵循什么样的路径？从哪里入手才能处理好主体与主导的关系？怎样才能引起教师的兴趣和热情？在更深入的讨论中，研究的几个基本特征慢慢浮出水面，逐渐清晰起来，成为整个项目过程中的“行动纲领”。

一、“顶天立地”的实验研究

“顶天立地”是指，一方面坚持变异理论的优势，竭尽全力让教师们理解其科学、合理之处；另一方面，将其观点和主张延伸到实践层次，落实到教师的日常教学实践之中。这当然不是一件很容易、很轻松的事情，但通过反复协商、不断磨合，这一原则成为不言而喻的行动自觉，体现在项目组织的各种活动之中。

如同其他教学改革项目一样，培训是不可少的。在不同层次、不同范围的培训中，作为培训者的北师大专家，格外地注重“顶天立地”，大量的例子来自教学，诸多的解释指向教学，各种的分析立足教学……可以说，变异理论的每一条基本原理，每一种主要观点，每一个具体主张，都不是以“一般公式”的面目与教师见面的，而是借助于数学教学、语文教学、科学教学等的实际例子呈现出来的。正因如此，在比较短的时间内教师们对于变异理论逐渐熟悉起来，开始尝试运用变异理论去分析教学活动，完成教学设计。

北师大的每位专家，分别与海淀区的一个学区结成伙伴。在每个学区每所学校，所有的研究活动始终如一坚持着“顶天立地”的特色。

下面的内容，来自上庄学区《负数的初步认识》教学设计的研讨。

专家：这节课是学习负数的准备课。突出从学生经验抽象出间接经验，从学生对温度的感受切入。按照变异理论，关键属性在于：1.“零”摄氏度，这里用温度计突出是对的。2. 零度以下温度的比较。也找到了，把握住了。

教师 a：说温度的环节可以少些，现在的条理差一些。原来设计了“练习”环节，结果没时间了。

专家：前面天气预报环节分配的时间多了些，用了 10 分钟，所以到最后拖堂了，其实 3 ~4 分钟就够了。这些内容只是引入，不是这节课的主要部分。这节课负号的出现很重要，要让学生多说说、多讨论。

变异理论主要用教学方式表达出来，标准正例、非标准正例。

教师 b：我说说自己的问题。第一个算式中就应问不同的“4”的含义，零上 4 度，零下 4 度，这样问就好了。

专家：对，这样问就好了，为后面引出负号做铺垫了。负号概念出来后，要做些解释，虽然对这个年级要求还不很高，但基本含义是能够理解的，也应该让学生理解。解释时还是可以用前面“4”

的例子。

教师c：现在看，根据关键属性，举例子，使用例子做说明的时间，都可以进一步调整。

专家：没错，比如，反例不一定所有课都必须有，比如这节课，并不特别需要。

下面的讨论片段发生在苏家坨学区，是关于“圆”的教学设计。

教师a：一般常用图来从感性认识上让学生掌握。

专家：引入当然是可以的。

教师b：有必要用那么多例子吗？我就想知道，除了正反例，按照变异理论，还有哪些要注意的？比如具体的环节？

专家：具体用什么例子，需要一起探讨。关键让学生的认识有提升，不上这节课他们也认识圆，上过课提升在哪里？也就是说，这节课重点在哪儿？

教师a：我认为圆的大小、位置是重点，但对于半径、直径的认识不是重点，想知道怎么与变异理论结合。

专家：圆的大小、位置是重点、难点？

教师c：让学生体会圆的大小、位置，要通过画图，才会有更深刻的认识。

专家：是不是半径、直径会了，掌握准确了，大小位置就不易出错了？

教师b：好像不是。

教师a：用游戏好不好？如何与变异理论联系？

专家：不要认为用了理论，别的教法全要换了，游戏当然可以，看怎么用。

教师a：圆心决定圆的位置。半径、直径、圆心是内容。拆的办法有必要，更牢固、更准确。

教师b：如果在半径、直径、圆心下足了功夫，圆的大小、位置是否可以水到渠成？

教师c：不同的块，不一定水到渠成。概念的认识不同。

专家：这样可以吗？我在黑板画圆教学生，以一个圆心，画不同大小的圆，是不是可以让学生认识到圆的大小和直径、半径的关系？

教师a：相当于讲半径决定圆的大小，现在都让学生自己画。

专家：学生画当然也可以，但教师要引导，学生未必概括得出来。我还可以画，直径、半径不变，圆心位置变了，是不是圆的位置也变了，学生看得很清楚。

教师b：不错，就是变异理论说的，改变一个属性，其他不变，看得清楚。

专家：你们再说说这节课最重点的部分是哪里？学生为什么常出错？

教师c：直径，比如未过圆心，而两端点在圆上的直线，学生经常会以为是直径。要搞清楚圆的大小与什么有关，位置与什么有关。

教师b：还是关键属性，直径、半径、圆心，学生真的懂了，就不会出错了。大小、位置都明白了。

类似这样的讨论，是项目组最普遍、最经常的活动方式。变异理论的原理、观点，不是高高在上地宣示和解说，而是凭借朴素却生机勃勃的教学实例得以展示。其他活动形式如听课评课、观摩交流、撰写论文等，无一不是"顶天立地"。项目的推进一直在教师们日常的教学实践中展开，从来没有脱离课堂，从来没有忽视教师的所思所想。正是在日复一日这样具体实在的探讨中，教师们逐渐地熟悉了变异理论的内涵，逐渐自觉地将这一理论运用于自己的教学实践。

二、"有始有终"的实验研究

近年来，各种指向课堂教学的研究，各有其妙。然而人们也经常会听到一些抱怨，这些抱怨多半来自参加研究的教师，最为突出的莫过于理论的空泛：理论是不错，可是听过培训好像就完了，还是不知道教学时如何是好。无论是将何种理论作为指导，往往只是存在于研究过程的两端一开始的培训和最终的总结，而作为研究最为关键的中间部分恰恰似乎理论缺位，看不到教师如何领会理论，看不到他们怎样运用理论分析以往经验并且据此做出改变的行为。

我们的项目同样面临这样的难题。为了避免那种两头“热闹”中间“虚化”的现象，北师大的学者、海淀教科所的专家、项目组学校的教师们，以研究的“有始有终”为追求，特别是注重处于中间的部分。

事实上，任何一名教师，参加科研课题的研究都是其教学生涯的“插曲”。就如变异理论，既不可能是影响他们迄今教学实践的第一种理论，也不可能是影响他们将来教学实践的最后一种理论。从职前教育、在职教育中，他们曾经接受过各种各样的理论，日常的教学制度也积淀着主流的理论，所有这些已经不同程度地融于他们的教学行为之中。虽然教师对于这些理论的自觉程度或有差异，却绝无可能置身其外。所有这些，当他们进入某个科研项目时，不可能也不应该完全退出。因此，当教师们被告知，根据某某理论，应当如何如何时，无论他们是否意识到，几乎是必然地要面临一系列非常具体的问题：这个理论与自己一直以来的教学是什么样的关系？与学校对教学的一贯要求是什么样的关系？运用这一理论，我需要全部抛弃以往的教学习惯吗？可以将这一理论融入我已有的经验之中，抑或是彻底的颠覆？教师们未必能够用自己的语言清楚地表达这一切，但这一切都是存在的，并且不可避免地困扰着影响着他们在变异理论课题中的行为。

就培训而言，淡化其作为研究“准备”的色彩，强化其与研究同步的特征。除了在项目最初阶段外，项目推进的全过程中一直没有停止过培训：集中的与分散的，面向全体的与面向部分成员的，整体性的和专题性的……

完成项目的几年时间里，专家组与教师的零距离互动也是有始有终的。在这样的接触中，静下心、沉下去，与教师共同研讨如何运用变异理论分析某个概念的关键属性，共同协商某个教学设计的构思和修改、某次观摩课的选择和准备、某篇论文的思路和框架。

可以说，运用变异理论改进课堂教学，必须真正地把一线教师作为教学研究的行动主体。让教师们自觉地进行教学设计，在平等的互动交流与对话中，共同面对教学中的问题，共同运用变异理论促进教学质量的提高。这也就意味着，专家团队的主要工作方式不是一般的“参与”，而是自始至终地投入到课堂之中。这是整个研究课题的特色，就凭借这样有始有终的坚持，促使教师日益准确地认识变异理论的价值，逐渐调整这一理论在自己头脑中的定位，最终内化为教师的专业素养。

三、“返璞归真”的实验研究

在当下，进入课堂，关注教学实践和实际的教学活动，已经成为共识和正在努力的行动。但是，作为参与项目的教师们常常会感觉课题研究与自己的日常教学存在着距离。有时，他们仿佛只是研究的配角，似乎参与课题就是为了专家学者搜集研究数据、资料等服务的。有时，专家们会摆出高高在上的姿态，对教师们提出的问题不能给出积极回应，对他们关心的教学实际问题和细节问题不屑一顾。反过来说，当一部分专家学者发觉，自己有义务对教学活动提出直接建议和具体指导时，往往力不从心。双方在类似问题上的彼此错位，在很大程度上抵消了在研究过程中的辛勤付出，降低了研究的实际效果。

本项目自然也遭遇到类似的问题。在进行了若干次频繁培训、若干次教学设计研讨、若干次观摩课及其交流活动之后，在教师们已经多多少少了解甚至熟悉了变异理论之后，他们表达出的疑惑，其中频率最高、内容最集中的仍然是：“按照变异理论的要求，我们该怎么做？这个课该怎么上？”在参加项目的四个学区，无一例外。

这样的现象引起了专家们的深思。依靠先进的、科学的理论，引领和提升实践，几乎没有人会对此有质疑，然而，实际结果却并非总是令人满意。除了理论自身的质量和适切性之外，另一个原因多半在于如何具体地实现引领。项目组专家们一再反思，究竟什么样的形式能够给予教师更直接具体的帮助？看来，仅仅依靠培训是不够的，仅仅提供各种具体的研讨活动也是不够的。如前所述，教师们的愿望和疑惑是合理的，应该为他们提供既能够突出变异教学特征，又能够便于操作的指导。经过专家们的反复讨论、斟酌，结合教学中常见的问题和缺陷，项目组提出了运用变异理论指导课堂教学的操作性步骤。

1. 聚焦概念——本课要求学生掌握的核心概念是什么？（如果不止一个，哪个是最基础的？与其他概念的关系如何?）

任何一门课程的内容，都是以概念为基础组织起来的。而变异理论的精髓之一，在于特别重视概念的教学。数学课程以逻辑的严密为特点，其中的每一课，都围绕着一个或数个“核心概念”展开，核心概念就是该课的灵魂，可以说，相互独立的“课”之所以存在，就是为了令学生分别掌握一个个的“核心概念”，通常所说的课程目标的实现、教学任务的完成，也是就此而言。

根据变异理论，在“聚焦概念”这一步骤，要求教师明确，在某一课中要求学生掌握的概念是什么？有几个？关系如何？在最终完成的教案或教学设计中，必须形成围绕核心概念的鲜明的教学主线，并且贯穿始终。教学环节的安排、教学语言的组织，全部是为了让学生理解和掌握核心概念，无论是提问、操作还是练习，都是服务于“核心概念”教学的需要。

2. 厘清属性——掌握这个概念的关键是什么？（基本属性是什么？一个或者几个？在教学中应该如何呈现和介绍这些基本属性?）

一位教师在讲解分数的性质时，采用月饼为例，用切成两份和三份的月饼，分别说明分子和分母，引出 1/2、1/3，将近半节课的时间，始终放在“平分（分母)”这一点，至于“整体 1”和“取若干份（分子)”，这样两个同为分数性质的属性，直到临近下课，才匆匆交代。无疑，学生对于“整体 1”的理解是单薄的，对于“取若干份”的印象是模糊的，如此基础，概念的建立当然缺乏深度和广度，自然会留下隐患，于是，“讲过了，学生还是不明白”。一位教师在进行乘法分配律教学时，不厌其烦地多次地将数字代入公式，加以验证，可是在出示的多个例题中、在学生当堂的练习中，采用的全部是两个数相加，没有一个例子涉及两个数相减。显然，定律的属性没有得到完整的展示。学生几乎不可避免地会误解为这一定律只能用于两数相加再乘另外一个数。所以，“只要一做题，他们还是会出错”。

根据变异理论，要求教学必须全面地覆盖概念的各种属性。在这一步骤，教师要考虑，学生在头脑中建立这个概念，必须认识哪几个属性？如何保证教学覆盖所有这些属性？哪个属性在理解上比较困难？为了学生的掌握，需要强调什么、解释什么、设计什么样的情境和活动？等等。

3. 整理错误——反思过去教学的经验，学生在学习这一概念时经常性的错误有哪些？（误解、模糊、印象不深等）这些错误反映了他们在概念掌握上的哪些漏洞？

一般说，有了三五年的教龄之后，教师们会逐渐积累起有关的经验，对应某个概念和定理的教学，学生通常会出现什么样的错误。不过，如何面对这些错误，教师之间的差别就很大了。有些教师的做法是：强调和重复，对于学生经常、频繁的错误所在，多讲几次，说明“这个特别重要”、“一定要记住”……也有些教师态度则十分消极：“反正你再怎么强调，他们还是会错。”而有经验的教师，则每每能够化腐朽为神奇，针对学生的错误调整教学。根据变异教学理论，应当从概念学习的角度辨析错误：某类错误源于对概念某个属性的误解，避免这样的误解需要如何去做……总之，不是停留在错误本身，而是深入到概念学习之中去追根溯源以求改进。

“周长”的概念并不复杂：等于边线之和。但是，在项目学校中许多教师提到，学生在学习后的练习中却经常会出错。典型的错误之一是，当把两个图形拼接到一起后求它们的周长时，学生总是不假思索地将原来的两个周长相加，忽略了在新的图形中，有些边线已经消失。可见，错误恰恰在于概念属性的模糊。事实上，因为周长的概念相对容易，教师在讲解概念时往往没有援引足够多样的例子展示说明，导致学生建立概念时的简单化。

针对错误的根源，在教学设计中增加不同的例子，引导学生辨认边线与周长的各种不同关系，学生认识的正确性就能够大幅提升。

根据变异理论，在整理错误这一步骤，要求教师思考和追究，学生的错误与概念的基本属性之间存在怎样的联系。进而言之，可以有的放矢地设计教学具体活动，帮助学生澄清混乱和困惑，强化准确的认识。

4. 组织正例——用什么样的例子帮助学生理解这个概念？除标准正例，还应该有丰富变化的非标准正例。这些例子是不是覆盖了这个概念的基本属性？

运用各种各样的例子，展示和说明概念，是几乎所有的教师都会做的事情。一些优秀教师更是才华横溢，例子的使用得心应手、出神入化。不过，无论是普通教师，还是优秀教师，在这个方面比较多的是处于自流状态，经常只是停留在个人经验的层次。

变异教学的理论，则在这一方面超越了经验，并且加以系统化、理论化。将例子作了精致划分：比如正例和反例，在正例中，又区分了标准正例与非标准正例，尤其是论证了非标准正例的价值。

尽管所有的教师们都会在教学中使用例子，但在课堂上我们经常只是看到标准正例——概念的典型、理想范例。变异理论则提出、强调了非标准化正例的运用。运用富于变化的非标准正例，可以有序、完整地呈现概念的基本属性，令学生对其有更为丰满的理解和掌握。比如，在学习分数时，可以通过非标准正例，依次就分数的一个基本属性作改变，同时保持其他两个属性不作改变，从而令学生清晰地领会这种变化与分数值的关系，深刻全面地认识分数性质。比如：改变“分母”，便于学生理解，在“单位1”和分子不变时，分母越大，分数值就越小；改变“分子”，便于学生理解，在“单位1”和分母不变时，分子越大，分数值就越大；改变“单位1”，便于学生理解，相同的分子和分母，在“单位1”不同的情况下，分数值也会不同。

再如，学习三角形的高时，通常教师会采用等边三角形和直角三角形作为例子，这自然无可非议。但是，往往由于忽略了非标准正例：钝角三角形的形外高，一旦遇到需要利用形外高来计算三角形或平行四边形的面积时，很容易陷入困惑。[①]如果在标准正例以外有意识地运用非标准正例，自然可以

① Guo, J. P., & Pang, M. F. (2011). Learning a mathematical concept from comparing examples: The importance of variation and prior knowledge, *European Journal of Psychology of Education* (SSCI), 26 (4).

避免这样的问题。

根据变异理论，非标准正例对于学生建立概念作用关键。在这一步骤，要求教师的，就是非标准正例的选择、安排和使用。只有在足够多样的非标准正例支撑下，才能令学生真正牢固地建立起正确的概念。

5. 运用反例——根据概念的根本属性，再次审视准备的例子，是不是做到了既有正例又有反例。借助反例，形成正确与错误的对比，强化概念的根本属性。

如果说，正例的运用对于大多数教师而言可以“无师自通”，那么反例的选取则远没有那么普遍。然而很多时候，仅仅有正例是不够的，为了学生建立概念，经常还需要在教学中采用反例，这也是变异理论所强调的。罗素在《知识论》中曾指出：“只有在相关的肯定判断早已形成或想到的情况下，知觉才能引起否定的判断。”知道“是什么”，同时隐含着知道“不是什么”。可以说，两者合一，才是对于概念完整的认识。只有当我们能够准确无误地做出否定判断的时候，肯定判断的正确才是自觉、可靠的。简单地说，当人们做出“这是一个圆”的肯定判断时，实际上包括了若干否定判断：“这不是一个三角形”、“这不是一个梯形”、“也不是一个正方形”、“还不是一个长方形”。否定判断其实是与肯定判断并存的，只是在完成肯定判断时未必清楚地意识到。实际上，“是什么”永远和“不是什么”关联着。在变异理论中，这是非常深刻也非常重要的思想，学生学习概念的过程，始终包含着肯定与否定两个方面，没有“不是什么”，也就没有“是什么”，分辨差异，在比较中确认是与不是，才能清晰、准确地建立概念，反例的价值就在于此。

在这一步骤，要求教师就是根据以往的教学经验以及学生的具体情况，判断是否需要反例，并且在需要时慎重地设计，恰当地运用反例。借助反例与正例的对比，使学生对概念基本属性的认识精确、丰满、充实。

课堂教学是千姿百态富于变化的，在实践中当然不能僵化地、按部就班地照搬这样五个步骤。不过，这样的操作步骤为教师思考和实施教学提供了清晰具体的思路，可以帮助他们合乎逻辑地运用变异理论思考和分析教学，从而根据实际需求完成教学设计。按照教师们的说法，这样的操作步骤，为运用变异理论改进教学提供了一个“抓手”。

几年来，实验研究一直保持着这样的特色：“顶天立地地”将理论引向课堂实践，有始有终地在每一个阶段展开活动从而将研究贯穿于项目的全过程，尊重和接受教师们发自具体教学的种种疑问并且致力于返璞归真的回应和指导。这些特征得到了教师们的积极回应，他们认为，这个项目“实实在在”，变异理论对课堂教学发挥了实效。

第三章

上下求索：确立变异教学的实验推进策略

以往关于变异理论在课堂教学中的实验研究多是在中学教学中开展，海淀区的变异教学实验先从部分小学课堂教学中开始。我们在实验前设计了变异教学的实验推进策略，努力在思想上达成共识，明确变异教学可以解决的问题，统筹设计出实验的方式，通过开展多种具有变异教学典型特征的活动，全面推进变异教学实验。

第一节　思想共识——变异教学到底能够解决什么问题

一、教学认识问题：迁移—变异

变异理论是一种人类学习理论。它是迁移理论的一种新探索、新进展，是一种旨在指导教师、帮助学生学习的教学理论。传统迁移观只强调共同性。变异理论发现并证明学习迁移的必要条件是同时具备共同性和差异性。这一点的认识，是变异理论超越过去的迁移理论的突破口。这个超越点的核心价值在于它揭示了如何从具体事例中抽象出普遍概念、原理的学习规律。将变异理论应用于课堂教学改革中，有助于学生科学有效地学习书本知识，培养学生综合获取知识的能力，真正帮助学生学会学习。变异理论是迁移学习理论的发展和深化，它试图帮助学生更快建立起知识之间的联系，使学生很快调动已有知识情境，在原有知识的基础上，以最有效的方式应对新的知识情境的学习，帮助学生尽快掌握知识之间的联系。

根据变异理论，为了让学生尽快学习领会某个知识的意义，就必须努力寻找知识与知识之间的差异，从差异入手，从不同点入手，以帮助学生更快掌握知识点的本质。也就是说，对学习新知识而言，寻找知识之间的差异比寻找知识之间的相同点更容易让学生在较短时间内掌握知识的本质特征。这种理论要求教师在课堂教学中，注意新旧知识的差异性，从关注知识之间差异性来开始教学，而非从知识的相同性展开教学，这是变异教学理论的本质，也是变异教学理论与迁移教学理论最大的区别。

二、教学策略问题：举例

变异教学能够解决教学策略的问题，指导教师如何在课堂教学中有计划、有条理地进行有效的举例。

课堂教学研究离不开课堂举例。教育心理学家很早就开始研究例子在学习中的作用，“例中学”在过去的至少40年中都是教育心理界一个主要的研究课题，教学论史上就曾出现过著名的范例教学。学生要学习某种知识或概念，就必须依据课堂示例，例子能够帮助学生更好认识概念的本质内涵。学生是通过例子来学习知识、获得解决问题的能力的。教师在进行课堂教学中的任何讲授，都离不开对具体示例的分析，通过示例来展示学习对象方方面面的特征，进而掌握知识，形成应用知识解决问题的能力。

目前关于例子在课堂学习中作用的研究大致可以分为两个部分，一部分主要研究正反例（positive-negative example）对概念学习的作用，另一部分则主要研究有解样例（worked example）对过程学习、问题解决的作用。西方教育心理学家在这一领域进行了大量的研究，对教学实践产生了积极的影响。近年来，国内也有学者陆续介绍这一方面的研究，并做出了一些有益的探索。变异理论指导下的课堂教学操作体系，其主要研究内容就是课堂教学的“举例”。研究表明，“好”的正反例至少具备三个特征：（1）正反例相互匹配（Match）；（2）正例之间差异大（Divergency）；（3）由简单到困难呈现例子（Easy-to-difficult）。①

变异理论在教学策略方面提出，要正确认识某事物，就应分离出该事物的关键属性，运用有助于掌握这个关键属性的一种变异形式（例如旁例或反例）来加以对比，达到对关键属性的辨析，即“分离—变异—对比”的教学操作模式。比如，学生要学习“水”的概念，可以用示例的方式呈现出自然界中各种各样的物质，从这些物质中分离出“水”这种特殊的物质，再通过举例方式来展示自然界中水的不同形态，还可以通过水与油的比较，进一步了解水的本质特征，认识水在自然界的不同存在形式。

变异教学理论提出课堂教学正反例的概念，研究正反例的质量，即什么是“好”的正反例，正反例的呈现顺序又是什么。比如，先呈现所有正例再呈现所有的反例，或者先呈现所有的反例之后再呈现所有的正例，等等。根据变异教学理论，在列举正例时，正例之间差异大一些；在列举反例时，注意在关键属性不同的前提下，要在某一个非关键属性上有一致的地方，使反例具有一定的“迷惑性”，容易让学生混淆出错；所举例子不是在同一水平上简单的重复，而是要呈现出一定梯度，要由简入繁，引领学生学习逐渐深入。

在课堂教学过程中，只是向学生介绍概念的定义，而没有呈现这个概念的正反例，学生往往只能学会死记硬背，而无法真正掌握概念的关键属性。因此，变异理论主张在概念教学中要依据匹配、差异和由简到难这三个原则向学生呈现正反例，并向学生解释每个正反例。在课堂教学中，教师在授课时要尽可能通过举例，并且不断变化示例的呈现方式，来帮助学生识别学习内容的关键属性和相关属性，帮助学生更好掌握学习内容，达到运用学习内容解决生活中现实问题的目的。

---

① 郭建鹏，彭明辉，杨凌燕. 正反例在概念教学中的研究与应用［J］. 教育学报，2007（6）：21－28.

三、教学实效问题：把握关键属性和学习质量

变异教学能够解决教学实效的问题，尤其是能实现学生对概念关键属性的掌握，有效地提升学习质量。

心理学认为概念是人脑对客观事物的本质特征的认识。概念的属性包括相关属性（Relevant attribute）和无关属性（Irrelevant attribute）两种，每个属性都具有不同的值（Value/level）。相关属性指的是涉及概念本质特征的关键属性；无关属性指的是不涉及概念本质特征的、可变的属性。

变异理论认为，以往的迁移观忽略了一个最基本的事实：人们总是通过对比、区分来认识和理解事物的。“根据变异理论（Variation theory），学习者审辨出并同时（Simultaneously）注意的关键属性定义了经验现象的特定方式。但是如果没有经验属性的变异（Variation），那么这个属性是无法被审辨出来的。”[①] 即变异理论强调，通过比较、对照、区分等方式，突出所学内容的关键属性，从而掌握教学内容。

所以，要想真正实现课堂教学的实效，要想使学生准确掌握学习内容，就要准确把握学习内容的关键属性，就要求教师首先要“找准概念的关键属性”。否则一切努力都将前功尽弃。

在听课的过程中发现，在小学数学教学中，有些课堂教学的低效、无效就是源于教师对教学内容关键属性的把握不准。

例如，在小学数学的“空间与图形”教学中，基于当前的新课程理念，教师常常在新授阶段注重学生体验、感受，让学生到现实生活中“找、摸”有关教学内容，但对概念关键属性的把握有所偏离，使学生不能准确掌握概念。

如“角的认识”一课中，教师没有把握好角的“由一点引出两条直线”的平面的抽象的概念，而使学生错误地认为角是生活中可以看到的立体的“尖”的部分；在“周长的认识”一课中，教师没有把握周长的实质是一个

---

① 彭明辉. 现象图析学与变异理论［J］. 教育学报，2008（5）：33－37.

边线的长度的概念，而使学生将周长简单地认为是围绕图形一周的边线。

在“圆的面积”一课中，教师没有把握好圆面积是一个面积的概念，使学生将其错误地理解为立体的概念，或者简单地理解为“一个面”。

如何实现对教学内容关键属性的准确把握？这不仅是对教师个人专业发展提出的要求，同时也是对学校教师所在的团队提出的要求。

这就要求教师做到对课程标准的准确把握、对教材的准确把握，以及对所教知识点在有关知识体系中作用的准确把握；需要教师具备在讲授中、提问中准确表述的能力；需要教师扎实的学科素养，严谨治学的态度，对教学高度的责任感，以及刻苦钻研的精神。

同时，需要学校学科组、备课组内的研讨交流机制的建立，促进教师在备课中互相启发、互相监督、互相把关，发挥骨干教师对一般教师的引领作用，通过老教师对年轻教师的提携，促使年轻教师的专业发展；促使教师通过互帮互学，“吃透”课标、教材，把握教学内容的关键属性。

四、教学研究问题：教师如何开展基于教学过程的研究

变异教学是一种教师在课堂教学实践中开展的实验研究，也就是说，教师实践变异教学的过程中，变异教学可以指导教师开展基于教学过程的研究，能够有效地解决教学研究的问题。

课题组教师在课堂教学实践中运用并深化理解变异理论。随着对变异理论的逐渐熟识，教师们发现其实自己在日常教学中常常有意无意地在使用这一理论，只是没有像理论中所设计的那样理性地、系统地、有意识地而又科学地采用策略。

教师们开始尝试着运用变异理论的指导思想进行教学设计，进行试讲。起初教师们还有些不知如何下手，后来在北师大教授的指导下，慢慢学会了如何在一节课中找到最适合运用变异理论的教学内容，如何恰当地举例，如何更加合理地分配时间、教学重难点等。在一次次的尝试、探讨、修改、再尝试、再探讨的反复过程中，各学区实现了认识上、教学效果上的螺旋式上升，在实践中更加深刻地领悟了变异理论的真谛。

要想课题组的教师们真正掌握变异理论指导实践的方法，在经历过大量的实践探索后，需要有一个进一步提升的过程，需要系统总结、归纳操作步骤，使实施策略更明晰。课题专家组通过多种方式将“变异理论指导教学实践的实施策略”在课题中进行培训，使教师们省略了很多盲目探索的环节，使实践探索有据可依，使教师们在运用变异理论指导教学设计时思路更加清晰，步骤更加完整，教学的实效性大大提高，在有效地运用变异理论开展教学实验的过程中，实现了教师和学生的共同发展，推动了教学质量的提高。

第二节　统筹设计——确立变异教学的实验方式

一、实验目标和内容的设计

在经过项目启动前的多次研讨，并且在每学年充分地论证以及 2 ~ 3 次修改后，海淀区教科所与北师大确立并签订项目合作协议，明确海淀区“变异教学理论的课堂实验研究”实验为期四年，实验研究的主要内容是进行课堂教学的“变异”设计，主要目的是要帮助参与实验研究的教师掌握变异理论的主要思想，并能自觉地运用该理论指导课堂教学，进而达到促进教师专业发展和提高课堂教学质量的双重目的。

首先，我们要通过引进先进的教育教学理论，实现海淀区课堂教学改革在科学理论的指导下深入推进，实现课堂教学方式的转变，实现轻负高效的课堂教学。

其次，我们要通过实验努力实现教师专业素养的提升，学科素养、科研素养的提升以及教学水平的提高，促进教师的教学设计突破经验式地自发地运用迁移、变式的方法，自觉地运用更先进、更科学的变异理论指导课堂教学，在准确把握知识关键要素的基础上，进行系统化、高效的组织教学，提高教学实效。

再次，我们要通过实验使学生思维方式更加灵活，学习方式得到改进，学习能力得到提升，加深学生对知识的理解，加强学生对知识的全面掌握，提高单位时间内的教学实效，使学习更轻松、更愉快。

在具体实施过程中，我们将总课题分解为若干子课题，将课题总目标分化为分目标，并落实到实处。我们通过在学校开展子课题研究，进一步深化课题研究，深化理论认识，推进课堂教学方式的改进。我们将总课题分解为如下供学校选择研究的若干子课题：

变异教学理论在小学数学（语文、科学、英语）教学中的应用
概念学习中运用变异教学理论的实验研究
问题解决中运用变异教学理论的实验研究
识字教学中运用变异教学理论的实验研究
变异教学理论实施策略的研究
变异教学理论实施模式的研究
变异教学理论指导下课堂教学设计的研究
变异教学理论指导下的案例研究
变异教学理论实施中例题的研究
变异教学理论指导下校本（以学科组为单位）教研模式的研究
变异教学理论实践中教学内容选择的研究
运用变异教学理论提升教学有效性的研究
在变异教学理论实践中实现教师专业发展的策略研究
变异教学理论实施效果评价的研究
利用变异教学理论促进学生学习的研究

（一）课题研究逐步深入

课题研究从教师教学的问题入手，从“痛”处着眼，从“小问题”入手，基于问题开展课题研究。

1. 将教学中的难题转化为课题

课题研究到一定阶段，要在教师们对变异理论有一定掌握的基础上，从自身教学疑难中寻找可以解决的问题，即从变异理论适用的指导范围与教学难点的交集入手，找共性、找重点，明确学校子课题，以期通过变异教学课

题的研究解决学校教学中的难题，提高教学质量。

这个环节需要各子课题校所有参与研究教师的反思和研讨。可采用头脑风暴、鱼骨图等方法找出学校教学中的问题，分析核心问题，并用变异理论来解决。(见表 3－1)

表 3－1　海淀区“变异教学理论的课堂实验研究”子课题申报汇总

学　区	学　校	课　题	学　科
苏家坨（5）	苏家坨中心小学	变异教学理论在数学教学中的应用	数学
苏家坨（5）	北安河小学	变异教学理论在数学教学中的应用	数学
苏家坨（5）	红星小学	变异教学理论在小学数学课堂中的实验研究	数学
苏家坨（5）	台头小学	变异教学理论在小学数学课堂中的实验研究	数学
苏家坨（5）	苏三四小学	变异教学理论在小学数学课堂中的实验研究	数学
上庄（4）	上庄中心小学	变异教学理论在小学数学教学中的应用	数学
上庄（4）	前章村小学	变异教学理论在小学数学教学中的应用	数学
上庄（4）	白水洼小学	变异教学理论在小学数学教学中的应用	数学
上庄（4）	东马坊小学	变异教学理论在小学数学教学中的应用	数学
二里沟（7）	万寿寺小学	问题解决中运用变异教学理论的实验研究	数学
二里沟（7）	定慧里小学	运用变异教学理论提升教学有效性的研究	数学
二里沟（7）	八里庄小学	问题解决中运用变异教学理论的实验研究	数学
二里沟（7）	北洼路小学	变异教学理论在小学数学教学中的应用—问题解决中运用变异理论的实验研究	数学
二里沟（7）	银燕小学	变异教学理论在小学数学教学中的应用—问题解决中运用变异理论的实验研究	数学
二里沟（7）	六一小学	变异教学理论在小学数学教学中的应用—问题解决中运用变异理论的实验研究	数学
二里沟（7）	亮甲店小学	变异教学理论在小学数学教学中的应用—问题解决中运用变异理论的实验研究	数学

续表

学　区	学　校	课　题	学　科
东升（7）	实验二小	变异教学理论指导下课堂教学设计的研究	数学　语文
	育鹰小学	变异教学理论在小学数学、语文、科学课堂教学中的实验与研究	数学　语文 科学
	科大附小	变异教学理论在小学数学、语文、英语教学中应用的研究	数学　语文 英语
	育新学校	变异教学理论在小学数学、语文、科学课堂教学中的实验与研究	数学　语文 科学
	实验三小	变异教学理论指导下课堂教学设计的研究	数学　语文 英语　科学
	石油附小	变异教学理论在小学数学、语文、综合、美术、体育教学中提高课堂教学实效性的策略研究	语文　数学 美术　综合 体育
	中关村一小	利用变异教学理论促进小学生自主学习的策略研究	语文　数学 英语　科学

2. *在课题的研究中解决实际问题*

为使课题研究能够有条不紊，使课题组成员有章可循，变异教学课题组各子课题校、各学区将开展科学、规范的研究方案的制订，清晰研究思路，制订切实可行的研究方案，进一步合理安排课题组人员分工，明晰各阶段研究任务、研究目标，为各学校子课题研究成果落实形成强有力的保障。

在课题研究的过程中，在活动的开展中，通过在课题组内部，在研究思路的达成中采用自下而上与自上而下的结合方式，在理念上达成一致，实现异中求同，同中存异。各子课题校是相对独立的研究个体，要努力通过研究解决自身的实际问题，并且各子课题校还是各学区工作坊——子课题组的成员，更是区级层面总课题组的子课题校，课题组要经常开展研讨、交流，在思想碰撞中实现课题研究的推进，实现经验的提升。

课题研讨提纲：

1. 对学校选定的子课题是否有清晰的研究思路？子课题的研究目标、研究内容是否明确？是否清楚对课题进行进一步细分、聚焦，进行研究阶段的划分、部署？

2. 是否能够准确区分开研究方案（研究计划）与工作计划？是否能够准确区分研究报告与工作总结？

3. 是否清晰一线教师如何在教研的基础上再往前走一步？是否了解围绕子课题研究的思路，统领教学研究、经验提炼、研究总结？

4. 是否针对一线教师教科研特点、学校特点及自身特点选定适合的研究方法？

5. 对本校所选的子课题预期成果是怎样的？

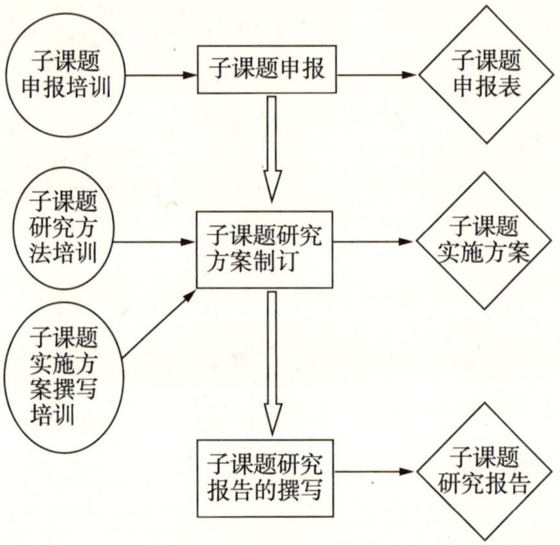

图3－1 海淀区“变异教学理论的课堂实验研究”课题子课题研究流程

二、实验过程和方法的设计

在研究人员的构成上，实现了理论工作者和实践工作者相结合，为确保研究的顺利实施，课题组成员分别设置课题指导组、课题专家组和课题执行组。

课题指导组由区教科所专职科研人员组成，提供必要的政策指导和行政支持。课题专家组由北师大专家教授组成，提供课题的理论指导和技术支持。课题执行组由学区干部、学校干部和一线教师组成，负责课题的具体实施活动。

组建研究团队——多方参与的“工作坊”。海淀区变异教学课题的研究工作，主要采用工作坊的形式开展。工作坊在学区中是整个研究团队的核心组织，主要负责组织系列的学习和研讨活动，并具体指导子课题校运用变异理论指导开展教学设计且付诸实施。

通过变异教学理论的课堂教学实验，提升海淀区课堂教学实效性的研究，在北师大课程与教学研究院丛立新、郭华、陈红兵和易进四位教授的带领下，首先在海淀区二里沟、东升、苏家坨和上庄四个学区形成四个工作坊，在23所小学中开展试点研究。在学区、学校的选择上，我们尽可能选择了海淀区的普通学区、普通校，尤其是有意识地选择了山后的两个学区，旨在通过开展该课题研究，从提升海淀区普通校课堂教学质量的基础上，全面带动海淀区课堂教学质量的提升。

海淀区“变异教学理论的课堂实验研究”课题子课题校名单（23所）

二里沟学区工作坊（7所）：万寿寺小学、定慧里小学、八里庄小学、北洼路小学、亮甲店小学、六一小学、人大附小银燕分校（原银燕小学）

东升学区工作坊（7所）：科大附小、实验二小、实验三小、育新学校小学部、育鹰小学、石油附小、中关村一小

苏家坨学区工作坊（5所）：苏家坨中心小学、北安河小学、红星小学、台头小学、苏三四小学

上庄学区工作坊（4所）：上庄中心小学、前章村小学、白水洼小学、东马坊小学

海淀区二里沟、东升、苏家坨和上庄四个学区形成了集海淀区教科所专职科研人员、北师大专家、学区干部、23所小学的校长与教学干部及一线教师于一体，近200人的庞大而强有力的研究共同体。在23所子课题校

中，每所学校都有专人负责，由多名教师组成学校子课题组，每所学校每学期分别根据变异理论来设计若干典型教学设计。在工作坊中展开充分的讨论与完善，之后付诸实施，进行课堂教学观摩活动，并组织后续的研讨和总结活动。

在研究方法上，主要采用课堂观察和行动研究相结合的实验方法。我们采用课堂观察的方法，按照一定的目的和计划，在教育活动的自然状态下，用自己的感官和辅助工具，对研究对象进行系统地观察。与此同时，我们运用行动研究法，开展行动研究。教师在日常教学实践工作中，运用变异理论指导教学设计，指导课堂教学的实施，在实践中检验变异理论，并且推动课堂教学有效性的提高，促进教师学生共同发展。

以培训为主，开始尝试着进行教学设计。初步探索阶段，我们在课题组内开展理论培训，教师们初步尝试运用变异理论进行教学设计；依据教学设计实施教学，在此基础上研讨修改教学设计。为了促进课题组教师在交流中的提升，我们开展学区间的交流研讨会，以促进教师对理论的深入理解，实现实践经验的传播；而为了推动教师在研究中的反思和积累，我们也在课题组内组织年度主题征文活动，将获奖征文整理、结集成册。

以研讨为主，逐步深入开展子课题研究。在课题组教师逐渐掌握了变异理论的要领之后，课题组中各课题校进入课题深入开展阶段。各学校在此阶段依据自身对理论的认识，依据自身研究需要完善并提交了子课题研究方案，深入开展子课题研究。与此同时，更加深入广泛的课堂教学实验研究也在生龙活虎地开展着。在各学区的有序组织和有力领导下，各学校在已有研究的基础上，重新提交新一轮教学设计，经过反复修改、试讲，优选出观摩课。总课题组筹备并举行国际研讨会。通过多种形式的活动开展交流、研讨。在此过程中，各学校对研究进行总结整理，提交各子课题的研究阶段性总结。

经历了课题研究的深入开展与广泛交流之后，课题研究进入到系统研究阶段。在这个阶段，各学区组织子课题校全面总结，归纳提炼出适用变异理论指导的教学内容，在此基础上进一步建立变异理论指导教学设计及课堂教学实践过程中常用的举例对照表。与此同时，各学校子课题研究进入到系统总结阶段，各学校认真梳理研究思路，针对问题的解决撰写子课题研究报告。

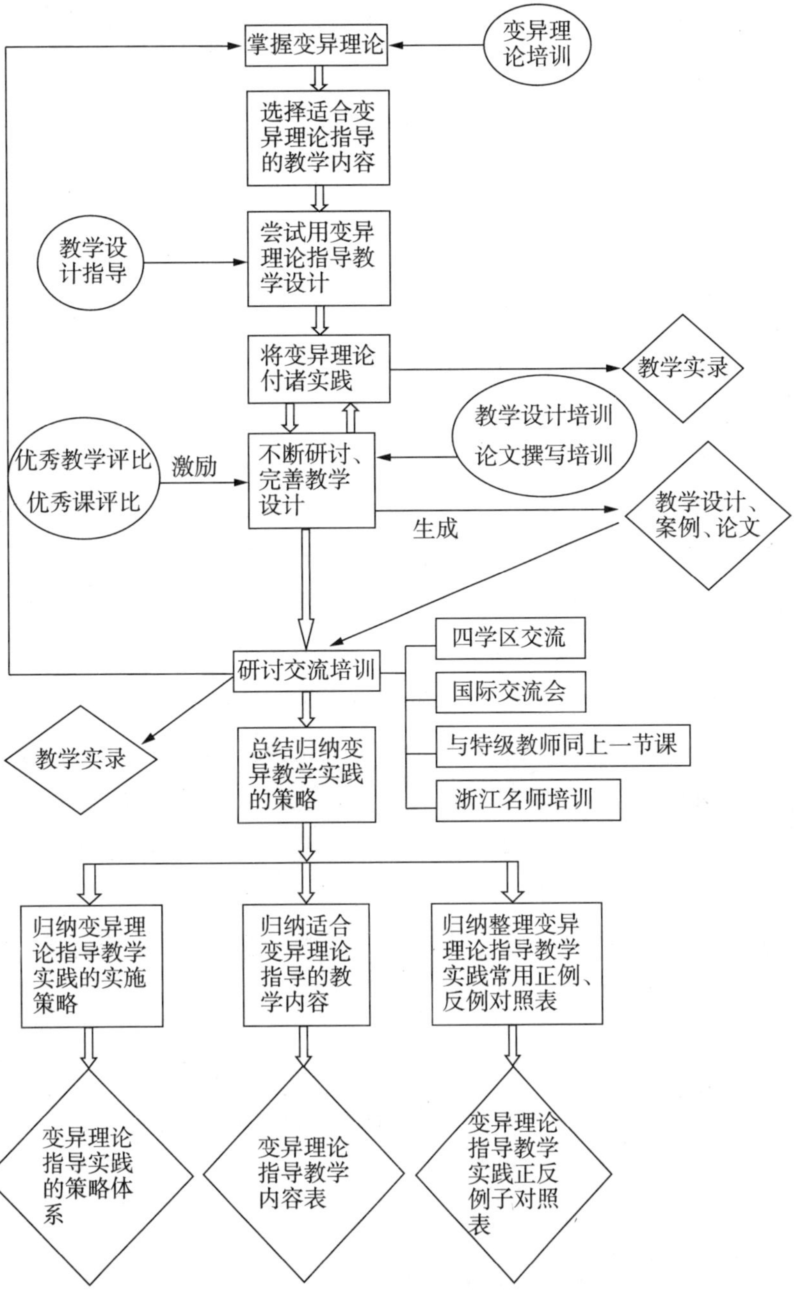

图 3－2　海淀区“变异教学理论的课堂实验研究”课题总课题研究流程

第三节　众志成城——变异教学实验在活动中推进

海淀区“变异教学理论的课堂实验研究”课题实施方式，是区域统筹推进与学区、学校相对独立开展研究相结合的推进。

一、观课评课

在海淀区变异教学实验中最普遍的活动是涉及专家、学区、学校干部教师等课题组成员全员参与的观课评课活动。一切活动围绕“课”而开展，一切实验活动的效果都要从观课中得以验证，一切关于实验改进及推进的交流、研讨活动都要从评课活动中开展。可以说，观课、评课活动贯穿在变异教学实验活动的始终，大家从分析教学现状入手开展教学改革。

针对在教学实践中存在的现实问题，有针对性地指导和点拨。学区和课题校的领导积极带头，投入到研究之中。北师大四位专家和研究生们多次深入学校，指导教师修改教学设计，针对论文撰写开展培训。在专家与教师一次次的交流、碰撞中，课题组成员更深刻地领会到变异理论的核心思想，找到变异理论在教学实施中的切入点，变异教学理论指导下的教学操作体系开始清晰起来，在实验学校的课堂上，教学方式改革开始悄然进行。

在2010年下半学年中，课题组的教师们参加了近20次的课题组活动，通过多次试讲和研讨不断修改着教学设计，尝试着在变异理论的指导下完善日常的教学工作。(见表3－2)

表3－2　变异教学课题活动记录

活动主题	变异教学理论在数学课堂教学中的实验研究		
时间	2010年11月29日	地点	东马坊小学
参加人员	郭华教授及三名研究生；教科所李艳莹老师； 上庄学区校长、中年级数学教师共10人		
记录人员	周明军		

续表

活动内容记录
一、听课：四年级数学上册《相交与垂直》，前章村小学周明军老师执教。四年级数学上册《生活中的负数（一）温度》，东马坊小学刘元元老师执教。
二、评课指导：
1. 中年级数学教师谈自己的听课感受（关于“变异教学”）。
2. 北师大研究生与教授点评及建议：
①刘老师的课最后正负数的表示，应准备更充分些，渗透一些“海拔”知识，也引导学生认识不只是“温度”有正负数。
②周老师注意到垂直的本质是90°，而非三角板上的直角；建议讲清垂足与交点的区别和联系，避免学生混淆“垂足”的概念。
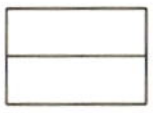（折线）也属于变异教学的一种，可以追问：你为什么只折了一条？
③周老师语言严谨，如小组内折出2条折线，使这两条线垂直。但需注意两条线重合并不是成了一个点，而是一条线。点、线、面、体最好用多媒体呈现，以免学生觉得抽象太难理解。
④刘老师在0℃分界线强调得比较充分；学生表示温度用时太多；温度计每格代表几度应引导学生弄清楚。
活动效果
通过此次活动，使教师对变异教学理论有了更深的认识，特别是两位授课教师，经过专家的指导之后，教学思路愈加明晰，对变异教学理论在课堂教学中如何实施，如何抓住本质，通过变异，加深学生对本质属性的理解愈加明确，为下一阶段的教学研讨会做好充足的准备。
布置任务
两位授课教师在听取专家意见，认真反思后，仔细修改自己的教学设计，并做5分钟教学思路阐述（PPT），为研讨会做好准备。
下次活动计划安排
12月6日上午，白水洼小学听试讲：
1. 白水洼小学 韩飞《线的认识》
2. 上庄中心小学 冯丽君《乘法分配律》

二、教学设计

课堂教学的成败与否，教学设计起到极其重要的作用。要真正领会并运用变异理论的科学指导，需要教师将变异理论带到实践中去。教师将变异理论运用到教学实践的第一步，是运用变异理论开展教学设计，然后在教学设计的实施过程中，即在课堂教学过程中真正实现运用变异理论指导教学实践。

在变异课题研究过程中，当教师们逐渐清晰了变异理论的核心理念之后，就开始探索变异教学理论适用的学科、教学内容、使用步骤和技巧等问题。变异教学课题组分学区、分学校开展变异理论指导下研究课的设计与研讨，轮番打造研究课。在此过程中，北师大专家及教科所课题组成员多次修改教学设计，研讨中教师们各抒己见，思维碰撞中不断产生新的思路，不断校验着各自对变异理论的理解，不断为培养学生思维、拓展学习空间、提高教学质量孜孜以求地努力着。

教授们抓住在教学实践中存在的现实问题，有针对性地指导和点拨。在教师们与专家一次次的思想交流、碰撞中，变异教学理论指导下的教学操作体系开始清晰起来。

八里庄小学教学设计研讨（亮甲店小学）

时间：11 月 23 日

地点：八里庄小学

指导教师：陈红兵

《角的认识》亮甲店小学　张春梅　二年级　阐述教学思路

陈红兵：张老师讲，难点在于角度的大小与长短无关，老师们可谈谈还有没有别的难点。

（略）

陈红兵：最好先有一个教材分析，分析定义、要素、本质属性。本质属性的分析有一定难度，大家挖几个后就熟练了。针对教学设计给出建议。

陈红兵：“张开”与“叉开”的区别。

宗宝国：把“张开”的与面积混淆了。

陈红兵：可以给学生一个界定，不同用“角度”，否则是重复定义了。

李艳莹：是否可以举两个判断题：1. 角的大小相同，但是边长不同；2. 角的边长相同，但是张开的大小不同。

贾斌：角的大小相同，边长不同，是什么例子？

陈红兵：是正例。“角”和“角的大小”是两个概念。

陈红兵：相等的角的概念——正例

贾斌：“不同角大小”概念——反例

可以把这节课分成“角”与“角的大小”两部分，展开一些谈，说透一些。边长延伸覆盖面积。

贾斌：最难的是学生不懂“角度”，说成“长度”，两边之间距离长了，角就大了。

郝建萍：看最外面的两个点，连起来，看连成的边的长度。

宗宝国：学生一般不会认为是无限的长，就当作是静止了。

专家指导教学设计：

《正负数》教学设计

白水洼小学高萍

<table>
<tr><td colspan="4">设计思路</td></tr>
<tr><td colspan="4">（省略）</td></tr>
<tr><td colspan="4">教学过程</td></tr>
<tr><th>教学步骤及时间安排</th><th>教师活动</th><th>学生活动</th><th>设计意图</th></tr>
<tr><td>活动一：负数产生的必要性（12分）</td><td>课前小游戏

1. 在刚才的活动中，男生对几次，错几次？女生呢？

2. 如果对一次得10分，错一次减10分。请你在记录单上清楚、明了地记录男女同学的得分、扣分情况。</td><td>学生记录。

<table><tr><td>男同学</td><td>女同学</td></tr><tr><td>分</td><td>分</td></tr><tr><td>分</td><td>分</td></tr></table></td><td>通过直观、具体的变式引出概念。

变异教学中运用对比，便于识别负数的特征。</td></tr>
</table>

续表

教学步骤及时间安排	教师活动	学生活动	设计意图
	3. 教师巡视。展示具有代表性的学生作品。 4. 介绍正号、负号，谁能试着把这些数读一读？（生读，师纠正） 5. 指导读数。	学生读数。	
活动二：体会负数的意义。（10分）	1. 用正、负数表示生活中具有相反意义的量。 老师收集了一些信息，信息中的数量你能用正负数表示吗？ 试一试！我能行！ ① 足球比赛，中国国家队上半场进了3个球，记作（　　），下半场丢了2个球，记作（　　）。 ② 白水洼小学四年级转走1人，记作（　　），三年级转来5人，记作（　　）。 ③ 小明的妈妈做生意，二月份赚了6000元，记作（　　），三月份亏了2000元，记作（　　）。 2. 反馈。 3. 再读这些信息，你发现了什么？	学生独立完成。 同桌交流。 （列出了丰富的情境。）	

续表

教学步骤及时间安排	教师活动	学生活动	设计意图
活动三：生活中的正负数。(5分)	1. 生活中有哪些情况也可以用正负数来表示？ 预设：电梯，温度，上车、下车等。 2. 老师也收集了一些资料，我们一起来看看。 3. 读数： 你认识新朋友了吗？读出来。 +5，－5，+20，－20，－100，+100 你发现了什么秘密？试着说几个。 72，是什么数？ 是正数，可以不写正号。 4. 数的史料。 你们知道吗？我们中国古代劳动人民早就认识和使用了负数。 课件出示。 同学们表现真不错，我们来放松一下。 学生位置：ABC	正负数表示的是意义相反的量。 同桌交流。 (进一步扩展) 学生独立思考。 学生读数。 同桌互相说。 自由读，说感受。	引导学生归纳生活中具有相反意义的量可以用正负数表示，进一步感知正、负数的意义，以此促进概念的形成。 (提升学生的智力水平，相信学生的智力。) 在读数的过程中，体会正数、负数有无数个，渗透极限的思想。 通过拓展相关史料知识，使学生明白数学原与生活紧密相关，在通过与国内外对比，对学生进行爱国主义教育。
活动四：对负数的体验。(10分)	1. A向东走两步，如果表示为+2，C往什么方向走才可以用负数表示？ 2. 师分别出示　－3，1，谁该怎么做？	3名学生和教师一起做活动。	

续表

教学步骤及时间安排	教师活动	学生活动	设计意图
活动四：对负数的体验。(10分)	3. 抽象成数轴。 老师把刚才的活动，做成了课件，你能找到A、C的位置吗？B在哪？ 4. 练习。 下图每格表示1米，小华刚开始的位置在0处。 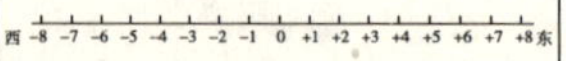 (1) 小华从0点向东行5米，表示为+5米，那么从0点向西行3米，表示为____米。 (2) 如果小华的位置是+7米，说明他是向____行____米。 (3) 如果小华先向东行5米，又向西行8米，这时小华的位置表示为____米。	向西。 C向西走三步； A向东走两步。	
总结。(2分)	你有什么收获？ 今天我们认识了新朋友，了解了正负数的有关知识，让我们课后再去找一找生活中的正负数，好吗？	独立完成。 学生谈体会。	在数轴上初步感知数序，进一步体会负数的意义。

续表

板书设计
正 负 数 正数　　0　　负数 既不是正数也不是负数 +3　　　−2 +5　　　−1 +6000　　−2000
学习效果评价设计
学习效果的评价： 在本节课中，使用的评价方式主要是形成性评价，以学生在课上合作、交流的表现为依据，教师都给予鼓励性语言的评价。 **教学效果的评价：** 1. 请你在表格内用正负数记录小明家的收支情况。 5 月 4 日，爸爸工资收入 1500 元。 5 月 6 日，水、电、煤气支出 200 元。 5 月 12 日，电话费支出 120 元。 5 月 15 日，妈妈工资收入 1200 元。 …… 2. 某列汽车中途旅客上下车的情况为：第二站上车 120 人、下车 150 人，第三站上车 120 人、下车 108 人。如果用正数表示上车人数，用负数表示下车人数，请你帮售票员填写下面的统计表。

日期	收支情况/元
5 月 4 日	+1500
5 月 6 日	−200
5 月 12 日	
5 月 15 日	
……	……

	上下车情况/人
第一站	+180
	0
第二站	
第三站	
……	……

续表

本次教学设计与以往或其他教学设计相比所具有的特点
1. 紧紧围绕两个相反意义的量 《正负数》这个内容如果把握不好极易片面理解，单单强调负数而忽略另一方面。客观事物都是相互依存的，没有“正”也就谈不上“负”，事物的两个方面缺一不可，这是辩证法的基本观点。通过这个教学内容要传递给学生的也是这样一种思想，要提到这样一个高度上来认识。所以，整节课中紧紧围绕两个相反意义的量让学生接触、认识、研究，使学生感悟到：“前进后退可以分别用正数和负数表示”、“增加减少可以用正负数”、“意义相反的量就可以用正负数来表示”……这样一些正确的认识和理解。 2. 紧密围绕生活中的实例 列举了生活中的一些实例：坐电梯到地下的楼层应按哪个数字键？海平面是怎么回事？东、西方向的数轴是怎么回事？这部分内容的安排通过借助生活实例让学生对负数有了更深一层的了解，并在解决这些问题的同时，使学生感知负数在生活中的广泛应用，为学生解决生活中的问题奠定了基础。

三、课堂现场研究

在变异教学实验中，我们开展了大量的课堂现场研究。在课堂现场研究的过程中，我们可以验证教学设计的可行性，会真实地发现教学设计中存在的问题，可以在课堂教学现场中针对教学中的“生成”展开讨论，对预设进行调整。

在课堂现场研究的过程中，一般是个别教师做研究课，课题组成员观摩后充分研讨，使研究课既可以起到示范性作用，也可以起到抛砖引玉的作用。变异教学课题研究经历了理论普及、教学设计的反复研讨之后，课题组成员均跃跃欲试，希望在教学实践中检验自己运用变异理论指导下的教学设计的效果如何，也想了解和学习其他老师的研究成果。所以，在变异教学实验过程中，一线教师始终保持着饱满的热情，无论是做课教师的积极尝试，还是观课教师针对现场展开的热烈研讨，使我们变异教学实验开展得有声有色，并始终保持着新鲜感，使课题组成员保持着高度关注的亢奋。

变异教学课题东升学区现场会教学交流展示安排

时间：12 月 23 日下午

地点：首师大附属育新学校 多媒体教室

会议记录：

一、现场展示课

1：30—2：00 二年级语文 育新学校　李艳《我是什么》

2：15—2：45 五年级数学 实验二小　韩志领《分数的再认识》

3：00—3：30 六年级英语 中关村一小　蒋东伟《Unit Lesson 31 Famous》

二、我与变异课题研讨：实验三小 顾婕 发言（略）

三、专家点评

四、同课异构

同课异构是指同一节的内容（同课都是“整数除以分数”这个内容）由不同老师根据自己的实际、自己的理解，自己备课并上课。由于老师的不同，所备所上的课的结构、风格，所采取的教学方法和策略各有不同，这就构成了不同内容的课。同课异构可以使教师更加直观地看到不同的教学效果，在对比中找到差异，在变化与差异中找到最适合的教学方式。

课题组组织了四个实验学区之间的“巡回交流研讨活动”，以公开课的形式展示、交流课题研究成果。在“运用变异理论　拓展学习空间——首届变异教学理论课堂实验研讨会”活动中，课题组成员观摩了海淀区变异教学课题组的 8 节课和香港在变异理论指导下开展的“课堂学习研究”课题组教师的 2 节研究课。变异教学课题组成员在观摩的过程中积极思考，在观课后展开充分讨论，分析每一节课的成功之处以及需要改进的环节；在吸收别人经验的同时，改进自己的教学思路。

为了拓宽教师视野，感受特级教师的教学风格，推进变异教学课题研究的进一步开展，2011 年 10 月 19 日，北京市海淀区教育科学研究所与北京师范大学在北京石油学院附属小学召开“与特级教师同上一节课”活动。此次活动是海淀区变异教学课题研究的一项大胆尝试。课题组以往研究内容、研究方式多集中在教学方法的“变异”上。此次活动，我们尝试的是一种教师学习方式的“变异”，尝试通过一种特殊的方式达到教师培训的效果。在参加“与特级教师同上一节课”活动的过程中，做课老师、观摩老师在“做”中学，在“看”中学，在“听”中学，在对比变化与差异中领悟到先进教学思想、教学理念，找到适合的教学方式。

五、交流研讨

在教师选择运用变异理论开展教学实验的学段、学科、内容时，在寻找学生在教学中的易错点的时候，尤其是教师和专家探讨如何更好地将变异理论运用到教学设计中的时候，交流研讨活动的运用更多。在交流研讨的过程中，课题组教师体会到了自己的存在感，切实感受到自己是课题研究的推动者，是课题研究的主人。教师们在贡献智慧的同时相互学习着，在经过讨论、集思广益后找到解决教学难题的方法，从而体会到科研的快乐，体会到科研过程中的成就感。

在“运用变异理论　拓展学习空间——首届变异教学理论课堂实验研讨会”活动中，海淀区变异教学课题组的教师同香港变异理论指导下开展的“课堂学习研究”课题组的教师进行了交流。在论坛中，变异教学课题组四个学区的干部、教师同变异理论创始人马飞龙教授、香港变异理论实践专家彭明辉教授、北师大专家进行了面对面、深入的交流。通过交流，课题组教师对变异理论有了更加深刻的理解，对变异理论指导实践的操作技巧有了更多的认识。变异教学课题组成员在观摩研究课的过程中积极思考，在观课后展开充分讨论，分析每一节课的成功之处以及需要改进的环节。在吸收别人经验的同时，改进自己的教学思路。在发现别人需要改进之处的时候，提醒自己在教学设计的时候注意绕过这道坎儿，并且寻找更优化的解决策略。在研究课展示交流的培训过程中，教师们的研究思路逐渐成熟起来，运用变异理论指导教学设计的实操性提高了，跨地区间的展示交流使课题组成员拓宽研究思路，为课题组研究引入了“活水”，使得思如泉涌，并且还能清泉如许。

六、理念培训

一种先进理论得以普及和推广，需要经历理念培训活动，使理论的先进理念得以渗透。在变异教学实验项目实施的过程中，变异理论作为一种崭新的理论，要想使教师们熟练地运用变异理论指导课堂教学，首先就要熟悉并真正领会原本陌生的变异理论。在海淀区变异理论本土化课堂教学实践的历程中，为实现课题在区域内的整体推进，课题组在全区范围内为课题组学区领导、校长和广大一线教师，开展“内容丰富、分层分类、形式多样”理论培训，涉及变异理论应用于实践的指导，以及形式多样、范围不等的交流。

变异理论培训　经过一次次的理论学习，教师们逐渐清晰了变异理论的核心理念。渐渐的，变异理论不再是一个生疏的词汇，它慢慢地成为教师们耳熟能详的话语体系。

实施策略的明晰　要想课题组的教师们真正掌握变异理论指导实践的方法，在经历过大量的实践探索后，需要有一个进一步提升的过程，需要系统总结、归纳操作步骤，使实施策略更加明晰。

北师大专家组在课题组内通过多种方式将“变异理论指导教学实践的实施策略”在课题中进行培训，使教师省略了很多盲目探索的环节，使实践探索有据可依，使教师在运用变异理论指导教学设计时思路更加清晰，步骤更加完整，教学效果也得以有效提升。

科研方法的普及　要想中小学教师真正走上规范的科研之路，需要教师在科研过程中逐渐掌握相关科研方法，了解课题研究的“节点”，做好选题、课题实施方案的规划等，在亲身经历科研的过程中不断学习。

为促进教师逐渐在课题研究的过程中尽快进入科研角色，用规范的方式开展教育科研，变异教学课题组为教师提供了内容丰富的培训，内容涉及子课题申报培训、子课题实施方案的撰写及修改培训、以“行动研究”为主的科研方法培训，提升教师的科研素养。在培训中课题组教师认清了自身学校子课题研究方向，掌握了一线教师最普遍采用的科研方法——行动研究的方法，理清了变异教学子课题研究的注意事项：要有问题、有计划、有反思提升、有学习。这些培训使忙于教育教学工作的一线教师逐渐找到了从事教育科研工作的感觉，在逐渐提升科研素养的同时，树立起教师从事科研工作的自信心。

论文撰写的辅导 中小学教师在从事科研工作中，一项非常重要的工作就是在研究中反思，在反思中积累，在总结中提升，在文字表达中交流。课题组在课题研究过程中多次组织主题为“我与变异教学”、“我在变异理论指导下开展研究”的征文活动。课题组中众多一线教师踊跃参加，在征文中畅谈课题研究的心路历程，分享了在研究中的收获与经验，并且展示了通过在课题研究历程中，呈现出来的相对完善的教学设计，为课题组成员提供了一个个生动活泼、可供借鉴学习的案例。

教师们通过一篇篇投稿，表达了自己对变异理论的理解，分享了自己在进行变异教学理论实验研究过程中的感受。针对征文活动，北师大专家多次开展多种形式的培训，如反馈式点评、论文撰写培训、征文修改指导等，与课题组教师开展有针对性的、更深层的对话，依据他们论文中真实的案例进行生动而又细致的讲解，使课题组教师更加清晰论文的写作格式、技巧，能够更加准确、深刻地理解和应用变异理论。

子课题研究报告撰写培训 学校子课题研究报告将作为课题结题的重要依据。为全面总结课题研究历程及研究中形成的经验，变异教学各子课题要完成高质量的子课题研究报告。为保证课题组成员了解子课题研究报告的撰写要求、撰写方法，变异教学课题组组织了子课题研究报告撰写培训，通过在培训中将研究报告与工作报告异同点的对比阐释，通过结合生动案例进行的诠释，使课题组成员掌握了子课题研究报告的写作理念及规范的写作格式，清晰了变异教学课题子课题研究报告需要有针对性的涉及的内容及写作思路。在各学校子课题负责人着手撰写子课题研究报告、修改报告的过程中，专家组到各学区、各学校开展跟踪指导、个性化点评，指导各学校进行反复修改，实现高质量研究报告的提交。

海淀区变异理论培训会议记录

在坐得满满当当的教室里，陈红兵教授首先为参与课题的教师介绍了变异理论的基本内容及其与教学的关系，使教师初步了解了变异理论的基本教学策略：变与不变的系统运用、变与不变的四种范式、变异与变式的结合。紧接着由易进教授为大家展示了一些运用变异理论的典型教学实例分析，帮助大家有效理解变异理论（两位老师的 PPT 参见附录）。通过两位教授深入浅出的讲解，教师对人手一册的《变异理论资料集》（由北京师范大学课程与教学研究院研究生搜集整理）少了七八分的畏惧，多了两三分的好奇与兴趣。

随后，郭华教授为大家做了题为“深化课堂教学改革研究的切入点”的报告，从教育改革与发展的高度帮助教师认识这一项目的意义和价值。她在讲座中指出，课堂教学改革是学校教育永恒的话题。随着社会发展和科技进步，课堂改进具备了越来越有利的条件，比如信息技术的出现。与此同时，学校的课堂教学也要主动去适应社会发展，所以，改革是必需的。从课堂教学自身来说，所谓没有最好，只有更好，总有可以提升的余地。而且，在当前现实的课堂教学中，一个显而易见的事实是：学生学得并不轻松、愉快，课堂教学的效率也并不很高，教师也常为此苦恼。这些都是改革的动力所在。不仅如此，课堂教学的不断改进也是教师确认自身价值、实现专业发展的一个切实的途径。

在明确了改革的必要性之后，郭教授提出，变异理论是深化课堂教学研究的一个很好的切入点。她分析了当前进行课堂教学改革的两种不同思路。一种思路是：试图用抽象的方法或形式来解决教学中的所有问题，这种思路显然是令人质疑的，因为选择哪种方式取决于学习目标，方式本身不能成为目的。另一种思路是：立足于教学目标，深入分析教学内容，结合学生的学习心理特点，去具体地研究课堂教学。应该说，这样的一种思路与教师的日常教学经验是相符的。教学必然有教学目标，必然要教给学生一定的内容，而且一定要结合学生的心理特点。只有这样，才能找到恰当的方法，才能帮助学生学习得更好。而变异理论就是这样一种具体的研究课堂教学的理论。它是一种使得教师在明确教学目标的前提下，能够更好地帮助学生学习的教学理论。变异理论既是对已有教育心理学研究成果的继承和发展，又是对教师们已有经验的科学解释。变异理论还是一种与中国经验极为亲和的理论。例如：变异理论强调教师的主导作用，反对在改革的过程中将教师边缘化；它关注教师对教学内容的研究，反对抽象地谈方法的变革；它认为创造性、批判性思维不可能凭空实现，而只能通过具体的教学来实现，这里的教学当然是结合具体内容，有特定教学目标的教学；它强调在整体中把握部分，强调在变化中把握本质，强调通过对比来显现特定对象。所谓有比较才会有鉴别，有鉴别才会有学习，变异理论既关注发生迁移的共同特征，又特别提出发生迁移的差异性特征。通过差异性、通过鉴别来学习，会使学习更完整，更全面，也更深刻。

第四章

回归本源：基于变异理论的课堂学习分析

变异理论高度关注课堂教学中学生的思维变化以及学生对知识的掌握程度，主张采用多样的、不断变化的课堂教学方式，来引导学生掌握和理解基本知识和核心概念。在变异教学理论指导下的课堂教学变革，要求高度关注学生的学习基础、学习方式和学习能力，开展课堂学习研究，以此找出能够促进学生更好学习的教学策略。

课堂学习是学生的主要生活方式，课堂学习的方式直接影响了课堂学习质量。课堂学习受各种条件制约。课堂学习不是一成不变的，而是因人而异。不同学生有不同的思维方式，也有不同的学习方式，课堂教学必须关注学生个性化和差异性的学习。课堂学习既不是纯粹的自主学习活动、艺术创作活动，也不是单纯反复操作、被动接受的活动，而是极其情境化、个性化、不可再现的学习过程，教师需要依据学生学习基础和潜能来科学设计教学。

第一节　课堂学习质量

一、怎样认识课堂学习质量

变异理论指导下的课堂教学改革，其最终目的无非是要让学生“学得好”，从“学得好”出发来研究教师的教学。也就是说，变异教学理论高度关注课堂学习质量。谈到课堂学习质量，不能不谈到课堂学习的主要要素。近几年，兴起于英国的“三脚架”课堂教学评估项目认为：“内容、方法和关系”三个基本要素构成了课堂学习的本质，三者缺一不可，共同决定了课堂学习质量。

变异教学理论在“内容、方法和关系”的三要素处理方面，认为学习内容最为重要。变异理论是一种致力于重点关注“学习内容”（the object of learning）的学习理论。变异教学理论高度关注学生对学习内容掌握与理解，认为“学生能否审辨并把握住关键的学习内容以及具体学习内容的关键特征是导致学生学习成就表现出差异的主要因素”①。教师是否了解学生的学习基础、学习需求、接受能力、思维方式和潜在学习动机，是教师开展教学的出发点，也是学生掌握和理解学习内容的关键，直接影响学生的课堂学习质量。因此，富有针对性和个性化的学生学习分析就显得尤为重要。

学生对新知识的掌握与理解，必然会基于学生的已有知识，否则学生便很难深入理解并持久保持知识，更不用说将知识迁移应用到新情境中，以此提升解决实际问题的能力或者发展作为进一步学习新知识的基础。学生对学习领域的探究能力直接取决于其是否具备深入的知识基础，是否掌握相关概念在知识整体的结构与体系中的位置及相互关系，以此方能在将来的学习和生活中自由提取知识，加以应用。

在确定学习内容以后，学习方式就变得重要起来。学习方式必须与有着个性化、差异化的学生经验和思维结合，即新学习要建立在学生已有的旧知识和经验的基础上。变异学习理论将学习内容的分析和界定作为教学设计的关键，教师对学习内容的处理与不同方式是导致学生学习出现差异、决定学生学习成就的最重要的因素。

香港教育研究学者彭明辉先生带领他的研究团队，依据变异教学理论，开展课堂学习分析，对课堂学习内容、情境、提问、举例、反馈等不同教学环节，进行了细致分析与研究，提出了改进课堂学习方法、提高课堂学习质

---

① F. Marton, A. B. M. Tsui. Classroom discourse and the space of learning [M]. Mahwah, New Jersey: Lawrence Erlbaum Associates, 2004.

量的方法和策略。

一般而言，课堂学习质量是指学生经历课程学习后在认知、技能、情感等方面所表现出来的变化程度和发展状态。课堂学习质量测评既要关注知识与技能的获得，又要关注情感、态度、价值观的形成与心智的成长，更要关注学业成绩背后的教育成本。

为了能够促进课堂学习质量的提高，教师需要对每一个新知识点及其关键特征进行周全的考量和分析，也要对学生已有的知识或经验与新知识之间的联系了如指掌，通过连续渐进式的学习让学生自己去发现和建立与知识之间的联系（create combination），从而建立起学生已有经验与新知识之间的联系。让学生体会到自己的知识不断增长、逐渐丰腴的过程，体验到学习过程的无限乐趣，以及成功学习的精神享受。这种成功的课堂学习则来自于学生由未知到已知再到新知的学习过程的真实收获，也有学生运用知识解决问题，并从事一些创新活动所得到的切实启迪，而这种有理有据、脚踏实地的学习收获，将能够激发学生获取知识的激情、热情和动力，成为将学习知识转化成一种高质量的精神生活、学生获得主体发展的生命活动。如果学习变成一种学生有趣获取知识的过程，那么课堂学习质量自然而然地也就提高了。

二、怎样开展课堂学习质量评价

课堂学习是中小学生的主要生活方式。课堂学习质量直接影响了教育质量。教育质量评价涉及教育目标、内容、过程、方法、手段和评价等多方面。其中，课堂学习质量评价是关键要素。

在我国基础教育领域，长期存在中小学生学习负担过重的问题，从某种意义上讲，课堂学习质量不高是造成学生学习负担的主要原因之一。在一项关于中小学生数学学习的调查中，发现有68%的学生只能掌握课堂学习中80%的内容，也就是说，还有32%的学生不能够依靠课堂学习来掌握80%以上的课堂学习内容，而需要借助课后复习或学习才能够完全掌握。这在一定意义上，会增大学生的课外学习负担。提高课堂学习质量，就是希望100%的学习内容，学生都能够在课堂上掌握，这就需要不断提高课堂学习的质量。

毋庸讳言，教育质量与学习负担的确存在矛盾。一方面，从教育现实出发，中小学生的学习负担必须切切实实减轻下来；另一方面，从教育未来发展来看，教育质量必须切切实实地提高上去。不断提高学习质量的确是教育追求的终极目标，也是人类社会办教育、培养下一代优秀合格人才的根本目的。这里就引出了两个根本问题：什么是教育质量，如何科学地评价教育质量?

显而易见，学习质量是教育质量的主要内容。考试是学习质量最简单、最便于操作的监测与评价方式。考试的结果是学业成绩，学习成绩是衡量学习质量的主要指标之一。学业成绩以其目的性、简便性、可操作性和高效性等特点，得到了中外教育界的广泛认同。当然，考试成绩不等于学习质量评价，考试成绩仅仅能为学习质量评价采集数据，是教育质量评价最可依据的方法和手段之一，但考试成绩本身不能等同于学习或教育质量评价。

一般而言，依靠学业成绩比较容易评价出学生基本知识和基本技能的掌握程度。好的考试内容设计，也可以监测和评价出学生对某个学科方法和过程的理解程度，以及综合运用学科知识解决现实问题的能力，但仅仅倚重学习成绩，几乎很难评价出学生在学习过程中情感、态度和价值观的变化，也很难看出学业成绩背后的学习成本问题，也就是学习负担和压力问题。

学习质量评价包括学业成绩，更包括学习成绩背后的学习兴趣、动机、意志力，学习内容、方法、手段和成效等。这其中最为重要的是学生求知欲的激发和自主学习能力的培养。可见，教育质量评价不能完全依靠学习质量，而学习质量又不能够完全倚重学业成绩。学习质量评价包括学业评价，也包括学生发展过程学习的情感、态度和价值观评价，同时也包括学生的学习负担评价，就是所谓“学习成本”评价。

当然，相对于学业评价而言，课堂过程中的学习情感、态度和价值观的评价就更为困难、更为复杂。尽管从全面实施素质教育以来，不断有教育专家呼吁要把学生的学习兴趣、动机等过程评价指标纳入学习质量评价之中，加强学习过程的学习态度和情感评价，但在实践中这种呼声还是“雷声大，雨点小”。究其原因，这其中有社会观念和信誉的问题，更有评价技术、手段不完善的问题。

从大量学习过程评价来看，课堂学习过程评价已经不是一个理念认识问题，而一个操作实施问题。比如，如何开展学生学习兴趣和爱好评价？国内外大多数都依据各级各类竞赛或荣誉证书来评价学生兴趣特长，这肯定是最简易可行的办法，但这就导致了各级各类培训班和考级证书的泛滥，成为新的教育问题。可是，如果没有了这些竞赛或荣誉证书，单凭学生在学习过程中的行为表现来进行描述性评价，显然又缺乏“教育评价的公正性和说服力”，这样就导致兴趣爱好评价难以落到实处。

在课堂学习过程评价中，我们注意到了一些学校开始建立“学生发展档案袋”，里面有学生作业、试卷、成绩单、特长表现、科技论文、实践活动感悟、获奖情况等内容。这些内容记载了学生的学习经历，可以作为学习过程性评价的依据，但是不能够作为评价本身。如果要把这些“学生发展档案记录”变成“学生发展评价”工具，还有许多评价工作要做。对于大规模、大班级中国基础教育而言，就是依据信息化技术平台，几乎也是难以操作的。相对而言，还是学业考试评价来得直接可行。这也是“课堂学习过程评价”难以落实的重要原因之一。

因此，课堂学习评价还需要建立科学的学习质量指标体系，研发操作易行的评价工具和评价程序，运用有效的评价方式，科学呈现公正客观的评价结果，当然，这其中仍然有很多工作要做。

第二节　课堂学习影响因素

基于变异教学理论的课堂学习分析项目，首先要对学生的学习进行分析。学习分析要对学生学习的现实起点进行分析，即分析学生已有的知识、经验与能力；对学生学习该学习内容的重难点进行分析，以寻找教学适切的突破口；进行学习内容对学生的意义和价值匹配分析；进行学生的学习需求、学习动机以及学习影响因素分析，然后才进行学习活动的设计和实施，即运用变异理论的“变与不变”的范式（patterns of variation and invariance）来设计相应的教学活动，以此规定学习的可能性①。研究什么样的学习活动有利于学生有意义学习的发生，为什么这样的学习活动就可以促进学生有意义学习的发生，唯此方能最大效度地发挥教学对学习内容意义的生发和创造，才能促进学生有意义的学习，深入理解学习内容，才能发展出学生相应的学科素养和思维。

学业质量是教育质量的真实反映和集中表现。学业质量最直接、最简化的表现形式就是学业成绩。心理学研究表明，影响学业质量的因素主要可以归纳为七个方面：学习动机、学习方法、智力水平、个性特征、师生关系、家庭环境和身体状况等。影响学生学习能力和情感、态度、价值观变化的因素是极为复杂的，可以笼统归结为智力因素和非智力因素两个方面。

为了更好开展变异教学理论课堂实验，我们每年都要依据海淀区开展六年级学业质量影响因素调查数据，来对实验学校学生的课堂学习及相关影响因素进行分析。2012 年海淀区的小学学习状况调查，涉及学生数达 19849 人。调查内容包括学生学习状况，学习负担状况，学习态度、情感和价值观，学习能力状况、家庭学习状况和社会学习状况等六个方面，对学生学习质量、综合素质发展和学习生活状况进行全面的调查分析。这里，结合这项调查数据来分析学生学业质量以及相关影响因素。

一、性别导致学业质量差异

小学阶段由于性别导致差异明显。小学阶段男女学生在学习兴趣、学习动机、自主学习能力、师生关系、教学方式适应等方面都存在差异，这种差异进一步导致了男女学生之间学业成绩的差异。这种学业差异可能是持续的，也可能是不持续的，但需要在教学过程中给予特别的分析与关注（见表 4－1）。

① Marton, F., Pang, M. F. On some necessary conditions of learning [J]. The Journal of the Learning Sciences. 2006.

表 4－1　学业成绩与性别交叉的关系

成　绩	性　别	数　量	均　值	标准差
语文成绩	男	10525	92.96	5.1167
	女	9233	94.64	3.2546
数学成绩	男	10525	95.08	8.0031
	女	9233	95.59	7.1795
英语成绩	男	10525	92.50	12.2370
	女	9233	95.88	8.1330

学业成绩数据表明，不同性别学生之间的学业成绩存在差异。其中，在语文、数学、英语学科，女生成绩均优于男生。进一步 T 检验表明，男女学生之间的学习成绩差异显著（$t_{语文}=-27.827$，$P<0.001$；$t_{数学}=-4.745$，$P<0.001$；$t_{英语}=-23.087$，$P<0.001$）。女生的各学科学业成绩总是优于男生的学业成绩。说明，学业成绩的性别差异确实存在。因此，课堂教学上，必须关注学生性别差异，针对孩子性别特长实施教学，比如，一般而言，在小学阶段女生的形象思维要优于男生，而男生的逻辑思维和动手操作能力要强于女生，这就是要求课堂教学要根据学生的性别特征实施个性化教学，充分满足学生的学习需求。

二、家庭教养方式导致学业质量差异

家庭学习氛围、家庭教育活动、父母对学生学习的关注情况、父母指导学习情况等因素，都可能影响学业成绩。家庭学习环境支持和学生学业成绩呈正相关，随着家庭支持环境程度的增加，学生的学业成绩也在增加。家庭教育环境与氛围以及父母的学习指导，能够直接影响课堂学习质量（见表 4－2）。

表4－2　父母经常读书看报对学业成绩的影响

父母经常读书看报		个案数	均　值	标准差
语文成绩	是	8706	94.49	3.4489
	否	11069	93.15	4.9133
数学成绩	是	8706	96.52	6.0605
	否	11069	94.33	8.6626
英语成绩	是	8706	96.19	7.7220
	否	11069	92.38	12.3400

以“父母经常读书看报”为例，分析这一家庭环境在学业成绩方面的差异，发现家庭环境中“父母经常读书看报”的学生群体，其语文、数学、英语各科学业成绩均高于不具备这一家庭环境的学生群体。且非参数独立样本检验显示差异显著（$U_{语文}=23.716$，$P<0.001$；$U_{数学}=21.536$，$P<0.001$；$U_{英语}=28.535$，$P<0.001$）。这说明，家庭学习支持环境确实影响学生的学业成绩。构建良好的家庭学习支持氛围和环境，能够帮助学生更好地学习。

三、作业导致学业质量差异

作业是对课堂学习的检测和巩固，但过多的作业不利于提高学业成绩，反而影响学生的学业成绩。因此，教师可以根据学科特点，适当给学生留一些巩固类的书面作业，但给学生的作业，绝非越多越好，而应适可而止，这样反倒更有利于促进学生学习。当然，改变针对不同学生特点，布置个性化作业，改变传统的作业类型和方式，也是减轻学生作业负担、提高学生学习实效的有效方式（见表4－3）。

表4－3　教师是否布置个性化作业与学生的学业成绩交叉

老师给不同学生布置合适的作业		语文成绩	数学成绩	英语成绩
很符合	均值	94.054	95.944	94.97
一般	均值	93.937	95.744	94.67
不符合	均值	93.239	94.254	92.58
总计	均值	93.402	94.963	93.72

学业成绩相关分析显示，能够给学生布置适合学生个性的作业的教师，其学生的学业成绩相对较好。非参数独立样本 J－T 检验显示这种成绩差异显著（$J-T_{语文}=-13.445$，$P<0.001$；$J-T_{数学}=-15.098$，$P<0.001$；$J-T_{英语}=-16.701$，$P<0.001$）。这说明个性化作业有利于提高学生的学习效果，进而提升学生的学业成绩。

教师布置家庭作业最多的类型是课后习题、背诵、抄写、预习新课等传统方式。65%以上的学生仍然每天完成上述类型的作业。绘画、剪贴、观察、制作等作业和可以选做的作业，仅能惠及16.86%和17.89%的学生。另外，有36.53%的学生做过查找资料的作业，有29.24%的学生通过阅读课外书籍完成作业。

在作业类型与学业成绩的关系中，“阅读课外书籍”“查找资料”“绘画、剪贴、观察、制作等”作业有利于提高学业成绩，而“预习新课”“可以选做的作业”“背诵、抄写”等作业对提高学生的学业成绩帮助不大（见图4－1）。可见，适当降低学生作业量，改变作业形式，创新作业内容，可以有效提高学生的学业成绩。

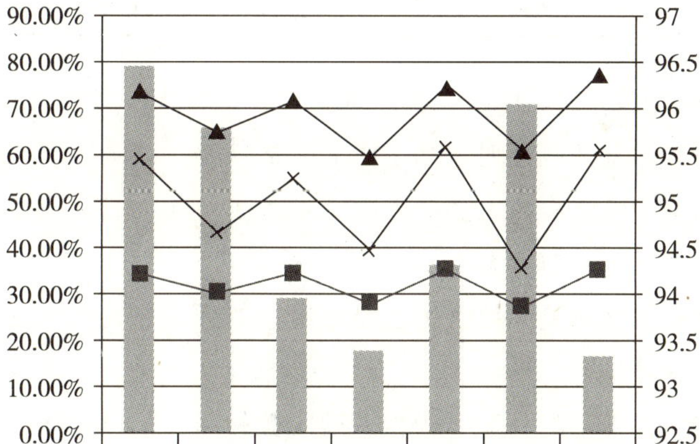

	A.课后习题	B.预习新课	C.阅读课外书籍	D.可以选做的作业	E.查找资料	F.背诵、抄写	G.绘画、剪贴、观察、制作等
作业类型	79.31%	65.88%	29.24%	17.89%	36.53%	70.99%	16.86%
语文成绩	94.21	94.02	94.22	93.91	94.27	93.87	94.27
数学成绩	96.18	95.75	96.09	95.47	96.24	95.55	96.36
英语成绩	95.45	94.66	95.24	94.48	95.58	94.26	95.56

图4－1　作业类型与学科成绩状况

四、考试频率导致学业质量差异

考试是常用的检验教学效果的手段。有 59.89% 的学生认为考试次数较多，其中有 27.23% 的学生认为考试次数非常多。近 1/3 的学生认为考试次数适中，只有 5.46% 的学生认为考试次数很少。多数学生反映考试次数较多，可能说明部分学校确实存在考试过多的现象（见表 4－4）。

表 4－4　考试次数感受与学生学业成绩关系

这学期你们班考试次数（t13）		英语成绩	语文成绩	数学成绩
非常少	均值	92.02	92.811	94.512
比较少	均值	91.58	92.722	92.727
适中	均值	93.97	93.897	95.390
比较多	均值	94.56	93.858	95.487
非常多	均值	94.09	93.599	95.337
总计	均值	93.72	93.402	94.963

在考试次数与学生的学业成绩关系中，英语、数学学科考试“比较多”的学生学业成绩相对较高，而语文学科考试“适中”的学生学业成绩较高。这说明考试次数太多或太少都不利于学生保持较高的学业成绩。可见，测验考试不是越多越好，教师要根据学科特点，抓住学科核心本质，开展适度的考试测验，使学生在压力适中的环境中高效学习，从而获得较好的学业成绩。

总的来说，一部分学生认为考试次数较多，但学生的考试紧张情绪较少，大部分学生能够适应六年级的考试频率。这可能因为六年级学生面临升学，有一定的升学压力，所以学生有一定程度的考试需求。大多数父母和一部分教师比较关心学生的考试成绩，而较多的关心容易引起学生的考试紧张情绪和负担感受，进而影响学生学业成绩。因此，教师有责任向家长传递积极的教育观念，帮助家长利用学校评价结果对孩子的学习需求进行诊断，适度关注孩子的考试和成绩，减少因为考试成绩而对学生施压的行为。

学习是一个慢过程，必须靠时间，而不是靠压力。唯有经过适当地吸收和积累，学生才能学到应该学的。没有经过适当消化与融会贯通的了解，即使老师在短时间内给得再多，联系考试得再多，也不过是浇灌进去的短暂记忆和应付考试的教育罢了。过多密集测试会使得学生处于焦虑状态，而失去学习兴趣，对学生学习是没有帮助的。

五、学习动机和能力导致学业质量差异

学生的学习动机一般可以分为内部动机和外部动机。内部动机包括学生的求知欲、自我发展需要等，外部动机则包括得到表扬、好分数以及别人的羡慕等。外部学习动机驱动更多地受外在因素影响，缺乏持久性与主动性，而内在动机生发于学习者个体内部，较少受到外界因素变化的影响，因而更持久，影响更深刻。

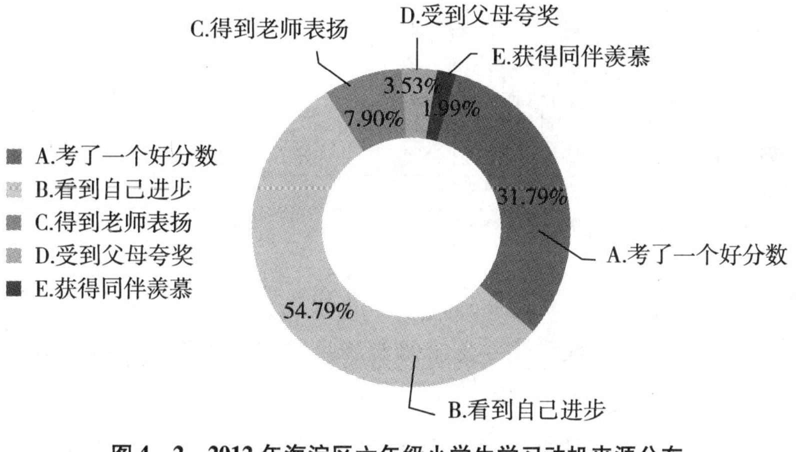

图 4－2　2012 年海淀区六年级小学生学习动机来源分布

从学生学习动机的来源上来看，54.79%的学生以“看到自己进步”这种“自我发展”内在动机的驱动，31.79%的学生把分数作为评价自己学习效果的依据，好的分数能够带来学习的满足感。另外，有13.42%的学生需要从其他人的评价中找到自己的学习乐趣，其中，有7.90%的学生需要得到老师的表扬，有3.53%的学生需要得到父母的夸奖，有1.99%的学生则需要

得到同伴羡慕（见图4-2）。由此可见，大部分学生都不以应付考试为学习的根本目的，他们的学习还是以内部动机驱动为主。在这种在以内部动机为驱动的学习群体中，他们的学习就会变得更主动，更积极，也更容易取得较好的学业成绩。

学生学习计划的制订和执行情况，是学生计划能力的重要表现。数据显示，61.19%的学生能够独立制订学习计划，只有7.94%的学生不能够独立制订学习计划。同样，45.20%的学生能经常根据执行情况修改学习计划，而仅有16.13%的学生不具备这方面的能力（见图4-3）。可见，多数学生制订学习计划和根据执行情况修改学习计划的能力较强。进一步分析发现，能够独立制订学习计划的学生，也能够经常根据执行情况修改学习计划。反之亦然。

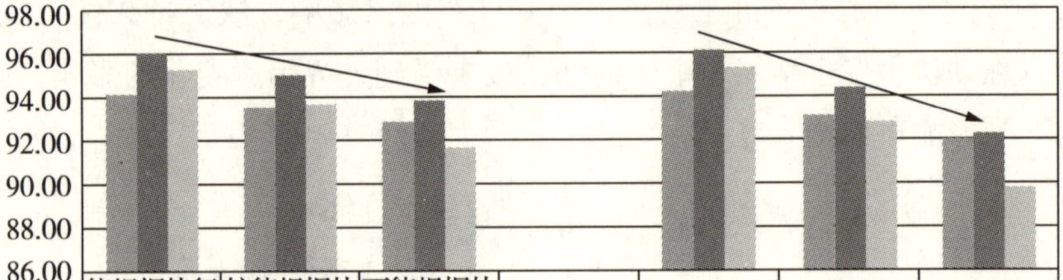

	能根据执行情况修改学习计划	较能根据执行情况修改学习计划	不能根据执行情况修改学习计划		能独立制订学习计划	较能独立制订学习计划	不能独立制订学习计划
语文成绩	94.23	93.58	92.94		94.29	93.21	91.95
数学成绩	96.10	95.12	93.87		96.20	94.48	92.32
英语成绩	95.33	93.75	91.69		95.35	92.85	89.84

图4-3 学生制订学习计划能力与学业成绩关系

因此，教师更多关注学生学习计划能力的培养，能够有效提升学生的学业成绩。

研究性任务能够模仿真实解决问题的过程，突出表现学生的自主学习能力。在面对研究任务时，有67.01%的学生仍然按照教师给的步骤操作，如果教师给出的是原则性步骤，仍能起到锻炼学生自主学习能力的效果，如果教师给出的是细致步骤，则只能起到锻炼操作能力的效果。有37.03%的学生明确表示能够自己制订研究计划。有37.65%的学生能够独立完成研究报告。还有16.70%的学生会寻求家长的帮助。

对于教师布置的研究性作业，能够“自己制订研究计划”、“独立完成研究报告”的学生其学业成绩相对较高，而“寻求家长的帮助”、“不能完成任务”的学生其学业成绩较低（见表4－5）。可见，学生的自主学习能力、独立探究精神等都能够影响学生的学业成绩。

表4－5　学生完成教师布置的研究任务情况与学业成绩的关系

学生怎样完成老师布置的研究任务（t25）		语文成绩	数学成绩	英语成绩
按教师给的步骤操作	均值	93.871	95.393	94.15
自己制订研究计划	均值	94.255	96.351	95.50
寻求家长的帮助	均值	93.358	94.382	93.45
独立完成研究报告	均值	94.312	96.507	95.57
不能完成任务	均值	88.950	89.587	85.20
老师从来没布置过研究任务	均值	93.225	94.135	93.17

有88.98%的学生平时能够自己独立完成作业，其中，有53.15%的学生能够自己检查作业，有36.83%的学生则依赖家长检查作业，还有11.02%的学生通过与同学讨论、家长辅导、老师辅导或参照标准答案完成作业，表现出了较低的独立性。

能够自己独立完成作业的学生学业成绩相对较好，而那些通过参照标准答案或同学作业来完成作业的学生其学业成绩相对较低。非参数独立样本U检验显示，以上各科成绩差异显著（$U_{语文}=25.468$，$P<0.001$；$U_{数学}=29.829$，$P<0.001$；$U_{英语}=29.015$，$P<0.001$）。以上说明，能够独立完成作业的学生其独立学习能力较强，其学业成绩也较好。

在学生独立学习能力水平与学业成绩的关系方面，学生独立学习能力水平与学生的学习能力存在正相关。数据显示，学生独立学习能力水平越高，其学业成绩越好，而缺乏独立学习能力的学生，其学业成绩相对较低。非参数独立样本J－T检验显示这种成绩差异显著（$J-T_{语文}=30.531$，$P<0.001$；$J-T_{数学}=30.295$，$P<0.001$；$J-T_{英语}=35.549$，$P<0.001$）。

六、课堂学习行为导致学业质量差异

课堂上，多数学生都能够集中精力学习。约 30.75% 的学生会出现走神现象，其中，经常走神的学生约为 5.18%。

通过学业成绩表现可以看出，上课注意听讲的学生，其学业成绩较好，而上课常常走神的学生，其学业成绩相对最低（见表 4－6）。

表 4－6　学生上课听讲情况与学业成绩的关系

我上课经常走神分心（t39_ 22）		语文成绩	数学成绩	英语成绩
很符合	均值	91.592	91.563	89.56
一般	均值	92.649	93.159	91.29
不符合	均值	94.351	96.458	95.53
总计	均值	93.402	94.963	93.72

明确课堂学习任务，能够更好地保证学习效果。课堂学习过程中，绝大多数学生都能够明确学习任务，仅有 5.64% 的学生经常不清楚课堂学习的任务（见图 4－4）。

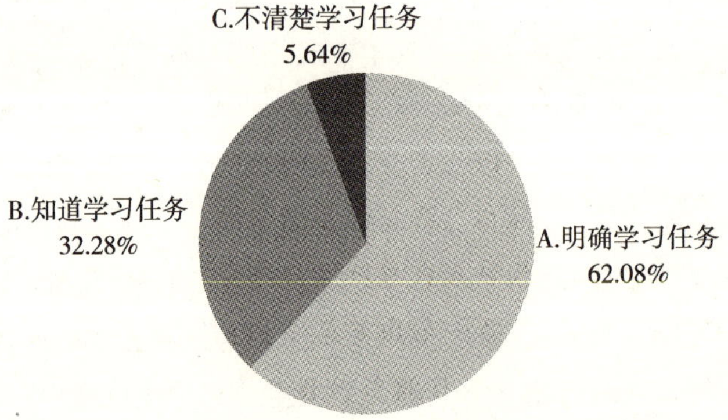

图 4－4　2012 年海淀区六年级小学生课堂学习任务明确情况

是否明确课堂学习目标和任务，是学生自主学习的重要指标。学生明确每节课的目标和任务，学习目标明确，学生的学习效果明显，其学业成绩也较好，而那些对课堂学习目标和任务不明确的学生，其学习成绩相对较低。

学生在课堂上提问的现象在淀淀区六年级课堂上并不普遍。学生在课堂上能够提出问题，说明学生在思考，是学生已经进入知识自我建构过程的表现。海淀区 2012 年六年级小学生中，有 32.20% 的学生经常在课堂上提问，有 50.92% 的学生有时提问，而有 16.88% 的学生则很少提问。当然，学生是否提问，还与教师是否允许学生提问有关。如果教师长期不鼓励学生提问，或者忽视学生的提问，也会导致学生提问较少的现象。

在讲授式课堂上，有 85.60% 的学生能够跟着教师的讲解思考，有 41.67% 的学生能够学得很好，有 6.01% 的学生学不太明白，有 15.73% 的学生被迫听已经学会了的内容，还有 13.34% 的学生走神或跟不上老师。(见表 4－7)

表 4－7　学生讲授课听课情况与学业成绩的关系

讲授课上的听课情况（t23）		语文成绩	数学成绩	英语成绩
跟着老师的讲解思考	均值	94.106	95.993	94.93
经常走神分心	均值	91.790	91.908	90.06
跟不上老师	均值	90.810	89.398	86.02
听已经会了的内容	均值	93.591	95.003	93.69
学得很好	均值	94.766	97.398	96.77
学不太明白	均值	90.567	89.306	86.80

在以讲授为主的课堂上，能“跟着老师的讲解思考”的学生的学业成绩较好，各科成绩的均值最高；同样，认为自己“学得很好”的学生的学业成绩也较好。小组合作学习时，有 89.03% 的学生积极参与，只有 39.26% 的学生利用这种方式能够学得更好，还有 14.07% 的学生游离在真正的学习状态之外，很少参与合作或者根本不清楚自己该做什么（见表 4－8）。

表 4－8　学生小组合作学习表现与学业成绩的关系

学生在小组合作学习时的表现（t24）		语文成绩	数学成绩	英语成绩
积极参与	均值	94.005	95.737	94.64
很少参与合作	均值	91.345	91.408	89.20
不清楚自己该做什么	均值	91.973	92.632	90.46
学得更好	均值	94.457	96.665	95.83

在小组合作学习中，能够“积极参与”的学生，其学业成绩较好，认为自己“学得更好”的学生的学业成绩也最高。

七、教师关注程度导致学业质量差异

从学生的角度来看，教师对学生的看法与兴趣的关注度不够，仅有40.87%的学生表示教师能关注到自己的看法和兴趣，有42.91%的学生表示教师有时能关注到自己的兴趣和看法，还有16.22%的学生认为自己得不到教师的关注。

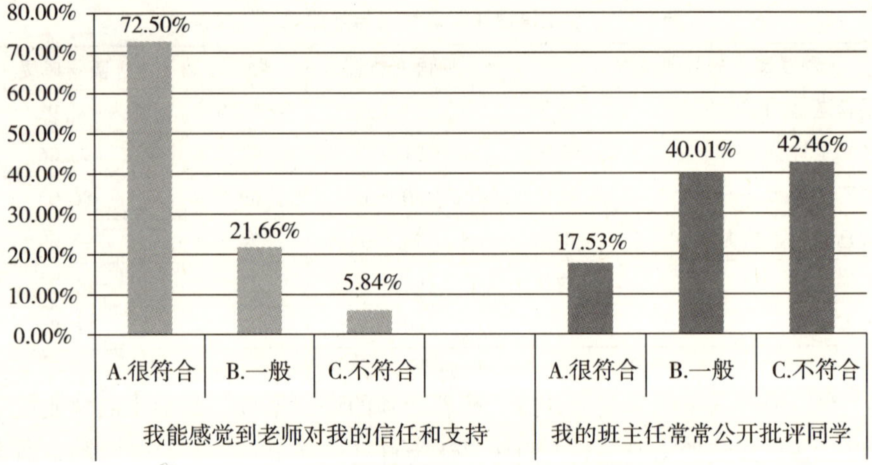

图4－5 教师对学生尊重程度与学业成绩的关系

相关分析显示，“我的班主任常常公开批评同学”与“我能感觉到老师对我的信任和支持”负相关（r＝－0.252，P＜0.001），说明常常公开批评学生的教师，使学生感觉不到信任和支持（见图4－5）。因此，教师对学生的过多批评，容易导致师生关系不融洽，降低师生相互之间的信任度。

语文教师是最善于鼓励和肯定学生的群体，有45.93%的学生表示本学期得到了语文教师的鼓励和肯定。其次是数学教师有33.60%的学生得到了他们的鼓励。另外，有14.66%的孩子表示本学期得到了英语教师的鼓励和肯定。还有5.81%的学生表示得到了多科教师的正面评价。

表4－9　学生获得教师鼓励肯定情况与学业成绩的关系

六年级曾得到哪位教师的鼓励与肯定（t4）		语文成绩	数学成绩	英语成绩
语文教师	均值	93.919	95.028	93.71
数学教师	均值	93.724	96.093	94.52
英语教师	均值	93.603	94.823	95.09
以上都没有	均值	92.887	94.376	92.06
总计	均值	93.402	94.963	93.72

在教师的鼓励和肯定方面，受过语文教师鼓励和肯定的学生语文学业成绩较高，受数学教师鼓励和肯定的学生数学学业成绩较高，而受英语教师鼓励和肯定过的学生其英语学业成绩较高。从表4－9中可以看出，教师的鼓励和肯定与学生的学业成绩有关联，受教师鼓励和肯定的学生，其学习积极性更高，学习更为主动，因而在学业成绩方面也更突出。

多数教师都能利用自己的评价带给学生积极的影响。有81.33%的学生能够从教师的评价中看到自己的进步和不足。有71.72%的学生认为教师的评价能够维护自己的自尊心和增强自信心。值得注意的是，还是有2.84%的学生不能通过教师的评价促进自我认知，也就是说556人得到的是教师的无效评价。还有5.10%的学生（共1005人）认为教师的评价没能照顾到自己的自尊心和自信心（见图4－6）。

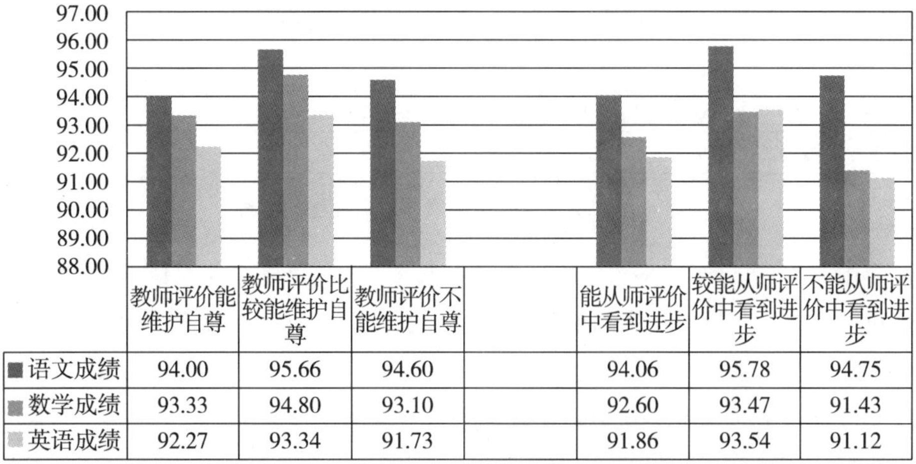

图4－6　教师评价与学生学业成绩的关系

正确、客观、及时的评价是促进学生有效学习的重要途径，也是改善师生关系的重要方式。数据显示，积极、及时、正面并让学生随时知晓的评价，能够提高学生的学业成绩。同时，积极正面的教师评价能够维护学生的自尊心，提高自信心，也进一步提高了学生的学业成绩。因此，教师要及时给予学生积极的评价，建立良好的师生关系，引导学生不断进步。

八、课外阅读导致学业质量差异

学生阅读课外书的情况与学生的学业成绩成正比。每周读书量多的学生，其学业成绩相对较高。阅读是提高学生学业成绩的重要途径（见图 4 -7）。

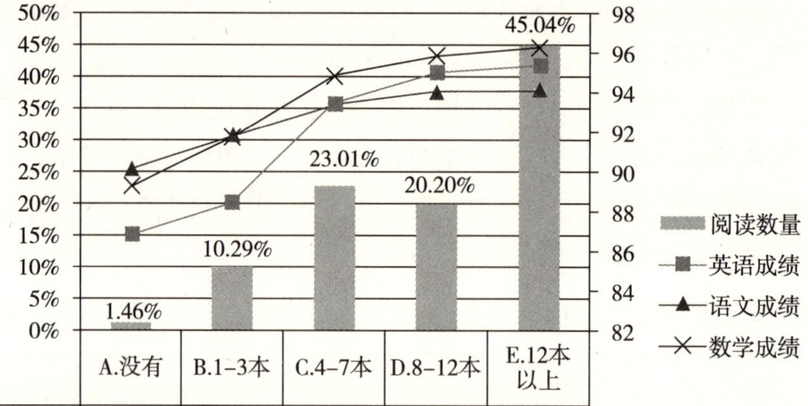

	A.没有	B.1–3本	C.4–7本	D.8–12本	E.12本以上
阅读数量	1.46%	10.29%	23.01%	20.20%	45.04%
英语成绩	86.91	88.52	93.47	95.03	95.46
语文成绩	90.14	91.91	93.49	94.13	94.22
数学成绩	89.29	91.76	94.85	95.89	96.28

图 4 -7　阅读课外书数量与学业成绩的关系

由图 4 -7 可知，多数学生一学期的阅读量都在 4 本以上，除了对学生阅读量的引导，学校对学生阅读方面的教育也应把重点放在提高学生阅读质量上，教会学生选择好书，精选图书，高效阅读。同样，上六年级以来，阅读课外读物量多的学生，其学业成绩越好。

学校图书资源的供给情况也会影响学生的学业成绩。阅读资源丰富的学习环境，其学生学业成绩也相对更好（见图 4－8）。

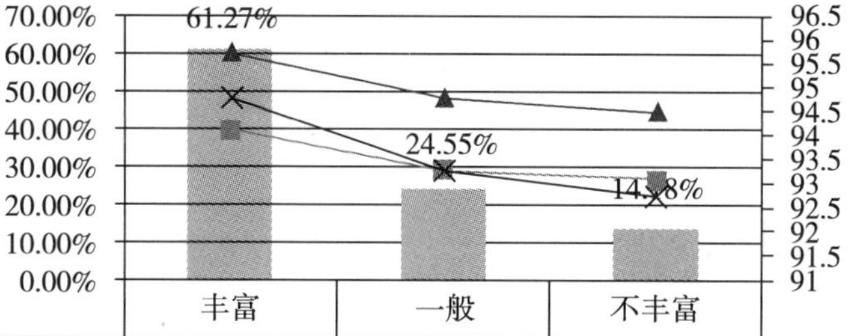

	丰富	一般	不丰富
阅读资源	61.27%	24.55%	14.18%
语文成绩	94.11	93.32	93.1
数学成绩	98.79	94.8	94.53
英语成绩	94.82	93.29	92.75

图 4－8　学校阅读资源与学生学业成绩状况

有阅读场所的学校一般也都为学生提供了大量可供选择的图书资源，以供学生选择阅读。可见，增强阅读设施与资源建设，能为学生增加有效阅读机会，而学生较多的阅读量，又反过来能够促进学生的学业成绩进步。

作为语言类的两大学科，有 37.36% 的英语教师和 67.78% 的语文教师经常向学生推荐或提供课外学习资源或阅读资源。也有部分教师从来或很少向学生推荐相关学习资源。这说明即使在语言学习领域，阅读也没有正式纳入必修内容，多数教师还没有形成利用阅读提高学生语言素养的工作方式。教师应加强阅读的教育功能研究，积累优秀阅读资源，开发与学生自主阅读相关的作业形式。

可见，阅读是提升学生综合素养的重要途径，阅读量大的学生，其知识面广，学习能力更强，因而其学业成绩也更好。对于学校和教师而言，为学生提供良好的阅读环境和丰富的阅读资源，能够有效增加学生的阅读量，进而提升学生的综合素养和学业成绩。

第三节 学生学习要素分析

一、学生学习态度与情感分析

教学必须关注学生的学习状态。在教学策略的选择方面，要关注学生的学习状态，包括注意状态、思维状态、认知达成状态、动机状态、认知状态和情感认同状态等。要关注学生的学习进步，就必须关注学生的学习状态，学习是学生个体的事情，如果学生从内心抵触、抗拒学习，教师的教学是没有价值的。要关注学生的学习状态，就必须关注校园的生活质量，就必须让学生感到校园生活的幸福、快乐和丰富多彩。教育的宗旨是培养人格独立和精神自由，这就要求教学要突出学习的乐趣性、思维的创造性和精神的愉悦性。

1. 关注学生个性学习需求

学生的基本情况不同，学习兴趣、学习条件、认知偏好等都会有所不同。教师要充分考虑学生的个性化学习需求，关注学生独特的思维方式和学习方式，分析学生的学习兴趣和动机，满足学生个性化的学习需要。这就要求教师应根据每个学生的学习兴趣和需求，进行多样化和个性化的教学设计，选择适当的教学方式、课堂活动类型、家庭作业形式，让不同性别、不同背景的学生都能在学校生活中体验到更多学习的乐趣。

2. 关注学生的学习负担感受

课业负担的轻重取决于学生个体的生理和心理承受能力，取决于个体自我发展动力的强弱，取决于学生潜能以及自身的态度和价值观。“减负”不是单纯课业上的减量，而是课业内容的精化、优化和提炼 ，“减负”与“提质”是一种对立统一的辩证关系。把学生过重的负担减下来，重要的是要把教学质量提上去，这就要求从根本上关注学生的学习负担感受，关注学生的学习兴趣、动机和学习意志品质的培养。

3. 关注多样化的作业形式

“作业多、考试多、辅导班多、睡眠少”目前这已经成为小学生的基本生活状态。

想要改善这一状况，就要求教师在作业设计上下功夫。“减负”不是不做作业，而是提高作业质量，所以教师精心设计作业，要做到“少而精”，尽量布置思维性作业，并让学生设计作业，尽量让学生从大量的“题海”作业中解放出来。此外，也可以根据学业的需要布置一些开放性的信息搜集的作业，比如查阅资料、阅读书籍，以及就某个问题或话题进行调查和研究的作业。

4. 关注学生的积极学习状态

思想、思维、思考、思索是最重要的教学要素。培养学生以思维能力为核心的学习能力是最重要的教学任务之一。如何将学生的注意力由兴奋的情绪感受导入理性思索阶段，使之既能保持原已激发的学习兴趣，又为进一步的学习活动提供思维空间和工具，是教师要重点关注的。

5. 关注学生情感体验

学生的情绪状态是学生在学习的过程中思想感情的自然流露。积极的情绪状态有利于学生充分激发潜能，消极的情绪状态则会阻碍学生对问题的思考。教师在教学时，应该营造宽松、融洽、活跃的教学氛围，但同时要使学生保持适度的紧张感。好课最主要的是能在学生的心灵中产生共鸣，使学生的灵魂深处被真正地“感动”，让课堂成为人性养育的殿堂，这也正是情感、态度与价值观目标的要求。一节好课要让学生对原有的道德认知和情感有触动、质疑和深思。

6. 关注学生校园生活质量

校园是学生学习、成长的地方，要提高校园生活质量，必须关注“以生为本”的校园建设。关注学生学习生活过程的质量正是素质教育应有的内涵。学生校园生活质量关注的重点不只是学生是否在知识或技能上取得了进步，更重要的是学生是否在学校生活中体会到了快乐、幸福与成功，是否为他们以后的人生之路铺就了积极的情感与健康的精神。

二、课堂学习内容分析

变异学习理论指出，学习一定是指向某项要学的东西，即“学习的内容”。此概念源于布伦塔诺（Brentano）的“意向性”（intentionality）原则。在意向性的原则下，所有精神活动均是指向某事物的，而这也是精神现象中值得关注的特征。而学习的意义在于对同一学习内容，学习前后应产生不同的理解。

变异学习理论相信人活动的目的性和指向性，注重对学习对象即学习内容的研究。也就是说，变异学习理论注重对学习内容的选取。它相信学习内容是有层次的，学习者由于主观经验和其他因素的影响对学习内容的理解是有差异的。通过学习内容呈现方式的变换，让学生体验学习内容的不同层面，加深对内容的认识，从而逐渐抓取到事物的本质。当学习概念的关键属性时，采用不同的变式，可以使学生认识到概念的不同方面的属性，进而分辨其关键属性。比如，在学习三角形的概念时，除了呈现各种各样的三角形以外，还可以呈现四边形、五边形等，让学生在对比和排除中，进一步加强对三角形概念关键属性的认识。

在课堂学习过程中，学生必须明确学习内容，要通过自己的视角、听觉和触角等直接接触学习内容，取得对学习内容的初步认识。教师的角色则在于尽可能引导学生去辨识所要学习内容的关键属性。教师要做的一项工作就是采用不同变化的案例把学习对象的关键属性呈现给学生，引导学生体验学习内容的各个方面，作出比较、分析、综合，加深对学习内容的深刻认识，让学生在变异空间内感受学习内容的各个关键特征。

当然，在学习过程中，学生不仅要明确学习内容的本质属性，而且要明确这些关键属性有什么作用和价值，即用所学习的内容到底能做些什么。这就是知识或原理的应用问题，而学习只有上升到应用问题的层面，才能够达到学习能力培养的目的。比如，在学习记叙文的六大要素时，不仅要求学生从一篇记叙文范文中找出“时间、地点、人物、起因、经过和结果”的六大要素，而且要求学生能够用这六大要素说出或写出一个故事。这实际上既有了对学习对象的关键属性的认识和理解，又有了对关键属性的情境应用和能力培养。所以，新课改所要倡导的情感、态度和价值观以及能力培养的目标，必须在学生对学习对象关键属性即核心概念深刻理解的基础上进行，学生在学习和掌握知识的过程中，才能够培养能力。没有对学习内容的深刻理解，就没有能力的培养。

教学方式的变革要与学习内容紧密结合，脱离学习内容讲情境、体验、合作、探究，讲情感、态度、价值观培养，其实是没有任何价值和意义的，是一句没法落实的空话、大话和虚话。长久下去，势必会影响我国基础教育的质量。变异学习理论倡导高度重视学习内容，只有根据学习内容选择合适的学习方式，才是教学改革的根本，也是提高课堂学习质量的基本要求。

在新课程实施过程中，建构主义理论得到了高度重视，成为本次新课改的主流教学思想。建构主义学习理论认为学生的学习不是由教师把知识简单地传递给学生，而是由学生自己建构知识的过程。学生不是简单被动地接收信息，而是主动地建构知识的意义，这种建构是无法由他人来代替的。这种教学思想，要求教师高度重视学生的认知结构和原有的自身经验。所以，建构主义者关注如何以原有的经验、心理结构和信念为基础来建构知识。建构主义的教学观强调学习的主动性、社会性和情境性。

从学习理论来讲，一般而言学习可以分为初级学习与高级学习两种层次。初级学习包括概念、原理等知识学习，它是要将整体分割为部分，着眼于普遍原则的学习，着力建立关于事物基本特征的概念。高级学习在初级学习的基础上，是属于知识应用类的学习，要求学生在具体情境中更广泛而灵活地迁移和应用知识，要求学生采用探究和合作的学习方式。

基于这样的认识，我们关注变异理论。变异理论认为学习源于变异，变异、审辨和同时性是变异理论的三要素。马飞龙认为学习意味着发展学生看待事物（对象）的一种方式，而这种方式的建立是基于对学习对象关键特点的分辨及对这些特点的同时聚焦。正是由于变异，我们能够体验与分辨学习对象的关键方面。当不同的变异出现在同一时段时，它们使学习者认识到学习对象的不同方面。

根据变异理论，学生在学习一种概念的属性时，必然会分辨和注意概念的相关属性，而如果没有概念相关属性不同维度的呈现，学生是不可能把握其关键属性的。学生需要在对比审辨中认识事物的关键属性和相关属性。例如，学生在认识红酒的基本特征时，必须经过对白酒、啤酒等不同酒特征的认识，在对比审辨的过程中，完成对红酒关键属性的认识。没有对比审辨就没有学习，学习就意味着能够辨别出概念的关键属性和相关属性。而要做到这一点，就必须有经过变异的案例的呈现，教学过程中要有证明概念关键属性的正例、反例、非标准正例和非标准反例。在变与不变的类型的案例呈现过程中，让学生了解概念的本质属性和相关属性，达到掌握教学内容的目的。

变异理论是一种关注教学过程的学习理论，是一种关注教师如何帮助学生学习的理论。变异理论的基本观点是，为了领会其事物的本质特性，就必须注意它与其他事物有何差异。要注意到该事物在哪个方面与其他事物不同，在差异比较的过程中，逐渐掌握事物的本质特性。课堂教学要对变异方面和非变异方面（即哪些方面有变化和差异，哪些方面保持不变）进行系统组织，引导学生关注学习对象的各个方面属性，并且建立所学习内容与以前所学内容和经验之间的关系。变异理论为我们提供了一套比较完备的符合教学规律的课堂学习理论。

三、课堂学习方式分析

在课堂学习方式方面，变异教学理论高度关注课堂教学过程中学生思维的深刻变化，主张采用“变异、对比、类比”的方式，增加学生思维的深刻性。变异教学理论在教学策略上提出，要正确认识某事物，就应分离出该事物的关键属性，运用有助于掌握这个关键属性的一种变异形式（如旁例或反例）来加以对比，达到对关键属性的辨析，即“分离—变异—对比”的教学操作模式。教师在授课时要尽可能通过举例，不断变化学习内容的呈现方式，来帮助学生识别学习内容的关键属性和相关属性，达到理解和领会学习内容，并能够应用学习内容解决生活中现实问题的目的。

美国多元智能创始人加德纳先生在分析多元智能与教育目标的基础上，明确提出了多元智能的重要教育目标是“为理解而教”。在加德纳的《多元智能》一书中，加德纳明确提出了“理解：教育的一个直接目标”，培养人具有“真正理解并学以致用的能力”，强调“为理解而教”。加德纳认为，学生若能把在任何教育背景下所获得的知识、概念和技能（或简称为知识），应用到与这些知识确实相关的新的事件中或新的领域内，那么就具有真正的理解并学以致用的能力。加德纳“为理解而教”的思想，与马飞龙先生的变异教学思想，从本质上讲，是完全一致的，都强调课堂教学过程中，对学习内容的掌握与理解，强调学习过程中学生的思维发展。

变异教学视野下的课堂教学，是高度重视学习内容和学生思维变化的，是能够触动学生思维活动的教学。那么，如何在课堂教学中促进学生思维发生深刻变化呢？这就需要研究课堂学习方式，彻底走出课堂教学中出现的“泛娱乐化”倾向，克服课堂教学华而不实、效能低下的诸多问题。课堂教学必须追求“有效性”，也就是要讲究学生学习的“效果”、“效益”和“效率”的。这就要求不断更新教学理念，不断寻求适切性的、灵活多变的教学方式，指导学生根据自己学习情境和学习任务的差异，灵活使用自主学习、个体学习、竞争学习和接受学习等。从根本上促进教学组织形态和结构的变革，促进学生更加有效的学习，帮助学生获得浓厚的兴趣和良好的学习动机。

教学方式的选择应该与教学任务与内容紧密相关。比如，课程改革中提出中小学教育“三维目标”的教学目标，其中“知识与技能”目标达成，一般可以采用讲授、质疑、讨论、启发和实验等教学方式；“过程与方法”目标达成，一般可以采用实验、实践、阅读、互动和探究等教学方式，而“情感态度与价值观”目标达成，则可以采用体验、互动、参与、研讨和探究等方式来达成。目前在中小学教学中普遍流行的讲授式、差异式、探究式、启发式、对话式、活动式、多媒体演示、学案导学式和个别化等教学方式，都有其存在的合理性，无所谓先进与落后。好的教学方式应该是根据教学内容最适合的教学方式。教学方式的选择必须与具体教学任务和教学内容高度相关，没有一种教学方式是适合所有教学内容的。脱离了具体的教学内容，谈教学方式是没有意义的。

相应而言，学生的学习方式也应该是多样化的：情境学习、问题解决式学习、任务驱动学习、研究性学习、自主探究式学习、创新式学习、主题式学习、综合实践学习、小组合作学习、质疑问难式学习和网络泛在学习，等等，都有其存在的合理性，学生要选择什么样的学习方式必须考虑具体的学习内容，需要根据具体学习内容以及个人思维发展特点，来选择适合自己的学习方式。这样的学习才是有效的、高效的。

教师要追求高效课堂，不让一个孩子因课堂教学而掉队，就必须尽量丰富课堂教学形式，用多样化的信息输出手段，契合学生的多样化学习需求。要想适应学生多样化的学习风格，让学生高效的学习，就要鼓励学生采用多样化的学习方法，并提供多种手段让学生表达自己的想法。个性化的学习无论对学习者的学习表现还是学习态度，都有积极的影响。为了使学习过程符合每个学生的学习实际、学习风格以及独特的天赋和才华，教师必须为学生提供可供选择的课程资源、教学内容、教学工具、学习环境和学习支持系统。通过多样化的供给，满足学生个性化的学习需要。

强调多种教学方法的综合运用，并不否定讲授式教学或活动式教学的作用，而是通过多种教学方法的组合，让课堂教学既实现教师的主导，又实现学生中心。让学生用一半时间接受直接的教学，一半时间经历质疑、设计和协作式自主学习。直接的教学保证学生扎实的基础知识和基本技能，自主学习为学生提供尽可能真实的环境培养他们解决问题的能力。在学生自主学习的过程中，教师的作用是学习教练。教师需要在教师指导和学生协作之间掌握平衡，为学生的学习效果提供保证。

学习方式的选择应该是学生的一项自主行为。适合的学习方式能够激发学生的求知欲、好奇心，激发学生的学习兴趣。使学生对于学习产生“乐此不疲”的效果。好的学习方式不但能够巩固学生的已有知识，提高其应用知识的能力，同时还能培养学生的自我管理技能，提高学生的自主学习能力，减轻学习负担，是一种高效的学习途径。

当然，教学方式选择要充分考虑学生的学习能力。学习能力比较强的学生，通常遇到问题能够自己想办法解决，学习成绩较好，其学习兴趣也比较高，学习负担感较轻。表现为能够独立完成研究性任务，独立制订学习计划，并且经常根据执行情况修改学习计划。

总之，每个学生由于禀赋、个性等差异，他们会选择不同路径、不同速度迈向自己的目标。课堂教学的目的就是要认同这种发展阶段上存在的差异，为孩子量身定做适合他们的教学方式，面对不同学习速度、发展潜质存在差异的学生，教师必须平等对待每一个学生，倾听和了解所有学生的背景、学习风格及学习需求，致力于诊断和解决学习过程中问题与困难，努力根据学生学习需求，采用不同的学习方式，帮助制订适合不同学生的学习及发展计划。教学的安排要充分考虑所有儿童的经验、实际和需求，建立有效互动、学生主动参与课堂教学氛围，建立学生之间的互动学习伙伴关系，及时反馈与适切评价学生的学习情况，满足学生个性化的学习需求，促进学生不断进步。

第五章

金玉其中：学习内容在教学中的重要性

教什么？难道还需要讨论吗？

关于“教什么”的疑问，答案其实并不那么想当然。比如，教学目标与教学内容之间，是什么样的关系？自从本次课程改革以来，关于“三维目标”的提倡和强调十分强势，同时，却少有围绕目标与内容关系的思考。

小学数学课程标准的第二学段“统计与概率”部分，有个目标是“根据实际问题设计简单的调查表”。不可谓不清楚，不过，这个目标如何实现呢？这便是关于教学内容的研究了。为了让学生达到这个目标，应该选择什么材料、依照什么程序、采用什么活动、使用什么方法……究竟采用什么样的教学内容，并不存在唯一的答案，但毫无疑问，学生只能通过具体的教学内容才能学会设计简单的调查表。

基本按照教科书提供的材料、教科书关于活动的建议，可以吗？

基本不用教科书提供的材料、教科书关于活动的建议，另外选择材料并且设计活动，可以吗？

部分地采用教科书提供的材料、教科书关于活动的建议，同时补充其他材料和其他活动，可以吗？

对于上述问题，没有固定不变的正确答案。可以或者不可以，主要取决于学生的知识基础、学习动机以及教师自身的素质。教学内容与教学目标密切相关却不能等同。教学内容并不是简单或者现成的。著名的泰勒原理中，确定了教学目标之后，位列第二的问题正是关于教学内容的讨论，洋洋洒洒、不吝笔墨、大费周章地从不同层次、不同角度来阐释说明，足见泰勒本人对此的重视。根据教学目标的要求，将为了达到目标所选择、设计、安排的各种活动付诸实施的一切，才能称为教学内容。

各门学科都有相应的课程标准，条分缕析地陈述了具体学科的知识系列，由国家最高教育行政部门组织专家编写制定，是人类历史千百年积累起来的精华所在，但是，准确地说这些是教学目标。不同版本的教科书根据学生的认知水平将课程标准所规定的各项目标加以具体地展示以供师生教学：情境、例子、习题，文字、插图、图表，应有尽有，可以说这些都是关于教学内容的极有参考价值的设计。但是，如果教师只是简单地照本宣科，通常不会得到理想的教学效果，这是所有教师通过自己的职业生涯体会得到的。

一点不奇怪，提到教学的改进，人们直觉的反应可能是教学方法的改进。至于课程改进当然有，那更多是国家和政府操心的事情。可不是嘛，教师最关心的，就是这节课怎么上才能使学生爱学，教师怎样教才能让学生记得牢，这不都是怎么教的问题吗？

事实上，“如何教”永远是在确定了“教什么”之后才需要加以解决的，离开了“教什么”，“如何教”就失去了标准——不同的教学内容对于具体的方式方法提出了不同的要求。正如马飞龙教授所言：“把怎么教放在第一位，事实上是不对的。……学习目标，也就是希望学生学到的东西，绝对要放在第一位。”[①] 在变异理论中，教学内容始终地位关键，教师对此的理解和把握，以及基于此进行合理的教学安排，在很大程度上决定了课堂教学的质量。怎么教的前提是，教师究竟要教什么，或者说学生要学到什么。

那么，在变异理论的视野和指导下，把教学内容放在第一位有怎样的意义和价值？教师应该怎样组织和安排教学内容？又该如何把握和加深学生的

---

① 余慧娟．什么是好的教学——就中国教师关心的问题访马飞龙教授［J］．人民教育，2009（8）．

理解？审视过这些问题，就会发现，变异理论为教学内容的选择和课堂教学的改进，提供了很好的支撑。在狭隘的教学改进之路上，推开变异理论之门，你会发现里面别有一番天地……

第一节 “打靶先寻靶”——教学内容的指向性

一、教学内容的意义

在变异理论看来，教学内容不仅仅是知识本身，还包括学生应该达到的掌握程度。也就是说，教学内容要包括作为目标的知识，以及对于这个知识学生应该达到的程度。例如，“教高与三角形的内容，你是要让他们仅仅理解什么是三角形的面积，还是要学会计算；是只学会计算特殊三角形的面积，还是会处理任意三角形？”①

不同的学习理论往往偏重于关注学习的过程。例如，行为主义只关注学习的结果和学生行为的改变，对学生的学习结果进行检测和反馈，是重要的教学行为；认知主义是较为重视学习内容的，强调知识的学科结构和学生已有知识经验的重要性，但认知主义内部在接受学习和发现学习这两种学习方式之间出现争论和分歧；而建构主义更是强调通过师生互动、对话来建构知识的理解，学习内容都是生成性的东西，而不是无法事先预设的。那么，教师如何选择和处理知识内容，呈现什么样的教学内容呢？这是首先需要回答的。

为什么把教学内容放在第一位呢？现在似乎很容易回答了：明确了教学内容，才能考虑怎么教。我们不妨看一看，一旦没有在第一时间解决关于教学内容的定位，可能会有怎样的后果。

一位教师在教学“9的乘法口诀”时，凭借以往教学经验和教

① 余慧娟．什么是好的教学——就中国教师关心的问题访马飞龙教授［J］．人民教育，2009（8）．

材的教学要求制定教学目标：知识目标为“学习9的乘法口诀”；能力目标为“培养学生初步的知识迁移能力”；情感目标为“使学生体会数学的价值，培养对数学的学习兴趣”。教学时，为体现自主尝试编口诀的想法，教师安排学生通过摆学具、得出几个9连加的结果，再根据乘法的意义、乘法口诀的特点，编出9的乘法口诀，把加法算式、乘法算式、乘法口诀记录下来。这样的一系列活动都是学生参与的，他们应该有很高的积极性。但是，课堂上学生的积极性并不高，课堂气氛十分沉闷。为什么会出现这种情况呢？原来，学生在课前基本上已经能够默写9的乘法口诀了，只有少数学生对于“七九”、“八九”等大数的口诀记忆不清，经常会出现混淆。

在这个例子中，我们可以明白，了解学生的已有知识，或者说了解学生学情，具有决定性的意义，这是认知主义心理学所强调的。奥苏贝尔在《教育心理学：认知观点》的扉页上，明确地说明了：“如果我不得不把教育心理学的所有内容简约成一条原理的话，我会说：影响学习的最重要的因素是学生已知的内容。弄清了这一点后，进行相应的教学。”基于学生学情合理安排内容，决定着教学的成败。教学内容安排不合理，教学方法再先进，设计再合理，想要实现良好的教学效果也是枉然。

在上面的案例中，学生虽然基本知道9的乘法口诀，但记忆口诀的方法属于“死记硬背”，所以有的口诀才会混淆。因此，教师需要对学生记忆口诀的方法进行指导，提升学生对乘法口诀掌握的层次。再次教学时，这位老师调整了教学目标：知识目标——在学生初步了解9的乘法口诀的基础上，进一步理解9的乘法口诀，熟记口诀；能力目标——学生通过观察、交流、归纳等方法，发现口诀的规律，掌握口诀的记忆技巧；情感目标——学生在寻找9的乘法口诀规律的过程中，感受数学的趣味性，获得方法，体验成功，增强自信。从“知其然不知其所以然”的简单记忆，到建立在理解基础上的掌握，学生的收获是显著的，之所以能够如此，得益于对目标的深化，以及由此而来对教学内容的全新安排。

从不同的角度来说，学习内容对于教师和学生都有不同的意义和重要性。

作为教师，进入课堂时必须要有他（她）想要教的内容，比如欣赏现代诗或介绍水循环的概念。他（她）也必须考虑学生能用这些内容做什么，如在学习欣赏现代诗时分析它的不同方面（如格律）。这叫作预设的学习内容，有时相当于其他的常用语如学习目标、学习目的等。

按照这样的思路，课堂教学的深度便展现出来。事实上，人们经常在课堂上看到，教师把课上的重点内容陈述完毕，重点一二三，要点ABC，然后似乎便无话可说了，将大量的时间花费在简单的重复与刻板的练习上。正是思考的简单化，导致了教学内容的贫瘠。如果教师能够深入地思考教学内容的内涵，并且准确地了解学生的已有相关基础，教学内容的安排必然是适切的、丰富的、生动活泼的，那些优秀教师的课堂无不如此。

二、学生需要什么样的教学内容

既然教学内容是第一位的，是教学改进首先需要考虑的。那么，学生究竟需要怎样的教学内容呢？一言以蔽之，学生需要有价值的教学内容。教师在课堂上每天都在向学生传授知识，那么当教师站在讲台上的时候，自己所传授的一切是否对学生是最有价值的？对此，教师应该有深刻的思考。事实上，一些教师在课堂教学过程中没有深入思考知识的价值性，不分轻重缓急地将知识教给学生，而不是突出最有价值的知识，很自然地，这样会导致在课堂中产生教学过度的现象，致使教学效率极低，学生的学习负担加重，甚至使学生出现厌学情绪。

面对任何一节课，教师可以讲解的有很多，有时面面俱到，可能又“面面不到”。同学科的教师在教学过程中会出现教学成绩的巨大差异，其原因在于教学成绩突出的教师特别注重了知识的价值性和知识的有效性。有的教师会埋怨学生，自己也没少下功夫，学生的学习成绩就是上不来。更有这样的教师，无论他教什么样的学生，一届学生送走了，又迎来了新的一届，可是教学成绩却依然如故。这样的教师肯定是在课堂教学过程中没有把最有价值的知识教给学生。

传授有价值的知识，有几个方面的含义：一是教给学生的知识应该是准确的；二是教给学生的知识应该是最重要的；三是教给学生的知识应该是有利于学生进一步学习的。

1. 准确的知识

按一般人的印象，中小学的知识都是比较基础的，相对简单的。但是，对于作为学习者的学生来说，这些知识中存在很多容易混淆和模糊的地方，掌握起来并不轻松。甚至可以说，有些知识内容对教师来讲也是不清楚的，那么，让学生能够深入学习，简直就是天方夜谭。例如，在有关概率的教学中，频率和概率是两个非常容易混淆的概念。需要通过操作实验活动，体验、感受频率的稳定性以及频率与概率的关系，观察频率的变化，从而建立这样的信念，当实验次数越来越多时，这个比值（频率）越来越稳定于一个固定值，并以此来预测事件出现的可能性的大小，即概率。概率是准确地表示某事件在一次试验中发生的可能性的大小。另外，许多人认为，不可能事件与概率为 0 的事件是等价的，必然事件与概率为 1 的事件是等价的。事实上，概率为 1 的事件不一定是必然事件，0 概率事件也不一定是不可能事件，但必然事件的概率为 1，不可能事件的概率为 0。因为在古典概型中，概率为零的事件一定是不可能事件；在几何概型中，概率为零的事件未必是一个不可能事件。①

同样，在语文课中，教师和学生不小心就会出现知识性的错误。例如，“尴尬”这两个字的部首是“尢”，而一般人总认为是“九”字部。许多时候，错误或模糊的知识内容，会产生负迁移的效果。

为了呈现准确的知识，教师具备的学科知识基础应当是扎实精准的。不过，教师有了好的学科基础并不意味着课堂中所教知识的准确性就有了彻底保证。有时，教师的教学内容出现错误是由于失误。出现失误往往是由于教师在没有准备的情况下，随意发挥太多。如果教师缺乏备课的经验，备课时只注意课本本身的挖掘和对资料的借鉴，在课堂教学的时候又比较爱借题发

---

① 胡慧敏．概率教学中几类易混淆概念的认识［J］．阜阳师范学院学报：自然科学版，2006，23（2）．

挥，信口雌黄，那么，课堂出现失误就难免了。

2. 重要的知识

教学内容的确定，其实就是在多种多样的教学资源中，进行比较和选择。需要注意的是，不同知识，所需的重视程度是不一样的。对于学生容易混淆、不容易理解的知识内容，自然是需要特别重视的。这样，教学才会有效率，才能突破教学重难点。

例如，在教学前，北京市石油附小的刘文静老师通过课前调查了解到，有85%的学生已经认识了几时整、几时半这样的时间。教材要求学生认识几时刚过和快到几时这样的时间。在教学中，教师通过转动表针，让学生了解表针运动的情况，学生非常容易理解新的知识点。但是，在练习中，教师发现，类似下图中的两个时间，是学生最容易混淆出错的地方。学生经常把左图认成1时半，右图认成6时刚过。这说明，学生并没有真正认识时针和分针，没有准确理解其指向的含义，因此在面对实际的时间表达，没有能够正确区分时针和分针，导致对时间的认识只是模糊的印象。当下面两个图中时针和分针位置恰好相反，但指向的代表时间的数字几乎相同时，学生的混淆和出错可以说无可避免。

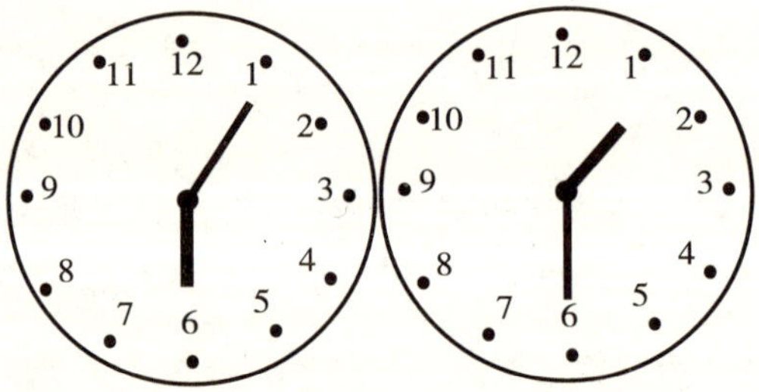

通过这样的分析，教师便可以很快明确下次教学中教学内容的核心。教师必须根据实际情况和学生的学习特点，呈现对学生来说最为重要的知识。再次教学时，教师就需要充分呈现学生容易混淆的时间，通过对比表针指向形状相似的时间，让学生明白，虽然上面两个时间表针指向形状相似，但由于时针和分针的指向不同，时间也就不同。最终，让学生找到并牢固掌握认识时间的方法：时针的指向确定了几时，分针的指向确定了几分。

在教师对学生的学情缺乏了解的情况下，教师认为重要的知识内容，对学生来讲，未必是重要的，这样的认识错位给教学造成的伤害不言而喻。

3. 有助于后续学习的知识

学习会出现迁移，这是学习过程的一个重要现象。对于迁移的规律，不同的心理学有着不同的解释。但它们有一个共同之处，都认为迁移是人们因为不同情境间的相似性而能够在不同情境做类似的事。迁移问题与学什么的问题密切相关。利用迁移，让学生通过学习如何学，学习者就能应对新的情境。

变异理论的一个突出特点就是强调，没有共同性就不会有迁移，但是没有差异性也不会有迁移，二者同样重要。我们之所以能认识事物的特征，是因为这些事物有些方面相同而有些方面又不同，进而通过对比、区分来加以认识和理解。也就是说，迁移在其本质上是差异性和共同性一起作用的结果，学习迁移发生的条件是同时具备共同性和差异性。这是变异理论超越过去迁移理论的突破口。

要促进学生的学习，就要在教学内容中体现共同性和差异性。例如，梯形指的是一组对边平行而另一组对边不平行的四边形。课本上常见的例子都是标准化的图形，即上下底边与水平面平行的情况，学生有可能将其混淆为梯形概念的关键属性之一。根据变异理论，教师需要做的是对比展示一些非标准化的图形，如改变放置角度、做一些旋转等，同时展示一些反例，比如虽然上下底边与水平面平行，但不是梯形的情况，从而帮助学生真正理解梯形的概念。

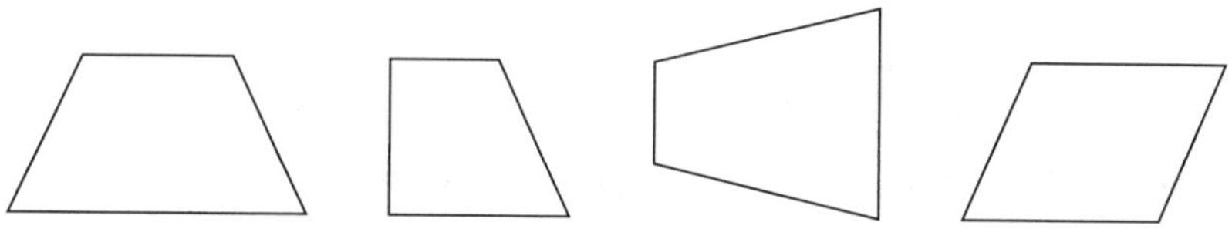

下面是项目学校的几个实例，可以让我们更为实在地理解这一点。

首先，在变异理论指导下，一线教师们在自己的教学中自觉地进行变式的呈现，把不同事物、不同概念之间的共同性和差异性表现出来。

例如，在数学教学中，让学生同时接触标准化图形和非标准化图形，找出图形的本质特点，排除位置和大小等无关因素。这样，当学生再接触类似的问题时，才会渐渐学会独立正确识别。在教学长方形和正方形时，教师利用变异理论呈现出了合理的学习内容，这样的教学设计可以很好地促进学生以后的学习。因为，学生在长方形和正方形的共同特征和差异当中，加深了对知识的理解。石油附小刘文静老师的教学实践如下：

环节一：通过填表格，思考需要几根什么样的小棒才能摆出长方形。这个环节引导学生动手操作前先思考，培养思考的习惯和能力，同时让学生初步了解长方形有4条边以及4条边的特点。

环节二：动手摆一摆，并思考两根长的小棒和两根短的小棒是怎样摆放的。汇集学生摆放的大小不同的长方形，认识长方形的本质特点是对边相等。

环节三：创设矛盾，完善认识长方形。教学中出示 ，多数学生认为这个不是长方形，通过与标准化长方形对比，发现长方形还具有四个角都相等的特点，完善了对长方形的认识。

环节四：用认识长方形的方法，继续认识正方形。

环节五：把长方形变成正方形，通过学生动手操作与课件演示，让学生感悟到当长方形的宽慢慢加长变得和长一样时，或者长慢慢缩短变得和宽一样短，长方形就变成了正方形。这个环节让学生找到了长方形和正方形的联系和区别，进一步认识到长方形和正方形的本质特点。

环节六：辨析图形是否为长方形还是正方形。在教学中，同时出示3个图形，学生通过动手折一折或者用尺子量一量的方法验证辨析，在一番激烈的交流讨论后，学生认识到大小和位置不是图形的本质特点，判定图形要根据其本质特征才会准确判断。

其次，正例（正例和非标准正例）和反例是促进学生概念掌握的重要学习素材。在变异理论的指导下，教师们也逐渐有意识地挖掘素材，呈现有价值的学习内容。例如，在《分一分》中，大多数教师采用单一的素材让学生来探究分数，只是让学生从各种形状的纸片中来找分数。北京市八里庄小学白丽颖老师老师为了让学生充分感知分数，对学习素材进行了新的安排设计，让学生认识到分数不仅存在于平面图形中。通过对于不同学习素材的学习，让学生充分认识到分数存在的广泛性。学生学习这样的内容，对于分数的认识更为全面，在以后的学习中，也会少犯错误。

正例部分的学习内容如下表：

表5－1　海淀区“变异教学理论的课堂实验研究”子课题申报汇总

	分数正例	对应的属性		
		整体	平均分	取的份数
标准正例	一张饼的1/2	一张饼	2份	1份
	8块糖的1/2		2份	1份
	1张圆形纸的1/2	一张圆形纸	2份 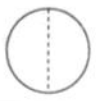	1份
	1张正方形纸的1/4	1张正方形纸	4份 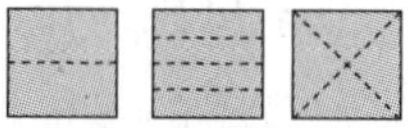	1份
非标准正例	1张正方形纸的1/4、2/4、3/4、4/4	1张正方形纸	4份（多元等分） 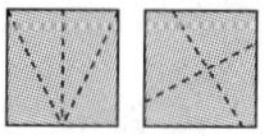	1份、2份、3份、4份
	注射器里液体的1/2	注射器里的水（液体）	2份	1份
	6个圆形的1/6	6个圆形	6份（隐性等分） 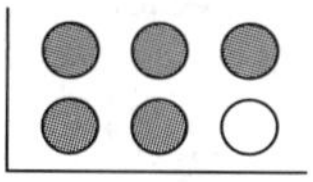	1份
	男生占全班同学的17/26	一个班全体同学26人	26份（隐性等分）	17份

反例部分的内容如下图：

最后，能够促进后续学习的一个重要内容就是思想方法。学生的学习不仅是知识积累的过程，而且是不断掌握思想方法的过程。以数学为例，修订后的《数学课程标准》也已经把数学教学目标定位为四维目标：基本知识、基本技能、基本思想及基本活动经验。数学的思想方法对于学生的数学学习十分重要，教师在教学中需要进行渗透。

化归思想是数学中的一个重要思想，通过转化，可以把新的问题变为以往学过或者说已经掌握的问题。运用变式为化归做铺垫是引导学生进行问题解决的关键环节。这就和变异理论有着紧密的联系。比如，学生要学异分母分数加减法，在这之前，已经学过同分母分数加减法。只要把异分母分数通过通分转化为同分母分数，这样，新问题就转化为了老问题。因此，在教学中，教师要注意渗透这种数学思想，让学生的数学活动经验，在一定程度上体现变式的丰富性以及化归策略的多样性。这样，可以有力地促进学生的后续学习。

第二节　“点石成金”——教学内容的处理

变异理论的一个重要观点就是，对教学内容的不同处理，会产生不同的教学结果。那么，接下来，我们将探讨，教师究竟应该怎样处理教学内容。

一、系统把握知识

首先，教师要能够从宏观整体把握知识内容的结构和联系。如果将知识比作一棵参天大树的话，那么，有些知识好比是主干，另一些知识则好比是枝叶。主干与枝叶间以各种方式紧密联系，共同构成一个茂盛挺拔的整体。教师一旦对不同年级、不同学段的相关知识的主干和枝叶了然于胸，有了整体的把握，就可以避免教学中各种误差的产生。反过来说，只抓住某个主干，甚至只抓住个别枝叶，那么在教学中就不可避免地陷入茫无头绪，顾此失彼，学生所学便也只能是零碎散乱，难以巩固，更无法迁移。

例如，“比多少”编排在一年级上学期学习，“倍”编排在二年级上学期学习，两个知识点相隔一年。从学生的角度来看，学生在幼儿园时期就已经学会“比多少”，而对“倍”非常陌生，学生更愿意也更习惯用比多比少来描述两个量之间的关系。可见，即便两个知识点的学习相隔一年，但比多少的概念已经在学生们的脑海里根深蒂固，在学习倍的概念时当然不容易接受，如果不把两个概念加以比较，学生们做题出错是在所难免的。

其次，教师也需要从微观上解读知识点是怎样呈现的，理解和把握教材的内容，领会教材的编写意图，将阶段目标、单元目标及本节课目标进行整体沟通，必要时对教材内容做出改进。

例如，一位科学课教师发现，在小学科学课的三大体系中（物质世界、生命世界、地球与宇宙），物质世界的科学概念最容易混淆。生命世界部分实验观察很直观，很多实验通过观察后就可以直接定义科学概念。而物质世界部分，则出现了很多不易观察的实验和容易混淆的概念。一些探究活动在课堂上难以操作，如界定空气的特性、判断空气是否有重量、研究材料的特性。又如“铁钉生锈”，看似生活气息浓厚，实际上，无论是观察还是实验都需要一定的周期，并不那么容易在课堂上展开。还有些活动引发不了孩子的探究欲望。

虽然教科书经常给出了许多的观察和实验的设计，但是一些不断重复的实验很容易令学生丧失了探究的兴趣，而界定这些概念时又往往并不科学。学生较少通过对事物差异性的辨析来排除非本质因素影响，掌握其本质特征；概念的建立多通过简单的重复强化进行。因此，真正满足学生的学习需求，适应教育实际，就需要教师对教科书中的探究活动进行适应性的改造、丰富，甚至另外创造。

最后，可以运用变异理论的相关原理，对知识中可能的变异性质进行分析，从而明确知识概念的属性，进行教学设计。这一点，在下一章将会详细讨论。

二、关注学生的已有知识经验

这是不能绕开的认知主义早就告诉我们的原理，那就是，我们需要关注学生已经知道了什么，而教学需要在此基础上进行。在信息技术广泛进入人们生活各个领域的今天，这个原理不仅没有过时，反而更加凸显出其意义。人们经常说如今的孩子聪明活跃、见多识广，进入学校时头脑中的各种知识颇为丰富。于是，准确地了解学生已经知道了什么，仔细地辨析这种知道达到了什么程度，就成为恰当地组织教学内容必不可少的条件。

一所项目学校教师的尝试很好地表明了这个道理。在学习《包装的学问》之前，学生已学习了长方体、正方体的特征，也学习了计算单一物体的棱长、表面积、体积，能把几个相同的正方体组合成新的正方体。初步接触了由两个相同的正方体拼成一个长方体后表面积发生的变化。针对学生已有知识的掌握情况，北京市海淀区六一小学的王妍老师对 87 名学生进行前测，前测内容及情况如下：

前测题目	正确率
1. 计算一盒磁带的包装（不计算接口处）就是求这盒磁带的（　　）。	99%
2. 一盒磁带的长 15cm、宽 11cm、高 2cm，它的表面积是（　　）。	100%
3. 一个长 6cm、宽 4cm、高 10cm 的长方体牛奶盒。它最大那个面的面积是（　　）cm^2，最小的那个面的面积是（　　）cm^2。	92%
4. 把两个棱长都是 5cm 的正方体拼成一个长方体，这个长方体的表面积比原来减少了（　　）cm^2。	93%
5. 有一个长方体，它的长是 10cm、宽 5cm、高 15cm。这个长方体底面的面积是（　　）cm^2，前面的面积是（　　）cm^2，右侧面的面积是（　　）cm^2。	95%
6. 一个棱长是 4cm 的正方体木块，把它切成两个完全一样的长方体，求每个长方体的表面积。	48%

分析前测结果，就可以看到，学生已熟练掌握长方体各个面的面积计算，对于由两个相同的正方体拼成长方体，其表面积发生的变化掌握较好。但是，对于组合立体图形的逆向思维，特别是由文字呈现时，有近一半的学生接受有困难，显然他们的空间想象能力还不足以支持他们完成这样的任务。于是，以前测结果作为参照，教师在组织安排教学内容时侧重点鲜明：一是在帮助学生建立空间观念时，必须借助实物操作；二是在操作的过程中调动学生的多种感官，充分地感受、进而理解由几个相同长方体组合成新的长方体后发生的一系列变化。

此外，学生通过已有的生活经验都了解礼品的包装，能清楚地意识到用包装纸包装起来的部分就是物体的表面积。知道两个相同的正方体或长方体拼成一个长方体后减少了两个面从而表面积也减少了，也能通过推理理解重合面积大时表面积最小的策略，多数学生学会了从不同角度来解决包装方案的不同策略和最优方案。

通过前测和分析学生的生活经验，加上之前对“怎样包装节省纸”的问题进行了分析理解，在备课当中，这位教师没有按照书中的安排亦步亦趋，而是在了解学生已有的知识基础上重新组织教学内容，启发了学生较之从前更深刻的思考，教学效果当然很好。

三、确定具体的教学内容

1. “集”中生智

对知识的系统分析、对学生进行前测、关注学生的已有经验，都是不可少的。然而所得的各种结果还需要进一步加工，这就是教师的综合思考，只有通过教师比较权衡选择判断，才能形成关于教学内容的合理安排。

例如，《观察物体》是空间与图形领域中的一个内容。在进行教学设计之前，北京市石油附小裴亚军老师首先进行了教材分析和学生分析。

教材分析：

（1）教材编写特点

观察物体这部分知识内容是培养孩子空间观念的崭新素材，本课重点是通过观察，使学生体会到从不同的角度观察物体所看到的形状可能是不同的。培养学生初步的观察能力和空间观念，这对后面空间与图形领域知识的继续学习起着关键的作用。

（2）前后知识之间的联系

本节课是在一年级上学期学生会用前后、左右、上下等方位词描述物体位置的基础上安排的。以学生实际观察自己熟悉的物体为线索，让学生在活动中学会观察判断，积累观察经验，发展空间观念，为以后进一步学习空间与图形领域的知识，逐步培养和形成空间观念奠定基础。

（3）教材呈现方式

教材精心安排和设计了两类层次与水平不同的观察活动：一是实物观察，让学生亲身经历“观察物体→直接感知→形成视觉表象”的过程，体会从不同方向观察物体所看到的形状是不同的；二是间接地观察物体，使学生经历“看图观察→空间想象→形成心理表象”的过程。

学生分析：

（1）学生认知特点

小学一年级的学生是以具体形象思维为主，方位感不强，观察周围的事物也是比较单纯、直观地看表面，善于记忆具体事物。

（2）从学生知识基础来看

学生已经学过了上下、前后、左右这些方位词，并能用这些方位词进行介绍。

（3）从学生的学习经验来看

会根据内容表达自己的想法，有初步的动手操作能力、合作交流能力，这些为本节课的学习做好了准备。

（4）从学习兴趣和学习方式来看

根据低年级学生的年龄特点和思维水平，选择学生喜欢的玩具作为教具，容易激发学生学习兴趣。

为了了解学生在学习这部分知识时可能遇到的困难，教师对31名学生进行了第一次前测：

前测人数	正确人数	错误人数
31人	12人	19人

从连线结果是否正确来看，在前测的人中有近40%的学生已经可以独立解决类似观察物体的问题，连线正确是建立在理解的基础上，还是对图形的一种直观感觉呢？需要对连线正确的12人进行访谈，结果有6人不能说出正确连线的原因，只是凭直觉去连线的。从数据上来看，这12人中有一半的学生不能清楚地阐述真正的道理，通过访谈发现，即使能说清楚道理的学生，也都是转动自己身体以保持和图中人物的位置相同来判断的。

进一步深入地访谈"为什么要转动身体？"学生的回答相当一致："转动身体，就能和图中的小朋友看到的一样了。"由此看来，学生在解决类似问题时，有了一定的方法，那么他们的学习困难又在哪里呢？老师又对典型错例进行了分析。

通过对学生的错例进行分析，发现了学生的学习困难。

（1）观察的时候没有方法，往往看到哪儿说到哪儿，不会按一定的顺序进行观察，从而导致观察结果的不全面。

（2）从左面和右面进行观察时，学生只关注了组成上的相同和不同，没有意识到从相反的方向观察时，观察到的结果也是相反的这一本质区别。

通过教材分析和学生分析，教师进行了相关的综合思考。

思考1：如何帮助学生掌握有序、全面的观察方法？

思考2：如何帮助学生不仅关注到左右两面组成上的不同（如装饰物、标签等），更要关注到本质上的区别？

基于上面的分析和思考，教师进行了教学设计，让学生通过一系列的数学活动，体验从不同的位置观察同一物体所看到的形状可能不同，领悟观察物体的方法。

2. 变与不变的范式

许多时候，教师是凭借已有的教学经验假想教学内容安排，也就是预设教学内容，这并不是完全没有道理的，毕竟，每一节课都进行教学前测是做不到的。不过，教学内容并不总是完全按照预设的样子所展开的。这就需要教师根据实际情况做出调整，使实际的教学偏离原来的预设。"这时候的学习内容叫作实施的学习内容，可用变与不变的范式来说明这种学习内容。"①变异理论强调在学习内容中，进行变与不变范式的运用，这对于课堂教学是十分有意义的。

香港的植佩敏曾经分析了三组中文课，阐述了教师对于同样主题的内容怎样备课、怎样使用不同的变与不变的范式，以及这些怎样造成学生不同的学习结果。在两节二年级的中文课上，教师都使用同样的课文，而且表面上看来他们都是要帮助学生学习同样的一组生词。在其中的一节课上，生词本身始终保持不变，教师同时向学生展示词的三种属性（形、音、义），并变化其使用语境（作为独立的词、作为句子一部分的词、与课文主题的关系）。这种变与不变的范式起到了融合的作用，能帮助学生将词语的不同方面及其与课文这个整体联系起来。而在另一节课上，教师按照一定顺序分别教词语的三种属性。这种不同的范式强调了词语的属性。保持一个属性不变，变化不同的词语，来帮助学生识别出词语的每一个属性。②

结果表明，学生学到的东西和变与不变范式有着密切的关系。在书面测试中，那些能够识别出词语不同属性的学生，表现要好于其他学生，因为书面测试要求学生对词语的不同属性有较好的掌握。基于此研究和其他相关的研究，植佩敏得出这样的结论：优秀的中国式教学的一个突出特征就是对变与不变范式的系统运用。

---

① 植佩敏，马飞龙，等．如何促进学生学习——变异理论与中国式教学［J］．人民教育，2009（8）．

② 同上。

我们再来假设一个变与不变范式的简单例子。在分数教学中，教师把 10 个苹果（10 个苹果的图片）排成一列，然后提出两个问题。第一个问题是：从 10 个苹果中取出 1/10，取出的苹果有多少个？第二个问题是：从 10 个苹果中取出 1/5，取出的苹果有多少个？这两种情况就构成了变式。变化的是取出苹果的数量（第一次是 1 个，第二次是 2 个）和分成的份数（第一次把单位“1”分成 10 份，第二次把单位“1”分成 5 份），不变的是整体（10 个苹果）和分数的分子（都是取其中的一份）。关于变与不变范式的具体内涵和应用，将在后面详细讨论。

第三节　“百家争鸣”——对教学内容的不同理解

一、学生对学习内容的理解差异

1. 课前的理解差异

在教师进行教学之前，学生对于将要学习的知识内容，总会有一些直观的认识或者先入为主的观点。这些直观的认识或者先入为主的观点，有时有助于学生学习新知识，但许多时候，它们是学生学习和掌握新知识的障碍。例如，前面提到的一些科学概念的学习，在学习哺乳动物的概念之前，学生一般会认为鲸鱼是鱼，而不会把鲸鱼和狮子、熊猫等动物归为一类；相似地，在学习和掌握爬行动物的概念之前，学生一般把蜗牛等认为是爬行动物。这个时候，学生此前的认识或者见解，可能会成为导致学生出现学习困难的因素。

但是，在变异理论看来，教师如果能够注意到学生的这些认知或者见解，并据此而选择有价值的教学内容，就可以利用这些促使学生深入地学习。也就是说，“学生对他们将要学习的东西存在差异，这应被视为学习上的资源而非障碍”①。

---

① 卢敏玲，等．课堂学习研究——如何照顾学生个别差异［M］．李树英，郭永贤，译．北京：教育科学出版社，2006.

那么，教师如何看待和处理学生的不同观点或见解呢？许多时候，学生虽然具有不同的思考方式和个人经验差异，但是，不同理解的方式是有限的。因此，教师可以预见学生的可能观点或见解，并据此进行预先的思考。例如，在教《可能性》时，教师对问题进行了答案的预设，并进行了分析。

> 圣诞节快到了，一些商场、超市为了吸引顾客，举行有奖促销活动。一家超市活动方式是这样的：在一个盒子里放入一些球，有蓝色和红色两种。凡是一次购物满 100 元的顾客，就可以摸一次奖。摸到蓝球有奖，摸到红球则没有奖。如果你是这家超市的老板，你会怎样往盒子里放球，让顾客来摸呢？说说你的想法。
>
> 学生可能会出现以下几种放球方法：
>
> 预设 1：都是蓝球
>
> 预设 2：蓝球多，红球少
>
> 预设 3：蓝球、红球一样多
>
> 预设 4：蓝球少，红球多
>
> 预设 5：都是红球

学生根据情境要求，设计出了 5 种放球方法，通过对比可以发现，前 4 种方法虽然放入中奖色蓝球的数量有多有少，但是都不失“有奖促销”的活动原则。预设 1：都是蓝球，顾客任意摸一球，摸到的一定是蓝球，会中奖，此种方法无疑是标准的正例；预设 2、预设 3 和预设 4 这 3 种方法中，蓝球数量不同，但是任意摸一个球，都有可能中奖。只是在同一个袋子中，蓝球数量越多，中奖的可能性越大；蓝球数量少，中奖的可能性就小。这三种方法则属于非标准的正例；而第 5 种放球方法：都是红球，则是“有奖促销”的标准反例。由此，学生将 5 种放球方法，分离出两种属性，一种是确定的（预设 1 和预设 5），另一种是不确定的（预设 2、预设 3 和预设 4）。

在这个例子中，圣诞节、有奖促销、中奖，都是学生们曾经历过或者听说过的，可能也琢磨过其中的道理。但是以他们的数学知识水平，是不大可能想明白的。而教师将相应的学生经验组织进教学内容，不仅很容易吸引学生，而且也很容易引导他们深入思考，提升他们的数学认识，达到了“可能性”的教学目标。真正利用好学生的理解差异进行变异的教学设计，“教师必须具有一种敏锐的洞察力，去了解学生对他们将要学习的事物会做出怎样的考虑、感知、理解、体会、看待和概念化；这样，教师便能适当地掌握学生之间的种种差异并在教学中恰当地加以运用”①。上一节涉及的对学生进行的前测和访谈，都是教师了解学生的手段和方法。通过了解学生，教师可以分析学生的学习困难所在。

2. 课后的理解差异

许多研究表明，在集体教学条件下，虽然同处于一间教室，在同一个教师领导下，通过相同的教学活动学习相同的教学内容，每一个学生是可以采用不同的方法去理解的，这样就会导致学生学习结果的差异。例如，某些学生对某个知识点学得较好，理解得较为透彻，但另一些学生可能在这个知识点上没有投入较多的精力，只进行了记忆而没有彻底理解；某些学生能自觉地把知识和以前学过的知识联系起来，另一些学生可能就难以主动地关注知识之间的联系。“在最理想的情况下，学生能够学到教师希望他们在课堂上学习的东西，但是很多时候却不是这样的。学生实际上却注意并识别出了另外的一些东西，也就是实际的学习内容，或者说是学生实际上学到的东西。”②

值得注意的是，学生学习结果的差异，可能会成为今后学生学习过程中的课前理解差异。“在教学上，教师常会假设：学生理解教师教学的方式，与教师所预期的是一致的。所以，改善教学的第一步，便是教师必须明白学生对教师要教授的东西会有不同的理解，从而不同的学生会有不同的学习成果。”③

二、教师对教学内容的不同意见

在学校教学中，人们经常可以发现，对于相同的教学目标，每个教师安

---

① 卢敏玲，等．课堂学习研究——如何照顾学生个别差异［M］．李树英，郭永贤，译．北京：教育科学出版社，2006.

② 植佩敏，马飞龙．如何促进学生学习——变易理论与中国式教学［J］．人民教育，2009（8）.

③ 卢敏玲，等．课堂学习研究——如何照顾学生个别差异［M］．李树英，郭永贤，译．北京：教育科学出版社，2006.

排和组织的教学内容，往往各不相同。这是由于教师掌握的学科知识结构、教学风格、对学生学习的认识和看法、处理课堂教学的能力等多种差异所造成的。对此，不仅是合理的，而且是应当提倡的，对于基础和个性不同的教师，以及水平和能力各异的学生，千人一面的教学才是令人担忧的。这种差异也是一种宝贵的资源，教师之间可以相互借鉴和吸收。教师对学习内容处理的观点差异，使得教师集体备课、教学设计研讨等活动成为一种必要。

我们来看一个简单的教学研讨案例，内容是北京市前章村小学周明军老师执教的《相交垂直》。我们可以看出，通过教学研讨，可以促进教师对教学内容的思考，有利于教师改进对教学内容的处理。

专　家：这节课优点是，老师对变异的概念抓得很好，有标准正例，有非标准正例。（反例没有涉及）思路清晰，学过平行，只要不平行就相交，相交中的特例是垂直。"垂直是相交的非标准正例。"

相互垂直，有一个相交，垂足是垂点。过点画垂线，可再举一个例子，多给几种变式或许更好一些。设计比较好，体现了变异的关键要素，"无关要素"也要指出来。

教师A：从变异的角度看，课选得很好。

《线的认识》，利用闯关题做了很好的练习，也提供了很好的反例。

专　家：射线 AB 和射线 BA 处，学生说错的地方是个反例，可以抓住。利用一个学生的错误让全班学生受益。另外，还可以用"曲线"做反例。

教师B：相交后成 4 个角，合适不合适？可以有更多。书上没明确多少。相交后形成角的交点，就可以。直角画得不垂直，不好，一点不能有误差。

第六章

制其要害：突出教学内容的关键属性

确定教什么之后，教师必须考虑学生要对教学内容的掌握达到何种程度。有些内容可能只需要简单地记住，做到能回忆和复述；有些需要理解，表现为能正确举例，或者运用所学内容解释新的现象；有些则需要在新的问题情境下正确运用。围绕不同的教学内容和教学要求，教师需要精心挑选学习材料，并引导学生感知、分析学习材料的关键部分，这就是把握教学内容的关键属性。

第一节　关键属性的重要性

一、关键属性的内涵

事物的属性可以看作事物在质的方面的表现，也就是事物在各个方面具有的特征，如外形、颜色、用途、与其他事物的相互关系，等等。其中，有些方面的特征对于人们认识该事物具有特别重要的作用，这些特征就是事物的关键属性。

一般而言，所谓关键属性是指事物本身所固有的，与事物不可分离的特性。换种说法，关键属性就是使一个事物区别于其他事物的必不可少的那方面特征。比如，科学分类中的“鱼”，是指终生生活在水里、用鳃呼吸、用鳍游泳的脊椎动物。判断一种动物是不是鱼，就要看它是否同时具备这些特征。比较容易混淆的鲸，虽然生活在水里，外形与一般鱼类也很相似，但它不是用鳃呼吸，因此不是鱼类。而另一种水生动物，海马，外形与一般鱼类有很大差别，但它恰恰具备鱼类的上述属性，因此它是一种鱼。再比如，小孩子可能认为移动电话不是电话，而玩具电话是电话。这是因为他们关注的是电话的外形，如有基座和连线等特征。但这些特征并不是使电话区别于其他事物的本质属性。要理解电话的内涵，其实需要从它的功能属性上去把握，也就是认识到电话是一种沟通工具。

在通常情况下，人们对于上述关键属性的认识需要通过对比来实现。如上文提到的鱼类，可以和外形像鱼的非鱼类，如鲸、海豚等进行对比。再如，要知道什么是甜味，人们就必须品尝其他“不甜”的味道。如果只尝过甜的食物，不仅难以真正体会“甜”的滋味，甚至连“味道”这个概念都不会形成。

关于事物的关键属性，还有另一层含义，这主要针对人们对事物的认识而言。由于不同的人具有不同的先天素质、社会实践、社会关系、知识经验等，这导致不同的人对同一事物会有不同的反映。或者说，同一事物对于不同的人而言，其关键属性的具体表现有一定的差异。例如，一只手，对于侦探而言，指纹或掌纹是关键；对于艺术家，手型、手指线条、手势等才是关键。同样的手，可以从不同的角度来认识，只有对应的属性才是最关键的①。

从教学的角度，这意味着，对于同一事物，不同学科可能需要从不同的角度来引导学生学习。例如，对于花这种事物，科学课主要突出花是植物的繁殖器官这一关键属性。其教学要点是花的结构以及各部分的功能。语文课也可能会指导学生观察各种花的外形特点，但其侧重点是让学生由花的外形、色彩联想到相关的词句，体会花的多样性以及花所代表的情绪情感，思考由花而引发的想象和感悟等。教学中可以用来做例子的事物很多，而每种事物都可能具有多方面的属性。简单的如苹果，它的属性特征可以表现为某种颜色、形状、味道、口感，以及它是一种水果，是结在树上的，等等。很多学

---

① 卢敏玲，等. 课堂学习研究——如何照顾学生个别差异［M］. 李树英，郭永贤，译. 北京：教育科学出版社，2006.

科的教学中都可以拿苹果来做例子，科学课可以通过苹果的构造说明果实的概念，数学课可以由苹果的形状引出几何图形的探究，语文课可以借助经典故事里的苹果形象学习比喻和象征等修辞手法。要恰当地运用这个常见的例子，教师必须非常清楚其教学目标与苹果的哪方面属性特征能够匹配。

二、关键属性与教学

在教学中，只有让学生识别教学内容的关键属性，才能使他们很好地理解事物，这就需要教师进行合理的教学安排。例如，在科学课《各种各样的花》中，育鹰小学的蒋振东老师引导学生对花的结构进行探究，先请学生观察结构完整的花，如玫瑰、菊花等，这些往往是人们头脑中关于花的一般印象。接着，教师引导学生观察结构不完整的花，有的缺花萼，有的缺花瓣，学生通过将不完整花与完整花进行对比后发现，在花的结构中，花蕊是必不可少的部分，而这恰恰体现了花的功能含义，即植物繁殖器官。正是因为有这样的对比，学生才会突破关于花的一般印象，抓住花的本质特点。这堂课不仅让学生对“花”有了非常准确和深刻的理解，而且更正了很多听课教师对花的认识，也给大家留下了深刻印象。

蒋老师在执教三年级科学课《水结冰了》时，通过对以往教学问题的分析，提出了教学指导要突出的关键部分，那就是引导学生关注温度，而不仅仅是水的状态。他在教学论文中提出：

> 在一般的教学设计里，我们是这样处理的：首先引导学生提出假设——创造低温环境可以让水结冰；其次为学生提供降低温度的方法；最后让学生进行实验探究。学生因为只注意关注水结冰这个状态，往往都要等到水真的结冰后再来观测温度计。这时候往往温度已经降到了零度以下，怎么也找不到0℃这个“冰点”了。

在学习变异理论之后，蒋老师对教学过程进行了调整。先请学生观察水没结冰时候的温度——温度接近0℃时水没有结冰。之后，引导学生继续关注温度计上的读数，这个过程使学生体会到越接近0℃水越趋近于结冰。这样，学生就能够比较容易找到0℃这个冰点。

下面再看看课题组教师经过教学研究在数学教学中明确教学内容关键属性的三个案例。

第一个案例是数学课《相交与垂直》。在课的开始，安排学生摆小棒，并在纸上画出相交的各种情况，进而引导学生观察、比较，从中抽象出相交与垂直的本质特征。在认识了垂直的本质属性后，让学生折出互相垂直的两条折痕，对于垂直情况进行比较，对相交呈直角这一本质属性进一步确认，并去除掉直线方向这一无关因素。同时，在学生的折纸中找出反例进行对比，使学生对垂直的本质有更深入的认识。

第二个案例是《长方形周长的计算》。教师在学生自主探究之后，将学生产生的三种计算方法进行呈现：

(1) 长+宽+长+宽

(2) 长×2+宽×2

(3) (长+宽) ×2

这之后引导学生观察比较这三种方法有什么相同之处。这时学生的思维得以提升，发现不管哪种方法都是长方形四条边长度的累加。将计算方法与周长概念进行了很好的联系，把握了长方形周长计算的本质。

第三个案例是二年级的《角的初步认识》。育新学校的王文雅老师分析以往教学情况，发现学生常常难以理解“角的大小与边长无关而与开口有关”。也就是要理解，决定角大小的关键属性在于开口，而非角的边长。为了突破这一难点，教师通过活动来帮助学生理解。

教师让学生自己做一个活动角，这样，每个学生做的角的两边长短不一。首先，学生操作角的两条边让角发生变化。“两边打开，再打开一点……说一说角越来越怎么样了?”接着，老师又让学生操作角的两条边，“合上一点，再合上一点……说一说，现在角越来越怎么样了?”因为很直观，学生会说越来越大或者是越来越小了。

紧接着，老师问学生："为什么角越来越大或者角越来越小呢?"学生会说因为角的"嘴巴"变大，所以角就变大。教师小结："角的张口越大角就越大，反之就越小。"

再接着，教师让同桌两人分别展示一个角，要求两人的角一样大，这时学生会把两个角重合来说明是一样大的。这时，学生会发现，虽然和同桌的活动角相比，两个角的边长短不一样，但是也可以做成一样大的角。教师再要求学生拿出剪刀把其中的一条边或两条边剪下一部分，看看角的大小发生变化了没有。通过不同层次的活动，学生就会透彻地理解角的大小与开口有关而与边长无关。

三、关键属性不突出的教学表现

教学如果不突出教学内容的关键属性，那么学生就容易忽视或难以把握事物的关键属性，进而在解决问题的时候容易遇到困难或出现错误。

这方面的最常见问题是，教学环节及教学材料不能突出事物的关键属性。比如，教师在教乘法分配律时，举了很多例子，多次将数字代入公式，加以验证。可是，无论是教师出示的例题还是学生的当堂练习，都是两个数相加的例子，没有一个例子涉及两个数相减。其结果是，学生几乎不可避免地将这一定律误认为只适用于两数相加再乘以另外一个数。他们没有把定律的内涵从多个例题中抽取出来，以至于"只要一做题，他们还是会出错"。通过课题的研讨活动，教师意识到，要使学生真正领会乘法分配律，需要为学生提供多种问题情境，这些情境不仅有加法问题也有减法问题，而且通过不同数字的问题也能使学生感受运用乘法分配律的意义。

再如，有数学教师在教"轴对称图形"之后，在给学生布置的作业中要求判断哪些图形是轴对称图形。其中，学生错误最多的是判断奥运五环图形。许多学生认为奥运五环图形不是轴对称图形，因为它虽然形状和图案都对称，可是颜色不对称。

另一道作业题要求找出荷兰国旗的对称轴，很多学生认为对称轴只有一条，即竖轴。他们认为，同样是对称轴的横轴两边颜色不同，因此上下不对称。

学生在这两个题目中的错误表明他们对轴对称图形的关键属性没有完全掌握。轴对称图形的定义是，如果把一个图形沿一条直线折起来，直线两侧部分能够完全重合，那么这个图形叫作轴对称图形。定义中虽然没有明确阐述，但从定义可以发现，轴对称图形是相对形状而言的。也就是说，形状能够完全重合是轴对称图形的关键属性，而图形的颜色则不是一个关键属性。

经过研讨，教师在后来的教学中增加了与上述作业题相似的事例，引导学生排除颜色的干扰，只是考虑形状是否能够完全重合，使学生对轴对称图形的掌握更加牢固。

还有一种情况，也可能使教学内容的关键属性难以凸显。有些教师在教学设计中对于教学内容的关键属性是有所考虑的，但是在教学环节的设计中没有将关键属性作为一个重点来集中呈现。这有点像蜻蜓点水。虽然对关键属性有所触及，但往往是浅尝辄止，很难使学生留下深刻印象。

例如，课题之初，一位教师在二年级数学《东南西北》的教学设计中，教学重点只写了“认识四个方向”。这个教学重点显得很笼统，体现不出东南西北方位体系的特点。在教学安排上，突破教学重点的主要是第一环节，即认识教室里的方位，教学过程是先让学生感知东西相对、南北相对；然后说出教室里的四个方位；接下来体验方位的固定性和顺时针性；之后感受观测点不同则相对位置不同。第二环节是辨认平面图中的四个方位。第三环节是辨认生活中的四个方位。

在围绕教学设计的研讨中，教师逐步意识到，教学重点应该体现东西南北方位体系的特点，即不仅要识别东南西北的具体指向，还要理解四个方向的固定性，以及四个方位之间的关系，即顺时针规律。相应地，在教学设计中加强了对重点内容的学习。例如，对于四个方位的关系，先让孩子按东南西北的顺序初步发现其中的顺时针规律；再蒙住眼睛，给学生一个方向，让其辨认出其他三个方向；最后，在地图上根据一个方向，辨认出另外三个方向。再如，关于四个方位的固定性，增加了与左右方位对比的活动，“请大家面向东，用手指东，向右转，身子不动，再指东；向右转，身子不动，还指东，你发现了什么?”在学生有所感悟后，教师再加上一句很幽默的总结：“太阳不会因为我们转了个圈，就从其他方向升起。”教学实践后发现，通过这样的改变，学生学起来目标更清晰，还可以连续思考，教学效果更好了。

此外，有所不为才能有所为。有时候教师会因为想教的内容太多，对多个角度的关键属性都想强调。但这种面面俱到的努力常常会因为平均用力、重点不突出而难以取得预期的教学效果。以语文为例，课题之初，一位教师在对六年级《荷塘旧事》一文进行教学设计时，设计思路提到四点：

> 1. 浏览，默读，从读中感悟，带着自己的感受读，想象读，品读，接读，采用多种形式，有层次地指导学生读好课文，体会作者表达的思想感情。
>
> 2. 引导学生结合自己的实际生活、具体的语言环境理解课文内容。
>
> 3. 通过句式的训练挖掘文字背后的内容，使学生深入地理解课文。
>
> 4. 在教学中渗透写法的指导，提高学生的习作水平。

教学目标有四个方面，涉及的学习内容有朗读、景物描写和比喻句的作用、对主人公心理活动的理解、对荷塘美景及小伙伴性格的感受。教学重点是“学习景物描写的方法和作用”，教学难点是“理解小伙伴们的善良淳朴的性格以及‘我’为什么留恋那笑声”。

这些内容都很重要，但是否必须通过这一篇课文来学习？课题组通过讨论，提出了以下几种备选方案。其基本考虑是使教学目标和教学重点相对集中，然后根据学情进行教学设计。

第一种教学思路是针对课前学情调研中，学生对“为什么要写景”的疑问，将重点放在“写景叙事散文”这种体裁的篇章结构特点的学习上。让学生深入交流，总结本文的结构特点。同时找一篇有类似篇章结构（同样体裁）的文章，探寻二者写作思路的共性。同时可以对比单纯写景或单纯写事的文章，体会写景叙事文的写作思路和表达效果。通过变异理论的类合或者是对比的教学策略进行教学。

第二种教学思路是结合文中的景物描写学习比喻这种修辞手法。文章中比喻句类型很多，而且对写景内容的理解帮助很大。可以让学生对文中的各种比喻句进行分类，再通过朗读感受其表达效果，进而读写结合，尝试仿照文中的不同比喻句练习运用比喻句来进行景物描写。

第三种教学思路侧重重点词句的感悟、积累和运用。结合文中有特色的词句，让学生练习理解课文内容，同时，通过近义词、反义词、造句、连词成段等方式让学生对这些重点词语进行积累和运用。

第四种教学思路是紧扣学生理解的难点——“我”为什么留恋那笑声——进行一种阅读策略的教学，即联系文章的写作背景来理解。这篇文章是在作者成年以后创作的。作者回忆时会赋予当时的事件以新的观点，给文本今天的解读。教学中可以让学生想象一下，“我”在被救后当时的感受。当时的体验应该是又羞又庆幸。留恋是要过一些时间后才有的。现在文章传达的态度是作者后来才形成的。由此可以让学生对本单元“往事”的主题性质有一定的了解，知道在读文章发现“不合理”的时候，可以从作者写作的时间等创作背景来解决问题。总结这种策略后，可以让学生回忆还有没有学过类似的文章，或者提供一篇类似的回忆性文章，让学生运用上述策略来阅读和猜想。

第二节　确定教学内容的关键属性

如上所述，教学内容的关键属性是否得以突出，直接关系到学生的学习结果，也就是教学的实际效果。那么，教学设计如何才能找准教学内容的关键属性呢？首先，要依据学科教学特点，根据不同教学内容的不同类型分析教学需要突出的关键属性；其次，要根据学生的学习情况挑选学生容易出现理解困难的关键属性，在教学中进行重点指导；最后，无论是教学设计还是实际教学都要着重将学生的注意和认知加工引向已确定的关键属性。

一、依据教学内容的特点分析关键属性

为了确定让学生重点关注哪些关键属性，教师需要对教学内容进行分析，综合考虑学科知识的内在联系及学生认知的基本过程。

王妍老师在对《包装的学问》一课进行教学设计时，从数学学习的角度对这一课要突出的关键属性进行了细致的分析。她指出：

> 这节课的教学目的主要在于，让学生综合应用表面积等知识，探索包装多个相同长方体物品时怎样叠放才能使其表面积最小。这次教学要体现数学的优化思想，有助于提高学生解决实际问题的能力，发展学生的空间想象力，感受数学与实际生活的密切联系。
>
> 本课要解决的实际问题是“如何叠放多个相同的长方体物品使其表面的包装纸面积最小”？教学需要引导学生将这个实际问题转化为数学问题，即“如何叠放多个相同长方体才能使最终的组合体表面积最小”？与此相关的数学知识点是表面积的计算。
>
> 解决这一问题的基本策略有两种：一种是“重合的面积越大，组合体的表面积越小，包装越省纸”；另一种是“组合后的长方体的长宽高越接近，即形状越接近正方体，则表面积越小”。比较而言，前者比后者更直观，学生更容易理解，教学中适宜先归纳前者，再通过最佳叠放方式与其他叠放方式的异同比较，归纳出后一种策略表述。因此，“重合面积”就是解决包装问题的关键属性。

除了上述运用某个知识点解决问题之外，小学各学科的教学内容还包括概念、规则、方法，以及事物之间的关系等多个方面。通常，学习概念要掌握的关键属性就是概念的内涵和外延，比如，数学课学习的“倒数”概念——乘积是1的两个数互为倒数。分析其内涵，倒数反映的是两个数之间的某种关系，因此它不是一个数，而一定要有两个数；这两个数的关系是它们相乘积为1。根据这样的内涵，倒数可以表现为任何两个非零的数，包括整数、小数、分数。再如，科学课学习哺乳动物的概念，其关键要点是这些动物在身体结构和生命活动特征方面的特殊性，主要表现为由乳腺哺育后代。教学的关键点是引导学生突破动物外形特点或生活场所的误导，紧紧围绕哺乳动物的本质特征来识别动物的分类。因此，教师必须在牛、羊、虎、兔等常见哺乳动物之外，为学生提供与它们长得不太一样的哺乳动物实例，如鸭嘴兽、蝙蝠、鲸、穿山甲、海狮、海豚，等等。

规则的学习与概念有些类似，需要引导学生从实例中归纳出规则，同时也要注意规则所适用的范围，即弄清楚哪些情况下这种规则是有用的。比如，语文课学习形声字这种构字规则。除了要让学生根据形声字规则识别声旁、形旁，根据字形来推测字音、字义外，教师也需要让学生了解在汉字系统中，还有一部分汉字不属于形声字，不能用形声字的规则来推断读音和字义。再如，英语课也有很多规则的学习，包括字母拼读规则、构词法规则、单词的时态和语态变化等。表6－1是石油附小的教师通过课题研究，整理出的小学英语构词法的关键属性及相关示例。

表6－1　英语构词法学习的关键属性示例

教学内容	关键属性	规则的一般体现	规则的特殊形式	不适用规则
有关天气的单词	有关天气的名词加y变形容词	snow—snowy rain—rainy cloud—cloudy wind—windy	sun—sunny	storm—storming day
有关运动的单词	动词加er变进行该动作的人	Jump—jumper Walk—walker Kick—kicker	run—runner swim—swimmer	cook—cook

续表

教学内容	关键属性	规则的一般体现	规则的特殊形式	不适用规则
数字十几	个位数字加 teen 变十几	six—sixteen seven—seventeen eight—eighteen	three—thirteen four—forteen five—fifteen nine—ninteen	one—eleven two—twelve
数字几十	个位数字加 ty 变几十	six—sixty seven—seventy eight—eighty	three—thirty four—forty five—fifty nine—ninty	one—ten two—twenty
有关星期的单词	有关星期的单词后缀为 day	Sunday Monday Tuesday Wednesday Thursday Friday Saturday	—	—

21 世纪以来，各学科的教学还很注重让学生学习和掌握一定的过程和方法。语文课有识字方法、读书方法、写作方法，数学课有速算法、画图法、问题转换法，科学课有实验、猜想与验证的方法，等等。方法一般指怎样完成一个任务，涉及做事情的步骤和具体措施。每种具体方法都有其适用的情境和条件。没有一种方法是万能的。因此，方法的教学不仅要使学生知道怎么用这个方法，还应使其明白在什么情况下适合运用这种方法，后者往往更为关键。

在课题研究中，有一位教师在最初执教《组合图形的面积》时，整堂课几乎只有一个图形（下图），而且这个图形的边长都是已知的。教师试图通过这个图形让学生学习分割法、添补法、割补法。这样的教学所指向的关键属性就是三种方法的不同

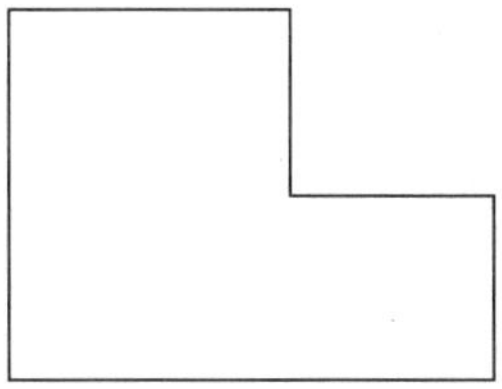

做法。但是，由于问题情境过于简单和单一，学生根本无法体会计算组合图形面积的方法的核心，即无法将直接计算的图形转化为可以套用面积公式的

基本图形，至于转化成怎样的基本图形，这就需要考虑图形的已知数据，以及转化后的计算是否方便。

在经过研讨和调整后的教学中，教师增加了组合图形的样例，既有长方形、正方形的组合，也有长方形、正方形与三角形或梯形的组合。而且对于同样的组合图形，变换其已知条件，让学生体会图形的分割或添补必须考虑已知条件，否则即使分割或添补也不一定能计算出面积。通过课后习题完成情况可以看出，经过这样的教学调整，学生对于组合图形的面积计算方法会有更好的掌握，对于方法的运用也会更加准确和灵活。

二、依据学生情况分析教学内容的关键属性

在对学习内容进行分析时，不能单纯从学术和学科的角度去分析，还必须根据学习者在感知和理解学习内容时所产生的反应去确定要教学哪些关键特征。

（一）学生学习难点的分析

在教学中，“教师难于分辨哪些属性会造成学生学习困难，往往是因为教师自己在辨识这些属性方面并无困难，于是便会因此将之忽略，因而在教学中没有把它凸显出来”①。这就会导致那些未能辨识关键属性的学生在课堂上陷入“云里雾里”，在困惑中迷失了方向。在教师对学生的学情缺乏了解的情况下，教师认为重要的知识内容，对学生来讲，未必是重要的。

我们来看一个有趣的教学片段②：

师：（板书3/4）看到这个数，你想到了什么？

生1：我想到了可以把一个苹果平均分成4份，表示其中的3份。

---

① 卢敏玲，等．课堂学习研究——如何照顾学生个别差异［M］．李树英，郭永贤，译．北京：教育科学出版社，2006.

② 陈志娟．概念教学，不应为“伪”而生存［J］．中小学数学，2008（4）．

生 2：我想到了把 4 支钢笔平均分成 4 份，表示其中的 3 份。

生 3：我想到了把一米长的米尺平均分成 4 份，其中的 3 份也可以用 3/4 表示。

生：……

师板书：一个苹果、4 支钢笔、一把米尺……

师：你们能一起把这些物体分分类吗?

师：（根据学生回答板书）一个物体、一个整体、一个计量单位。

师：一个物体、一个整体、一个计量单位都可以称之为单位“1”。

师：……

生：……

师生小结：分数的意义就是把单位“1”平均分成若干份，表示其中的几份。

教师出示练习：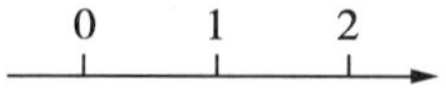

师：请在直线上找出表示 1/2 的点。

生：出示 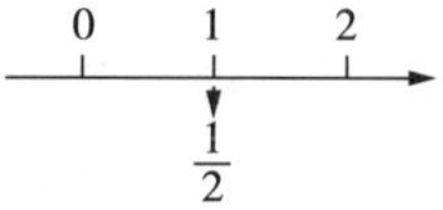

把这里的一条线看作单位“1”，把它平均分成 2 份，其中 1 份就是 1/2，也就是“1”对应的地方。

师：（愕然）……

学生在有数字 1 和 2 的数轴上，把 1/2 标在 1 的位置。学生并没有错，把刻度 0 到刻度 2 之间的线段看作单位“1”，刻度 0 到刻度 1 之间的线段，自然是整体的 1/2。但是，学生把分数的意义和分数的实际大小混淆了，模糊了分数的两种属性。

因此，教师不能武断地认为学生的错误就是能力低造成的，应该认清学生的逻辑，以及这些逻辑是如何影响学生学习的，进而对症下药。

我们再来看一个例子，如果教师直接问学生，下面的图形中，着色的部分占几分之几？

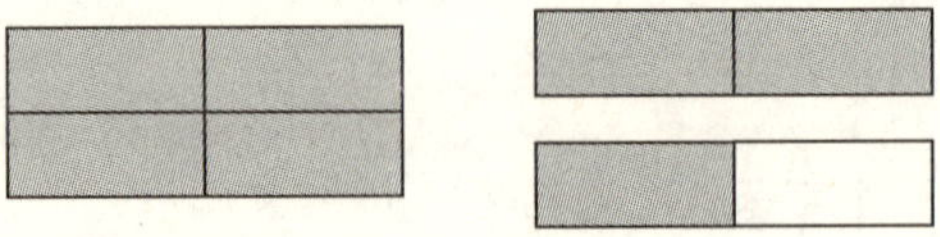

以两个长方形作为单位“1”的学生会回答7/8，因为把两个长方形分为8份，每份占1/8，着色的部分占7/8。以一个长方形作为单位“1”的学生会回答7/4，因为把一个长方形分为4份，每份占1/4，着色的部分占7/4。因此，在没有具体要求的情况下，单位“1”是不确定的，两个答案都是对的，单位“1”是分数的关键属性。但是，如果教师的意图是，想让学生计算1+3/4，那么，第一种回答就会被认为是错误的，但是学生肯定会很委屈：“我的理解是对的啊，凭什么说我是错的啊？”由此可见，教师要极其地小心，才能避免让学生产生可能的混乱和错误。

在教学时，事物的一些关键属性对学生来说是难以识别的，这就构成了教学的难点。如果教师能利用学生的疑惑，引发学生的思考，那么，学生的困惑就成为一种教学资源。

例如，化学变化的一个关键属性就是“新物质的生成”，而颜色不是化学变化的关键属性。颜色发生变化的，许多是物理变化。但是，许多化学变化确实又伴随着颜色的变化。因此，化学变化对学生理解起来，是比较困难的。

中关村一小的李实老师在教学《伴随颜色改变的化学变化》时，就有意识地突出这一难点，引发学生的争论，创设了探究的空间，在对比和实验中，让学生识别关键属性。下面是李老师的教学实录。

1. 复习旧知识，导入新课

（1）教师在米饭和淀粉中滴加碘酒

在四年级的科学课中，我们曾经研究过食物中的营养，其中一种很重要的成分就是淀粉，谁还记得么？怎么检验食物中富含淀粉呢？

（2）学生实验

教师提出问题：米饭和淀粉发生了什么变化？

变颜色的米饭还是原来的米饭吗？淀粉还是原来的淀粉吗？变颜色的碘酒还是原来的碘酒吗？你的理由是什么？

2. 认识淀粉、米饭和碘酒的反应是一种化学反应

寻找证据反证米饭、淀粉和碘酒的反应是化学变化

（1）谈话

同学们的争议很激烈，那么我们还需要寻找更多的证据来支持自己的观点。

（出示粉笔末和小苏打粉末）请大家观察它们与淀粉有什么相似之处，如果我们将碘酒滴在上面，它们会发生变化吗？如果能发生变化，又是什么样的变化呢？

学生观察并记录。

（2）提出问题

你有什么发现？它们在滴碘酒后与淀粉有什么相似之处，又有什么不同之处？

改变的是谁？碘酒还是原来的碘酒吗？有什么方法证明碘酒没有变化？

（3）思考并设计小实验：将滴在粉笔末和小苏打里的碘酒再一次滴入淀粉中，淀粉变蓝。

（4）小结

说明原来和粉笔末、小苏打混合的碘酒没有改变颜色，即没有新物质生成，也就没有发生变化。那么碘酒和淀粉混合后颜色变蓝，则不再是淀粉了，有新物质生成，同时颜色发生了改变，这是一种化学变化。

（二）对“简单”内容的追问

有些时候，教师会发现教科书所呈现的内容对学生而言似乎“太简单”，

好像没什么可教，不需要教师指导学生就已经了解了相关知识。这个时候，教师特别需要追问：教科书的这部分内容究竟可以用来教什么，或者说究竟可以用来指导学生学什么。下面是北京市石油附小刘文静老师的教学论文片段，她通过对不同年级教学内容的联系和综合分析，结合对学生学习基础的调查，从比较深入而且比较新颖的角度确立了教学内容的关键属性。

> 这节课是北师大版一年级下册第六单元的第一课时《认识人民币》，虽然人民币在人们日常生活中经常使用，但它是怎样产生的？这样众人熟知的内容为什么要编排在小学数学一年级的教材中？一年级的小孩子在课前对人民币有哪些了解？他们在课堂上又能学到什么？带着一连串的疑问我对这节课展开了研究。

刘老师首先查阅有关货币发展历史的资料，对货币的演变有所了解，接着她分析了人教版、苏教版和北师大版三个版本数学教科书中与“认识人民币”有关的内容。她总结道：

> 在横向对比三个版本教材时发现，教材中都在真实的购物情境中认识人民币的各种面值，通过换钱的方式认识元角分之间的进率。纵观三个版本教材，我又发现人民币在小学数学中有着两个特殊的作用。其一，“认识人民币”都编排在100以内数的认识之后学习，同时人民币又是日后认识小数及小数的运算的重要数学模型。由此看来，人民币的学习能使学生再一次深刻地认识和理解十进制。其二，人民币既属于常见的量，又属于一种单位，之前学生学习过米和厘米的概念，今后还会学习长度单位、时间单位、重量单位以及面积和体积单位等。所以，作为单位的学习，它起着承上启下的作用。

带着对教学内容的理解，刘老师通过几道简单的题目，对学生的学习基础进行了两次调研。第一次调研主要调查学生对人民币了解多少，是否会正确使用人民币。教师出示不同面值的人民币实例，请学生回答是否认识，再请学生填写 1 元等于多少角，1 角等于多少分。教师对第一次调研结果的分析如下：

可以看出，多数学生已经认识人民币和元角分之间的关系，为什么两个学生知道 1 元 =10 角，但是 1 角 =（　　）分就出错了呢？学生是怎么知道这些知识的？我又对 35 名学生进行了访谈，发现

从幼儿园学的	父母告诉的	购物得知
12 人	21 人	2 人

通过以上数据可以看出，学生缺乏实际购物经验，他们所掌握的货币单位的大小及其关系只是停留在机械记忆上，并不能深刻理解和灵活应用。

第二次调研的题目比第一次难一些，题目有

“（　　）张 1 角可以换成 1 元？”
“（　　）张 2 角可以换成 1 元？”
“（　　）张 5 角可以换成 1 元？”
“还可以怎样换 1 元？”
“小明用 2 元钱买一支 2 角的铅笔，找回多少钱？”

结果第四题，35 人中有 31 人出错，正确率为 11.4%。还有的学生创造出 4 角和 6 角的人民币。最后一题 9 人出错。下面是刘老师对调研结果的解释，以及对教学内容的重新思考。很明显，学生的反应使刘老师对“认识人民币”这项教学内容进行了深入的思考，从这个看似有些简单的内容开始追问它对于学生的数学学习究竟发挥怎样的作用。由此将本课教学重点定位于“单位思想”。而这就是教学将要引导学生关注的关键要点。

通过两次调研和一次访谈，我发现学生的困难有两点：

1. 学生知道元角分之间的进率，但是不会应用。他们对于人民币的单位只是停留在表面认识上，并没有感知单位的大小及其关系。

2. 由于学生只是第二次接触带有单位的计算，他们对这种计算存在困难。说明学生只熟悉和关注数与数的计算，忽略了单位对于数量大小的影响。

我的思考：无论从货币发展史上看，从整个小学数学各个领域的学习中看，还是从学生困难的分析来看，人民币的学习都渗透了一个非常重要的数学思想——单位思想。虽然元角分不能像其他单位那样可以度量，但是它和其他单位一样都是有需要才会产生，产生就需要统一标准，需要应用。对于年龄非常小的一年级孩子，如何能够通过这节课渗透给他们这个重要单位思想，为后面学习应用及其他知识奠定坚实的基础呢？我认为这是本节课最需要思考的地方。

带着上面的思考，我制定了本节课的教学目标。

1. 在经历创造货币的过程中，感悟货币单位产生及统一的必要性，体验十进制在生活中的应用。

2. 在创造货币的活动中，提升学生辨析及发现的意识和能力。

3. 在创造货币的数学活动中，体验创造的乐趣，获得成功的体验。

那么这样的教学设计其教学效果如何呢？下面是刘老师对这堂课的教学总结和反思，从中可以看出，学生从这堂课得到的收获不仅仅是强化了关于人民币面值的认识，更主要的是以人民币为例理解了货币单位的意义以及单位之间的十进制关系。

整整40分钟，一节讲授“认识人民币”的第一课时里，学生没有辨认人民币的各种面值，而是不断创造大小颜色不同的小圆片；没有进行元角分的兑换，而是用大小颜色以及面值不同的小圆片购物。教师没有像以往教授那样上课，而是别出心裁，让学生简单地经历了一段创造货币的过程，在这个创造的过程中，学生兴趣盎然，思维起伏跌宕。学生不断产生矛盾、需求，最后达成共识。在不断创造新的货币单位中，学生充分体会货币单位出现的必要性，统一标准的必要性，在这个过程中也逐层体会货币单位的大小及其十进制关系。虽然这节课不同于以往授课内容，但是对货币单位的认识以及关系，学生却非常清楚。更重要的是，这种单位意识的渗透为学生日后学习应用以及其他计量单位打下了坚实的基础，为他们学习其他知识积蓄了生长的力量。

三、引导学生关注事物的关键属性

由于每个事物都有多种属性，所以，对关键属性的把握就需要抑制对非关键属性的关注。很多复杂事物的关键属性是不容易发现的，这就需要教师发挥主导作用，对学生进行积极的引导。例如，语文教师可以利用一些自编的小儿歌来帮助孩子发现声调：一件毛衣 yī yī yī，一位阿姨 yí yí yí，一群蚂蚁 yǐ yǐ yǐ，一片心意 yì yì yì。这些例子中，音节相同，只有声调有所差异。这有助于学生意识到对于汉字来说，声调是一个重要的特征。认读生字的时候要注意声调。

再如，在综合实践活动《找重心》中，在教学过程的初始阶段，教师让学生先自己做“顶起规则的纸板”的游戏。每个学生的纸板形状、颜色、大小、材质各不相同。这时候，学生往往只关注到纸板的外形，对于“重心”基本上没什么感受。而这次教学的重点就是让学生对物体的重心有所了解。怎样使学生将注意力从纸板外形特点转向“重心”这一关键属性，教师需要积极加以引导。我们来看北京市石油附小綦宝珠老师是如何引导学生找出关键属性的。

教师：“这些不同形状、不同颜色、不同材质的纸板有何共同之处？”

学生交流后发现，这些外形存在差异的纸板，都可以顶起来。

教师接着问：“这些形状不同的纸板你是怎样顶起来的呢？”

这个问题引发了学生的思考，学生再次进行实践探究。这一次他们开始关注到，要顶起纸板必须把纸板的某个特定点置于支撑物上，这时候纸板才能保持平衡。而这就是纸板的“重心”所在。通过几次实践，学生逐渐把“重心”这一关键属性从颜色、形状、材质等属性中分离出来。

在另一项综合实践活动中，綦老师也为我们提供了引导学生关注事物关键属性的例子。这一次的教学内容是学习十字结和吉祥结的编制。教师给学生出示两种结的编制示意图，然后引导学生对两种编制方法的相同点和不同点进行对比。

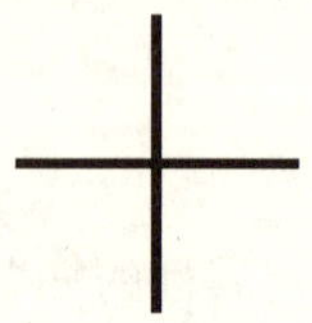
十字结：摆十字

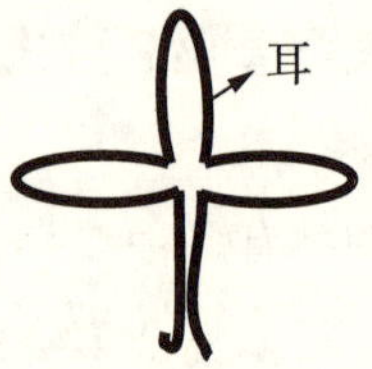

吉祥结：摆十字

通过观察，学生会发现，“十字结”和“吉祥结”在第一步中都要摆出总体的“十字”形。但是，二者在绳子根数和“十字”细节部分都存在根本的差异。通过对比，学生会辨析出，十字结是两根绳子，而吉祥结在摆十字时是一根绳子，而且“十字”有三个耳。在编制方法中，两种结饰的穿编都是先逆时针后顺时针穿编，而且，穿编的口诀都可以归纳为1压2，2压3，3压4，4穿1。两者的差异是，十字结的穿编是单线穿编，吉祥结的穿编，是“耳”的穿编，也就是双股穿编；在编制次数上，“十字结”可以根据需要反复穿编，是柱形的，而“吉祥结”只进行两次穿编，是扁平的。待学生形成这些认识后，再指导学生通过亲自实践将“十字结”的制作经验用于“吉祥结”的编制，掌握吉祥结的编制方法。

再看一个数学课的例子，教学内容是低年级的《观察物体》，执教者是北京市石油附小的裴亚军老师。裴老师在上课前对学生观察物体方面的表现进行了学情调研，特别对学生答题中的错误进行了分析，发现学生的学习困难有两个方面。

1. 观察的时候没有方法，往往看到哪儿说到哪儿，不会按一定的顺序进行观察，从而导致观察结果的不全面。

2. 从左面和右面进行观察时，学生只关注了组成上的相同和不同，没有意识到从相反的方向观察时，观察到的结果也是相反的这一本质区别。

综合教科书内容分析和学情分析后，裴老师提出了本次教学的教学难点是“体会从左、右两个相反方向观察物体时，观察到的结果也是相反的”。针对这一教学难点，教师设计了相应的教学环节，逐步将学生的注意力从物体的形状、装饰物等方面引向物体的朝向，或者说是物体各部分的位置关系。具体教学过程如下。

（1）从相反方向观察，引出矛盾。

①小牛的左面我们已经观察过了，它的右面会是什么样呢？请你先闭上眼睛想象一下。你觉得它的左、右两面一样吗？（有的学生认为小牛的左、右两面一样，有的学生认为不一样，从而引出矛盾）

②每个人都到小牛的左面和右面亲自观察，现在你觉得这两面到底一样不一样？

（2）辨析明理，解决矛盾。

①出示图片，找相同。

通过学生的再次观察，会发现从左面和右面观察，小牛的身体的某些部位是相同的，那么到底有没有不同呢？学生进行了更加仔细的观察。

②进一步观察，找不同。

在这个环节中，细心的学生发现了小牛身上的桃心方向不同，有一侧有标签等信息，于是，教师因势利导：“刚才我们说的桃心和标签都是小牛身上的装饰，如果没有这些装饰，还有什么不同?”

③深入思考，揭示本质。

通过学生深入地进行观察和思考，学生会慢慢发现本质上的不同，即方向的不同。那么，教师就顺势根据学生的发现进行小结。

小结：看来，我们从左面和右面两个相反的方向去观察的时候，观察到的结果也是相反的。

（3）概括总结、体会观察位置与所看到形状的对应关系。

第三节 围绕关键属性梳理正反例

在人们观察事物的时候，总是会注意到事物的各种特点，如外形、色彩、质地、与其他事物的关系，等等。这些特点可能反映事物的关键属性，也可能只是其他表现特征。为了使学生比较快速、有效地把握事物的关键属性，教师需要围绕关键属性精心挑选实例，让学生通过对实例的感知和分析，获得对事物本质特性的理解。有助于人们理解事物的实例主要有两类：一类是具备事物本质属性的实例，也就是正例；还有一类实例，往往在外观上与要认识的事物有相似之处，但却不具备该事物的本质属性，这就是反例。这两类实例对于全面把握事物本质特征都有重要作用。

通过课题研究，实验校的教师对于正反例的重要性形成了自己的理解，并能用比较通俗易懂的语言来进行表述。下面是北京市海淀实验二小路会敏老师在其论文中的一段陈述。

在课堂教学中为了让学生掌握知识，有的教师一遍又一遍地强调学习重点，出示正面例子加深学生的认识，但往往达不到想要的结果。变异教学理论强调，只有通过对所学内容的关键属性进行区分，提供相应的具体实例，从正反两个方向进行教学，学生才有可能真正掌握教学内容。而心理学的研究也表明，人们在接受新事物时，对于特殊的事物会特别敏感，记忆会特别深刻，而对于大众的事物往往不会留下特别深刻的印象。究其原因，因为特殊事物呈现出了它特有的、本质性的东西，而大众事物较难发现特有的东西。如果能让大众事物转化为特殊事物，也必将让人记忆深刻，而要化普通为特殊，“对比”是其中一种较好的学习方式。变异教学理论十分提倡正反例之间的对比学习，正例是概念集合下的成员之一，具备概念所有相关属性。例如，吉普车、轿车具备了上面提到的“汽车”的所有相关属性，因此它们是“汽车”这一概念的正例；同样的道理，等边三角形、正三角形是“三角形”这一概念的正例。反例是指缺乏概念一个或多个相关属性的例子。例如，自行车是“汽车”这一概念的反例，因为自行车虽然拥有“交通工具”这一“汽车”的相关属性，却缺少了“内燃机作动力”和“有四个或以上橡胶轮胎”这两个相关属性；同样的道理，平行四边形是“三角形”这一概念的反例。在学习过程中学生接触的正反例子越多，他们就越有可能排除其差异特征，通过这种学习方式可以帮助学生将学习内容的本质从众多的例子剥离出来，进而把普遍原理作为基本属性或唯一的共性识别出来。

一、标准正例和非标准正例是关键属性的具体化

为了取得较好的教学效果，教师在进行教学设计时，要恰当地运用多种正例，引导学生通过概括这些例子的共同特征发现事物的关键属性。根据变异教学理论，如果只给学生提供一个例证，他们往往难以将事物的关键属性与例证的其他特征抽离，因而难以形成对关键属性的深入理解。比如，在语文教学中，很多教师常常只聚焦于正在教的课文，试图通过这一篇课文就让学生理解某种思想感情，或掌握某类文体的基本特点。这样的教学往往难以

取得预期的教学效果。如果教学中能够围绕期望学生掌握的思想主题或文体知识，联系一些其他文章，那么学生才有可能跳出一篇课文的具体场景，抽取出特定的思想主题或文体知识。

北京市育新学校的丁新老师在课题研究中对这一点有了切身感受。她所教的课文是五年级的《迟到》，这篇课文用回忆的方式写了作家林海音童年时代赖床不愿意上学，为此被父亲严厉责打的故事。教师期望通过教学使学生感悟父亲对林海音的严厉也是出于爱。最初的教学集中于这一篇课文的关键词句的理解和感悟，主要是抓住中心句设疑和引导学生感悟。教师提出的问题有“课文从哪些地方写出父亲对我‘很严’?”“哪些地方写出父亲对我‘很疼’?”由此引导学生带着问题直奔重点段，自读批注，抓住“一打”“一送”两个细节描写来进行理解和交流。从学生课堂发言的情况看，他们能够结合课文的情境理解林海音的父亲虽严但还是爱孩子，但对于“严厉也是一种爱的表达”这一普遍主题则缺少深入的理解和感悟。

经过课题研讨之后，丁老师抱着尝试的心理，修改了教案，适时补充了同样反映父亲“严爱”的事例，使学生对这一主题形成了比较深刻的认识。她在教学论文中写道：

> 课堂上，当学生感悟到父亲既严厉又慈爱后，我用PPT展示了林海音长大后的成就。记得当时学生边看边惊讶，他们没有想到这位曾经想逃学、爱迟到的女孩竟然会有这样的巨变。我趁热打铁，引用了学生学过的课文《钓鱼的启示》和央视著名主持人董卿的资料。学生在我的提示下回忆起詹姆斯在父亲不容分说的命令下放走了好不容易钓上来的大鲈鱼。在我的讲解中，倾听着父亲对小董卿苛刻的要求，面对詹姆斯和董卿后来的成功，他们若有所悟地点着头。
>
> 我接着问道：长大以后的林海音，再回忆迟到这段往事时，她会怎么理解父亲的那顿责打？成名之后的林海音，又想对九泉之下的父亲说些什么呢？话音刚落，小手高举如林，看着学生们跃跃欲试的样子，我一阵欣喜。

他们在汇报中有的说："记得那次迟到您把我打得好惨，但是我不恨您，因为您是为了我好。您严厉的管教，使我及时改正了错误，规范了言行，养成了好习惯，长大后才取得了这样辉煌的成就，爸爸，谢谢您！"有的说："天下没有不疼爱自己孩子的父母，您对我的爱正是这严厉的管教。当时我因不理解而恨过您，但现在我终于明白了，是您这种特殊的爱——严格管教成就了现在的我！"有的说："爸爸，您的疼是爱，严更是爱，只是爱的形式不同而已。您那深沉的父爱，使我健康地成长，最终走向了成功！"还有的说："爸爸，虽然您已经过世了，但是您对我严格的管教却影响了我的一生，我现在终于理解了这就是您深沉的父爱啊！"……学生们在汇报中、倾听中品味着父亲的严爱，甚至有个学生将父亲的严爱比做榴莲，越吃越香，越品越甜。情动而辞发，看着学生溢于言表、动容的发言，我感受到了他们内心的激动。

丁老师通过这次研究课体会到联系多篇课文进行教学的积极效果。她在对此次研究的反思中写道：第一次授课时，学生无法从林海音挨打的事情中理解父亲的严爱，是因为人们不可能孤立地理解任何一种事物，总是通过对比、区分来认识和理解。詹姆斯和董卿的事例与林海音如出一辙，学生在资料的对比中，明白了父亲严格的管教、苛刻的要求实质上都是对孩子的关心和疼爱，这一关键属性在这些正例中被学生识别了出来，从而更好地理解了文章的主题，也正因此，才有了课堂上学生的肺腑之言。

正例可以分为标准正例与非标准正例。标准正例是日常生活中比较常见的反映某种属性特征的实例。非标准正例一般是一些容易被人们排除在某种属性之外的例证，比如没有花瓣的花。它们常常在外形或者说感知印象方面与标准正例有明显区别。比如三角形或平行四边形的形外高，还有非底边上的高等，都属于不太标准的正例。因为在标准正例或人们的一般印象里，三角形或平行四边形的高是在图形之内，而且一般是从上顶点向底边画的线段。

在教学中，所有的教师都会在教学中使用例子，但在课堂上我们经常只看到标准正例，也就是与人们的一般印象比较一致的典型的、理想的例子。这些例子对于学生掌握教学内容是非常必要的。但如果只有标准正例，则学生可能将例子的非关键特征与关键特征混淆，不能将关键特征区分出来。还是以“花”为例，在人们的一般印象里，凡是花必然有花瓣，很难想象存在没有花瓣的花，也就是把花瓣当作花必不可少的关键部分。但这种认识与花的科学概念是不符合的。因此，科学教学中必须出现并引导学生重点观察不完全花的实例，由此使学生建立关于的花的科学概念。因此，根据教学内容的特点精选有代表性的非标准正例是非常重要的。运用富于变化的非标准正例，可以使事物的基本属性有序、完整地呈现，使学生对概念的外延有准确和全面的理解和掌握。

下面是北京市海淀实验三小单红利老师对非标准正例重要作用的理解。

原来讲长方体的认识时，由于出示最一般的长方体（长、宽、高彼此不相等）较多，在学生的头脑中形成了固有的模式，忽视了特殊的长方体（长、宽相等）的情况。在练习时，当出现长与宽相等，且高与长、宽相差不大时，学生往往分不清是长方体还是正方体。学习了变异理论，为了突出长方体的特征，我增加了非标准正例，首先使学生看到特殊的长方体实物，其次增加了透视图，并变换角度，如下图：

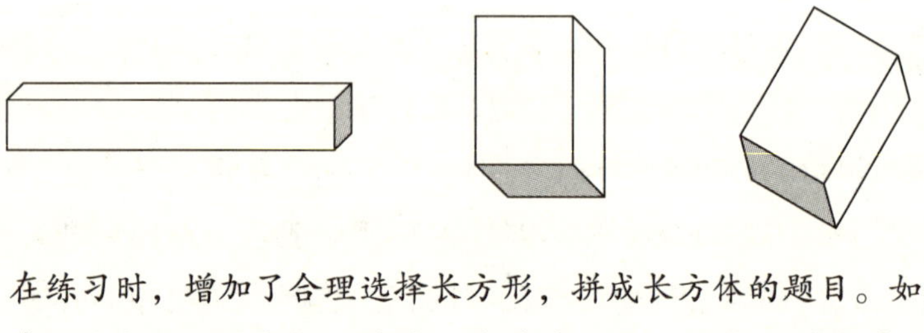

在练习时，增加了合理选择长方形，拼成长方体的题目。如：

有 8 块长方形的木板，请你从中选出 6 块，使它们能钉成一个长方体木箱。

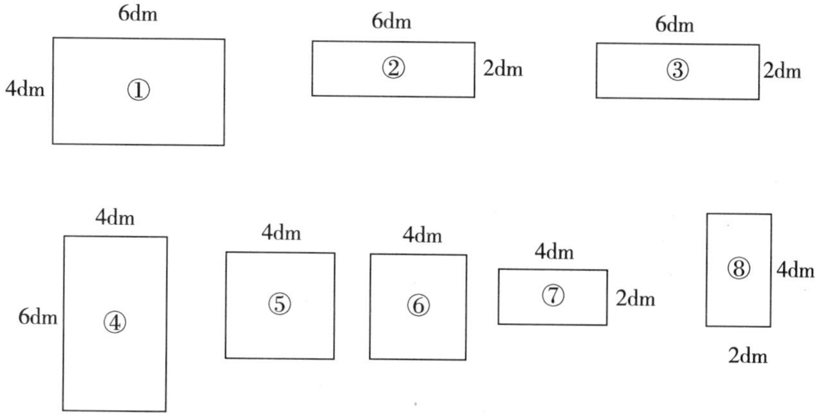

在做这道题时，学生要想一想长方体的每个面的长、宽、高各是多少，6个面怎样拼成长方体？在思考的过程中，培养了学生的空间观念。

再来看王文雅老师在低年级数学教学中运用非标准正例进行教学的一个案例及反思。

在《认识图形》这一课中，教学目标之一是要让孩子们认识圆柱体。在教学中，我们力求让学生多种感官参与，通过看一看、摸一摸、滚一滚、描一描等多种方法，让他们对圆柱形物体的共同特征产生感性的认识，建立初步的表象。

但是要让一年级的学生认识到一元硬币是圆柱体，仅仅这样做是不够的。当我拿出一个一元硬币的时候，全班同学异口同声地说它是圆，没有一个人认为它是圆柱体。怎么办？这其实早在我的意料之中。我于是拿出10个硬币摞在一起，这时毫无疑问学生认为是圆柱体，因为上下两个面是圆形的，大小一样，从上到下一样粗。于是我拿掉了2个硬币，问："这时是吗？""是。"再拿走两个，我又问："现在还是吗？""是。"我接着问："为什么？"学生回答："虽然变矮了，但还是符合圆柱体的特征。"于是我继续拿，继续问，直到剩一个。我问："还是吗？""是。"这时要检验学生是否真理解，就可以拿一个再薄一点的一分硬币。如果学生回答是，再拿出一个用纸剪成的圆片，学生还认为它是圆柱体，大功就告成了！然后再出示一根很细的圆柱的小棒和大大的蛋糕盒，再让学生辨认。

反思：出示的物品要不管长短、厚薄、粗细。在整个观察演示的过程中，要让学生看到什么变了，什么没有变。在教学中紧紧抓住圆柱体的本质属性进行判断说理，等最后只剩一个硬币时或一个纸剪的圆片时，学生就心服口服。如果直接告诉他们“一元硬币也是圆柱体”，就达不到很好的效果。

二、反例是关键属性的反衬

如果说，正例的运用对于大多数教师可以“无师自通”，那么反例的选取则远没有那么普遍。然而，很多时候，仅仅有正例是不够的。只有知道什么“不是”，才能对什么“是”有更准确的把握。简单地说，当人们判断“这是一个圆”时，实际上包括了若干否定判断：“这不是一个三角形”、“这不是一个梯形”、“也不是一个正方形”、“还不是一个长方形”。否定判断其实是与肯定判断并存的，只是在完成肯定判断时未必清楚地意识到这一点。实际上，“是什么”永远和“不是什么”关联着。通过正反例的比较才能确认是与不是，才能清晰、准确地建立概念。

一位教师最初教学《图形的旋转》时，教学设计中规中矩。教学中展示有吸引力的图片，这些图片大多形态美观、色彩艳丽，由此说明旋转图形的基本属性，即有固定的中心点、相同的旋转角度、不变的旋转方向。整节课教师不止一次地结合例子强调三个基本属性。但是，在学生自己制作旋转图形的练习环节，仍然有很多同学遭遇困难，不能顺利画出合格的图案。有的学生未能确定中心点，有的学生旋转时角度忽大忽小，还有的学生忽略了把握旋转方向。

针对这一教学内容，我们可以提出在这一课运用反例的设想。因为，只是单纯地强调三个属性，其实并不足以让学生真正理解这三个要素的重要性。经过研讨，在第二次教学时，教师分别针对三个要素增加了反例——如果中心点没有固定，图形可能怎样？如果每次旋转的方向不同，图形可能怎样？

如果每次旋转的角度不同，图形又会怎样？学生通过这些反例直观地认识到，这些做法都无法形成规则美丽的旋转图形。可见，反例的加入可以使学生在鲜明的对比中强化对关键属性的掌握和领会。

下面是北京市海淀区实验三小单红利老师关于恰当运用反例的教学反思。

百分数与分数这两个数学概念有着密切的联系，有的人认为分母是100的分数就是百分数，只不过写成了A%的形式，其实这只是从形式上认识百分数，而数学上要让学生理解的是百分数的意义，即“表示一个数是另一个数百分之几的数叫作百分数”。从百分数的定义可以看出，百分数只能用在表示两个量关系的句子里，不能用来表示具体的长度、质量、面积……

为了使学生深刻理解百分数的意义，我出了这样的练习：判断下面每个句子中的百分数用得是否合理：

（1）一根绳子用去10%米。

（2）花生的出油率约是42%。

（3）五（1）班的出勤率是110%。

通过三句话的对比，使学生明确：第一句话中百分数不能用来表示具体的长度，这句话只能写成0.1米或$\frac{1}{10}$米；第二句话表示花生油的质量占花生总质量的42%。第三句话出勤率最多100%，不可能到110%。在对比中，学生进一步明确了百分数的意义，为进一步学习百分数的应用奠定了基础。

北京市海淀区实验二小路会敏老师也结合自己的教学实例，分别就计算和图形等教学内容的反例运用进行了总结。

学生在小学阶段的学习中离不开大量的计算，而计算也是学生最容易出错的地方。针对学生在计算上出现的问题，教师的普遍做法是指出学生的错误、分析错误的原因或者让学生找出错误的原因。这固然是一种有效的学习方法，但对于学习基础较差的学生，如果让正确方法与错误例子同时出现，效果会更好。在“正确”与“错误”的强烈对比中，学生更容易发现错误的原因，加深对正确方法的记忆和理解。

比如，在学习除数是两位数的除法时，根据学生的错题，我们可以有针对性地出示正例和反例，让学生辨析。

第一组：

```
       8                8
30 / 2 4 0       30 / 2 4 0
     2 4 0            2 4 0
   ---------        ---------
         0                0
```

第二组：

```
       1 4              1 4
25 / 3 5 0       25 / 3 5 0
     3 5 0            2 5
   ---------        ---------
         0            1 0 0
                      1 0 0
                    ---------
                          0
```

通过第一组的对比，学生对于商的位置会记得很牢固。而通过第二组的学习，学生会更好地掌握除数是两位数的除法是要看被除数的前两位这一基本方法。

数学教学中对于“图形与几何”，除了掌握应有的知识外，还有一点最重要的是发展学生的空间观念。而针对小学生而言他们的空间观念的发展是一个循序渐进的过程，有的孩子空间观念发展较慢，对于有的数学知识单单只凭想象力或者是教师的描述学生是无法掌握知识的本质的，这时如果多出示一些正反例子，不但可以辅助学生空间观念的发展，更好的是能让学生清晰地辨认出图形的特征。

结合“平行线”的教学，我们来看看变异理论在课堂教学中的应用：按照定义，平行是指在同一平面内永不相交的两条直线，教材中呈现的例子都是标准正例。但在实际教学中发现，学生在判断：

是否平行时，容易出现错误，他们忽略了“平行线首先应该是两条（或几条）直线”这个本质属性，如果凭教师单纯地描述有的学生也是很难想象的。这时出示几组类似上面这样的反例，就可以顺利地帮助学生理解了。

再比如，学生在学习“周长”时，可以出示几组这样的图形：

让学生在描一描的过程中，知道周长的本质属性之一是“封闭图形”。

在实际教学中，并非所有的概念教学都需要反例，不过就许多内容来说，反例每每是不可或缺的。在一些学生对某概念较为陌生，而概念本身又较为复杂的时候，就更是如此。有时候，正反例的对比可以表现为在新旧知识之间建立联系。下面是北京市石油附小刘文静老师关于《倍的认识》的教学案例。

（一）引入部分

请一位学生上台拿几支铅笔，老师站在这位学生身后，让这位学生根据其他同学的描述来猜一猜老师手里有几支铅笔。

1. 生拿 1 支，师拿 1 支。生描述：老师和同学同样多

2. 生拿 1 支，师拿 2 支。生描述：老师比同学多 1 支（同学比老师少 1 支）

3. 生拿 2 支，师拿 4 支。生描述：老师比同学多 2 支（同学比老师少 2 支）

4. 生拿 3 支，师拿 6 支。生描述：老师比同学多 3 支（同学比老师少 3 支）

5. 生拿 4 支，师拿 8 支。生描述：老师比同学多 4 支（同学比老师少 4 支）

6. 生拿5支，师拿10支。生描述：老师比同学多5支（同学比老师少5支）

师小结：刚才我们用同样多、谁比谁多、谁比谁少来描述两个数量之间的关系。观察2~6，你发现了什么？

生1：每一次老师都比同学多了一份。

生2：如果同学铅笔是一份的话，老师总是有同学的2份。

[设计意图：学生习惯用比多少来比较两个数量之间的关系，与其强加给学生“倍”这个概念，不如通过比多少引入。任何两个不同数量之间的关系都可以用比多少来描述，而“倍”这个概念是建立在份数的基础上，份数就是倍数。根据学生的知识需要，我利用比多少巧妙地引入“倍”这个概念，学生更容易接受]

（二）探究新知

根据不同的情境研究大数是小数的几倍、一个数的几倍是多少、大数是谁的几倍、这三类问题。学生通过摆、画和叙述来研究学习。

（三）新旧辨析

请你画图并描述老师与同学铅笔的数量关系。

1. 老师有12支铅笔，同学有6支

生1：老师是同学的2倍。

生2：老师比同学多6支。

2. 老师有7支铅笔，同学有5支

生1：老师比同学多2支。

生2：老师是同学的1倍多2支。

[设计意图：通过两个不同情境的对比，使学生再次理解“比多少”和“倍”的不同与相同之处。加深对“倍”的理解]

表6-2是北京市育鹰小学蒋振东老师总结的科学课教学中可以出现正反例对比的一些教学内容。

表 6－2　科学教学正反例的运用示例

年段	单　元	教学内容	可以对比的正反例
三上	我们周围的材料	《哪种材料硬》《比较韧性》	硬对应疏松而不是软，软是指柔韧度
		《材料在水中的沉浮》	对比沉的实心物体与浮的实心物体的不同，发现物体的材料不同
	水和空气	《水》《水和食用油的比较》	水与其他物质比较
		《空气占据空间吗》	对比水，占空间但是不能被压缩
三下	温度和水的变化	《水结冰了》	在水逐渐结冰的过程中观察温度计读数的变化
		《冰融化了》	对比正在融化的冰和未融化的冰的环境温度，体会冰在零摄氏度以上融化
		《水珠从哪里来》《水和水蒸气》	烟与水蒸气的对比
四上	溶解	《水能溶解一些物质》	对比溶解与未溶解的状态
	声音	《声音是怎样产生的》	对比发声与未发声物体，定义发声的物体在振动
四下	电	《导体与绝缘体》	两者对比突出导体的概念
五上	光	《光的反射》	对比光的其他传播现象
	运动和力	《运动与摩擦力》	通过对比区分摩擦力与压力

三、正反例的合理组织

标准正例、非标准正例、反例都是促进学生概念掌握的重要学习素材。教师需要根据教学内容的特点和学生的学习准备情况，恰当选取和组织安排各种例证。

北京市定慧里小学的马宁老师在教学《负数的认识》时就很好地综合运用了多种例证。通过这些例证突出了正负数的关键属性，即正数和负数必须是同一属性的量；它们的意义相反；它们之间有零点。表 6－3 列出了这次教学运用正反例的具体情况。

表 6－3 《负数的认识》中的正反例

<table>
<tr><td rowspan="3">正例</td><td></td><td>实际正例</td><td>形式正例</td></tr>
<tr><td>标准正例</td><td>1. 经济：
余款—欠款（不欠不余为零点）
收入—支出（未支出未收入为零点）
盈余—亏损（以本钱为零点）
2. 海拔高度：海平面以上—海平面以下
（以海平面为零点）
3. 气温：零上温度—零下温度
（以水的凝固点和冰的熔点为零点）
4. 楼层：地上层数—地下层数
（以室外地坪为零点）
5. 水位：高水位—低水位
（我国目前采用的绝对基面是黄海基面，是以黄海口某一海滨地点的特征海水面为零点的）</td><td>（＋）45
（＋）0.6
（＋）$\frac{2}{8}$
－45
－0.6
$-\frac{2}{8}$</td></tr>
<tr><td>非标准正例</td><td>1. 比赛：得分—失分
（以不失分、不得分为零点）
2. 人员变动：调入—调离
（以无人员变动为零点）
3. 股票：涨—跌
（以前一个交易日的收盘价为零点）
4. 屈光度：远视—近视
（以屈光正常为零点）
5. 程度：高于平均值—低于平均值
（以平均值为零点）
6. 方向：向东为正，向西为负
（以起点为零点）
7. 赤字：现在一般用红色表示负数，报纸上登载某国经济上出现赤字，表明支出大于收入，财政上亏了钱</td><td></td></tr>
<tr><td>反例</td><td colspan="3">1. 表示加工允许误差的例子，如：食品包装袋“净重”一栏（±10g）
2. 电工，正极红色、负极黑色，与经济“赤字”颜色相反</td></tr>
</table>

在上述多种例子的共同作用下，学生对正负数的认识逐步深入。

单红利老师也有一个教学案例，反映了合理组织正例可以帮助学生更好地理解概念。

在教学五年级上册“分数的再认识”时，原来的设计比较重视单位“1”形式的变化，如把10朵花看作单位“1”，表示出它的$\frac{2}{5}$；把12个人看作单位“1”表示出它的$\frac{3}{4}$，还可以举出很多这样的例子，学生感受到的是单位“1”形和量的变化。单位“1”不仅可以是一张纸、一条绳子，还可以是一个整体。

这次学习了变异理论，我改变了原有的设计，第一个环节安排：按要求取（或放）珠子。有5个学具袋，里面装上了不同颗数的珠子，从2号袋中取出珠子总数的$\frac{1}{2}$，从3号袋中取出珠子总数的$\frac{1}{2}$。这样的设计意图是使学生体会到总数的不同，总数的$\frac{1}{2}$就不同，深化对“整体”即单位“1”的认识。

4号袋没装珠子，让学生想一想：往4号袋里装多少个珠子后，取出总数的$\frac{1}{2}$会比3号袋取出的个数多？这是逆向思维的训练，使学生进一步体会“整体”在表示整体的几分之几中的作用。本环节通过三次取珠子的活动，学生可以看出取的都是珠子数的$\frac{1}{2}$，因为总数不同，所以取出来的个数不同，学生对分数表示“整体”与“部分”的关系的意义有了深刻的认识。

正、反例不一定都由教师来呈现，可以通过自主探究的学习方式让学生借助例证来辨析学习内容的关键属性。这需要教师依据教学内容的关键属性设计和准备相应的自主学习材料。在采用分组学习组织形式时，教师可以给不同小组提供不同的学习材料，使各小组分别发现反映或反衬关键属性的某一方面的典型例子。这样，分组活动时学生可以集中地深入探究关键属性的某一个方面，再通过组间交流和研讨，对其他方面的关键属性也有所了解，从而使全体学生都能从多个角度把握教学内容的关键属性。

北京市海淀实验二小的韩志领老师在教《不规则物体体积测量》时，发现单纯靠教师讲解测量方法，学生的印象不深刻。于是采用了让学生分组做实验的方式。各组的容器、石块各不相同，实验过程中遇到的情况也有所差异。韩老师将不同组的情况适当组织，按一定的顺序引导学生交流研讨，使学生逐步领悟将物体体积转换为液体体积的若干关键要素。比如，液体必须完全浸没石块；石块进入容器后，液体增加的部分要准确测量，这意味着计算时必须把溢出容器的那部分液体也计算在内。

在《正比例》的教学中，韩老师也尝试运用变异理论，通过不同的实验情境，引导学生分析和比较两组变量可能具有的多种关系，进而将正比例关系与其他类型的数量关系区分开，让学生真正理解“正比例”关系。这方面的教学过程分以下三层进行。

第一层：出示五个任务。让学生四人一组，任选一个任务进行实验。

任务一：出示配糖水图。每人配一杯与老师的这杯糖水（含糖10 克，水 15 克）一样甜的糖水，糖和水的量可以放多少？

糖/克			10			
水/克			15			

任务二：出示汽车图。请你们每人开一辆汽车，保持 90 千米/时的速度行驶，但要求行驶的路程不能一样。把表填完整。

路程/千米	1						
时间/时	90						

任务三：出示姐弟图。姐弟两人相差 2 岁，猜一猜他们的年龄会是多少？把猜想填在表格中。

小明的年龄/岁						
姐姐的年龄/岁						

任务四：出示竿高与影长图。这是一位同学假期的测量数据，根据他在同一时刻同一地点测量的数据，填一填不同竿高的影长会多长？

竹竿的高/m	0.2	0.3					
竿影的长/m	0.4	0.6					

任务五：出示棒棒糖图。淘气和笑笑一共得到 12 个棒棒糖，他们两人分糖的个数会出现哪些情况？把猜想填在表格中。

淘气 /个							
笑笑/个							

第二层：分两步反馈。

（1）以配糖水为例。先让学生介绍他们配的糖水中糖和水的用量，其他组在看的过程中提问：观察表格，你能发现什么？通过前测和课堂实践，发现学生很少能关注到两个变量之间的变化关系。因此，我在此放慢教学速度，利用手势指着表格引导学生观察不同杯子中糖和水的量，使其逐渐对比发现不同杯子中的糖和水的量是不同的，糖放得多，水也要随着多放，糖和水的量都在变化，进而小结：在这个情境中，糖和水是两个变化的量。今天我们就是要研究两个变化的量之间的关系。（板书：变量关系）

小结之后，让学生接着说“你还能发现什么”，引导学生发现除了每一杯中的糖和水的比值相同，那么不同杯中糖和糖、水和水之间也有关系。比如，这两杯之间糖是糖的 2 倍，水也是水的 2 倍或者糖是糖的$\frac{1}{2}$，水也是水的$\frac{1}{2}$。让学生多说几组，体会这种变化关系。

最后小结：只有让糖和糖、水和水同时扩大或缩小相同的倍数，才能使这几杯糖水的甜度都一样。

（2）分别汇报其他四个任务。引导学生发现每个情境中两个变量之间的关系。

任务二中路程和时间的变化关系：时间扩大（缩小）多少倍，路程也随着扩大（缩小）多少倍，并且路程：时间 =90，比值相同。

任务三中虽然弟弟年龄增加，姐姐年龄也增加，但是他们年龄的比值随着时间发生变化，并不是一个确定的值。姐姐的年龄 - 弟弟的年龄 =2，差相同。

任务四中竿高扩大（缩小）多少倍，影长也随着扩大（缩小）多少倍并且竿高：影长 $=\frac{1}{2}$，比值相同。

任务五中淘气分得的糖数增多，笑笑的随着相应减少；淘气分得的糖数减少，笑笑的却随着相应增加；淘气的糖数 + 笑笑的糖数 = 12，和相同。

第三层：综合比较五个任务。

汇报完后，引导学生对比五个任务，看看有没有和配糖水变化规律相同的情境。在对比中发现两个变量之间的关系除了有这样同扩同缩导致比值相同，还有差相同或者和相同等其他的变化关系。

在这个过程中，学生就体会到哪些成正比例关系，哪些不成正比例关系。

前文提到过的叶建娣老师在《东南西北》一课中，有一个环节是请学生分组贴校园平面图。教师提示学生先想象着自己面对的是校园的某一建筑，然后再将校园各个建筑物的示意图按照一定的位置关系，在平面图上贴出来。每组“面对”的建筑物都不一样，于是学生贴出的校园平面图看起来也就有差别，主要表现为图的中心位置的建筑物各不相同。这时候，教师提示：“你们的平面图都对，可有的前面是教学楼，有的前面是操场，都不一样，老师拿到各种样子的平面图，都不知道听谁的了，你有什么好办法吗?”由此强调了“前后左右”与东南西北的不同之处，并使学生理解了在地图上一定要标注出方向。

随着项目的逐步开展，教师越来越认识到，在出示标准正例的同时，还要通过非标准正例和反例来帮助学生建立概念。在各项目学区的项目学校，教师都围绕如何设计和采用非标准正例以及反例开展了积极的尝试。下面呈现一些教师针对数学学习内容整理出的标准正例、非标准正例和反例运用表。

表6－4　北京市东升学区海淀实验二小路会敏老师对四年级上册数学的整理结果示例

教学内容	标准正例	非标准正例	反　　例
平行	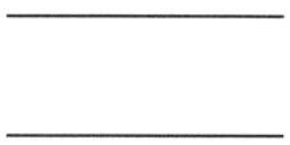	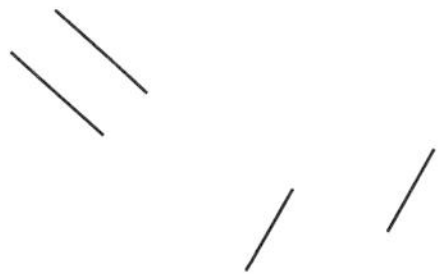	
梯形	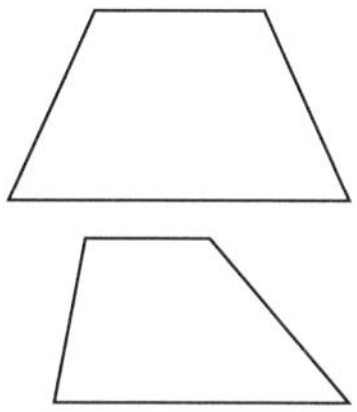	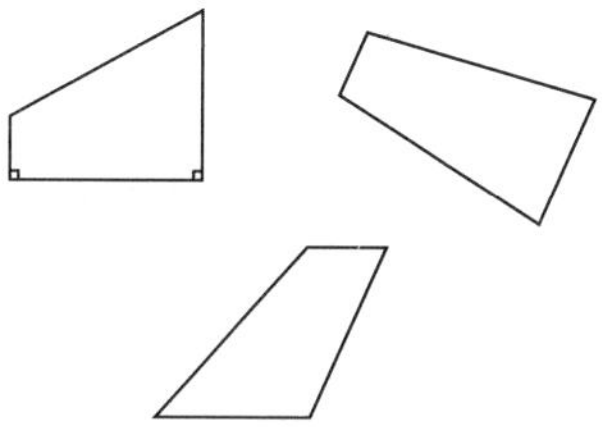	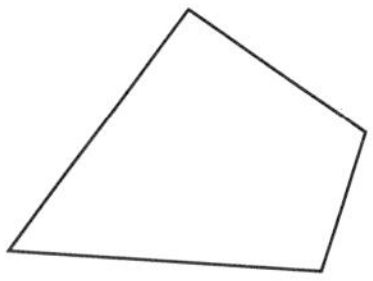

表6－5　北京市东升学区育新学校丁红老师针对二年级下册数学的整理结果示例

教学内容	标准正例	非标准正例	反　　例
什么是角	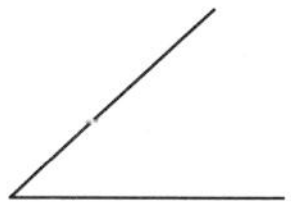	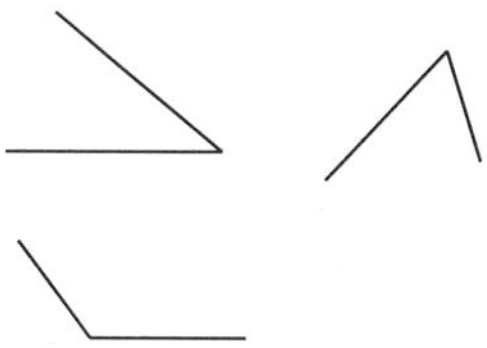	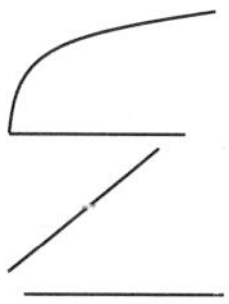 桌子角、墙角

表6－6　北京市二里沟学区北洼路小学针对六年级下册数学的整理结果示例

教学内容	标准正例	非标准正例	反　　例
正比例	• 单价不变，总价和数量之间成正比例关系 • 速度不变，路程和时间成正比例关系	—	• 路程不变，速度和时间成反比 • 一条绳子，用去的部分和剩余的部分不成正比 • 爸爸今年45岁，儿子今年15岁，爸爸的年龄和儿子的年龄不成正比

表 6－7　北京市二里沟学区银燕小学针对六年级上册数学的整理结果示例

教学内容	标准正例	非标准正例	反　例
圆柱圆锥认识 圆柱圆锥体积	 橡皮泥、跳棋、圆铅笔、卷笔刀、冰激凌、圆锥形零件	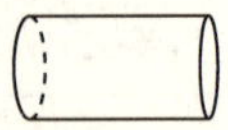 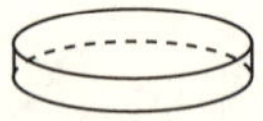 近似于圆锥的小麦堆	 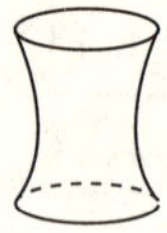 

表 6－8　北京市二里沟学区定慧里小学针对五年级下册数学的整理结果示例

教学内容	标准正例	非标准正例	反　例
组合图形转化	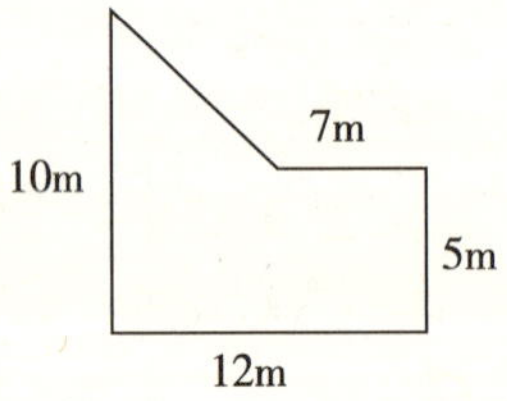 通过分割、添补、割补都可以求出这个组合图形的面积	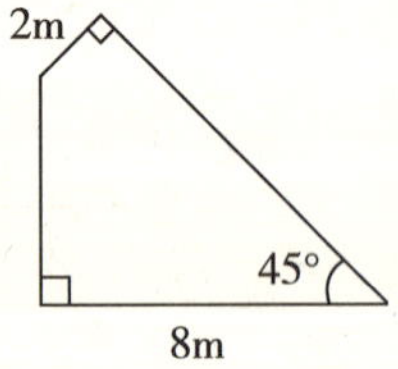 需要根据图形形状和数据的特点进行有效转化	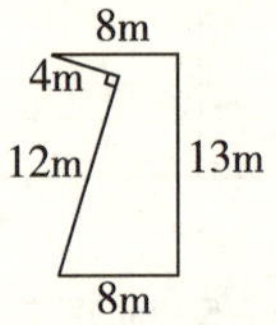 仅仅利用分割的方法，将图形分割为 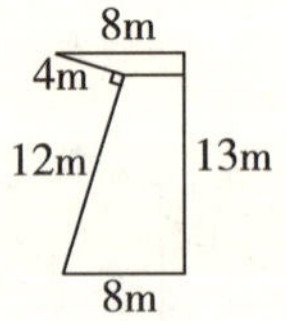 这种转化是无效的。这个反例使学生意识到将组合图形转化为基本图形的过程中，不但要考虑图形有效，即转化后的图形是我们会计算面积的图形，还要考虑数据有效，即转化后的图形有计算时需要的数据，是能计算的

表6-9　北京市上庄学区针对五年级下册数学的整理结果示例

教学内容	标准正例	非标准正例	反　例
认识百分数	投100个球，进60个，进球率60%	男生20人，女生10人，男生是女生的200%	1. $\frac{25}{100}$不能说它是百分数 2. 判断：分母是100的分数是百分数
	投100个球，进60个，进球占总球数的60%	投25个球，失球数14个，进球占总球数的$\frac{11}{25}=44\%$	$\frac{1}{2}$个≠50%个 $\frac{1}{2}$吨不能用50%吨表示
计算长方体表面积	求一个长方体盒子的表面积	求制作一个长方体无盖玻璃鱼缸需要多大面积的玻璃	没有长宽就不会计算
认识中位数	奇数数据：找出92、93、113、116、128这组数据中的中位数	偶数数据排序后取两数平均数：找出10、15、18、25、32、34、48、50这组数据中的中位数	1. 不排序：13、19、34、15、9这组数据中的中位数是34 2. 排序后取两数：10、15、18、25、32、34、48、50这组数据中的中位数是25和32

北京市苏家坨学区的教师还通过数学练习题来体现利用正反例促进学生掌握教学内容关键属性的思想。

例如，北京市北安河小学杨亚利老师针对六年级下册“正反比例”设计的练习如下。

（一）判断下面每题中的两种量是不是成正比例，并说明理由。

1. 苹果的单价一定，购买苹果的数量和总价。
2. 轮船行驶的速度一定，行驶的路程和时间。
3. 每小时织布米数一定，织布总米数和时间。

4. 长方形的宽一定，它的面积和长。

（二）判断下面每题中的两种量是不是成反比例，并说明理由。

1. 煤的总量一定，每天的烧煤量和能够烧的天数。

2. 种子的总量一定，每公顷的播种量和播种的公顷数。

3. 李叔叔从家到工厂，骑自行车的速度和所需时间。

4. 华容做12道数学题，做完的题和没有做的题。

再如，北京市苏家坨中心小学甄红蕊老师关于五年级上册“分数的再认识”设计的题目如下。

1. 填一填：

请用分数表示下列图形中的涂色部分，并说明理由。

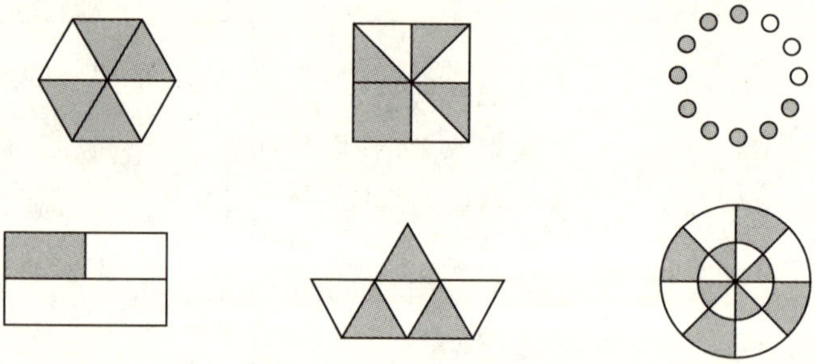

2. 画一画：分别画出下列各图的$\frac{1}{2}$，它们的大小一样吗？

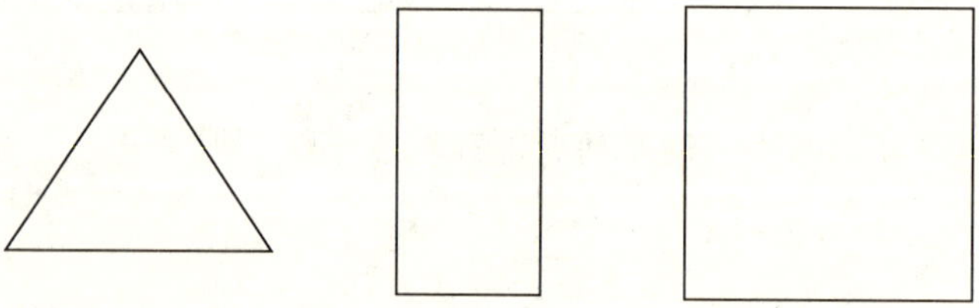

3. 选一选：

（1）一根圆木的$\frac{1}{3}$是，这根圆木是下面三根中的哪一根（　　）

A 　　B 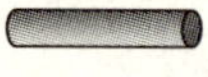　　C 

（2）一个圆的$\frac{1}{4}$是

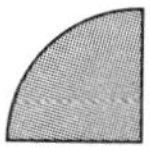

这个圆的$\frac{3}{4}$是下列图形中的哪一个（　　）

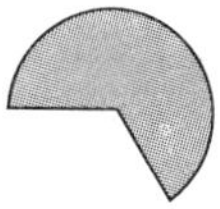
A

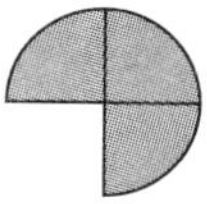
B

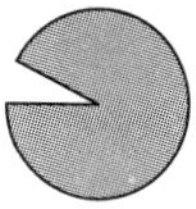
C

4. 想一想：

为帮助四川汶川地震灾民重建家园，小明捐了自己零花钱总数的$\frac{1}{4}$，小芳捐了自己零花钱总数的$\frac{3}{4}$。小芳捐的钱一定比小明捐的多吗？请说明理由。

判断：（1）真分数就是分子小于分母的分数，假分数就是分母大于分子的分数。

（2）分母是 7 的最小假分数是$\frac{8}{7}$。

第七章

以变促辨：审辨教学内容的关键属性

在上一章我们看到关键属性对于学习的重要性，许多学生出现学习的困难和认识的混乱，并不是由于学习能力低造成的，而是由于没有识别到事物的关键属性，没能有效排除不相干的属性。那么教师在确认关键属性之后，如何帮助学生辨识这些关键属性呢?

变异理论强调，对于关键属性的审辨是最基本的学习能力，学生有效审辨有赖于学习空间的有序变异。本章将介绍构成学习空间的变异图式与变异范式，然后分别针对不同教学内容探讨变异策略，即教师如何利用变与不变构成有序变化，将学生注意引导向对关键特征的审辨。可以说，本章是上一章相关问题的延续和深入。

第一节　追根溯源——审辨基于变异

一、“学习即审辨”

变异理论早期的大量研究得出结论，人们对某一现象、概念或规则的理解可分为不同方式，其原因在于人们审辨（discern）出的这一现象的关键属性不同，这些审辨出来的关键属性反过来形成了人们认识现象的特定方式。学习的结果是与审辨的变化紧密联系在一起的。“审辨”这个词就是指对事物关键特征的认识和理解，有时译为鉴别、辨识、识别、区辨、辨明等，它们的含义是一致的，只是因使用习惯不同而使用不同的词汇。

在变异理论中，学习内容或目标（the object of learning）主要是获得能力（capability）。任何能力都有一般和特殊两个方面，一般方面与能力的本质有关，如记忆、审辨、解释、掌握或发表观点等（发生的学习活动），通常作为间接的学习目标。特殊方面与学习的内容和学科有关，如公式、第二次世界大战等，它们是直接的学习目标。变异理论特别强调审辨能力在所有认知能力中的基础和核心地位，指出，“学习过程被视为学习者经验周边世界现象的能力的变化，也就是能够审辨并关注这个现象的关键属性上。”① 正如马飞龙所说，“我的基本理念是理解任何事物的第一步就是审辨（discernment）。”②

当教师拿着一个涂着各种色彩的不倒翁模型走进教室，上课前看到这个模型，孩子们最初看到、审辨出来的特征可能很不一样，有的小姑娘对那华丽的色彩感兴趣，有的小男孩对它的形状圆润的关注，脑子里浮现出恐龙蛋的画面；有的孩子可能注意到它的里面好像有很沉的东西，里面有什么东西呢，努力在猜想它的用途；还有的孩子跟邻座说，这是不倒翁，我家里就有一个，只是图案不一样……随着他们眼中看到的不同方面，思路被引向了不同的方向。当然，称职的教师会努力引导孩子除了自己的关注点，审辨出教学内容中关键特征——不倒及其原理，而出色的教师更善于利用学生自己的关注，引导他们转向对关键特征的审辨。比如它的椭圆形状是其不倒的条件之一。

总之，“没有审辨就没有学习”，学习就意味着能够辨别出现象的相关属性，而这个属性是学习者之前没有注意到或视为当然的。也就是说审辨是学习的关键因素。

---

① 彭明辉. 现象图析学与变异理论［J］. 教育学报，2008（5）.

② 马飞龙. 从变异理论看国际比较中数学教与学的差异［J］. 上海教育科研，2002（8）.

二、审辨基于变异

学习就是对事物关键属性的审辨。但是，使学生能审辨的方式并不是把关键属性直接告诉学生那么简单，那样并不能保证学生真正识别和理解。虽然学生也可以机械地接受和复述教师直接呈现的关键属性，但是，遇到具体的问题或者矛盾的事情，学生很难灵活地运用所学解决问题。

那么如何促进学生获得审辨能力呢？审辨的不同取决于什么呢？

自20世纪90年代中期起，马飞龙等人重新思考变异理论早期研究成果，提出了变异（variation）是达成审辨（discernment）的要素的基本假设。他们提出："当现象的某个属性变化而其他属性不变时，即发生了经验变异，变化的属性就会被审辨出来。也就是说，我们只能审辨出变化的属性。"① 例如，如果世界上只有一种肤色，那么人们就无法审辨出肤色这个属性；如果世界上只有一种种族，那么就没有这个种族属性。每个属性都可以有变异的维度，而审辨某个关键属性的能力被认为是由于经验到的、那个属性的变异。经验变异成为学习的关键机制。"没有变易就没有学习（原文为"变易"）"。②

研究者通过对中小学和大学课程中教与学的相关性分析，验证了这一假设——变异的特定类型（patterns of variation）决定经验现象的特定方式。研究结果表明，变异理论可以帮助我们透视到表面很相似的课堂教学实质上存在重要的系统性的差别，即教师通过变与不变的方面不同，提供了不同方面的变异，反映出教师强调的方面不同，从而使一些学习内容进入学生的核心意识（focal awareness），另一些则处于外围意识（peripheral awareness），前者成为考生意识中的主题（thematise）。也就是说，教师通过创建不同的变异维度（dimensions of variation），构建了课堂上的变异空间（space of variation）和学习空间（space of learning），进而影响到学生的学习。

---

① Bowden，J. & Marton，F. The university of learning：Beyond quality and competence［M］. London and New York：Routledge，1998.

② Marton，F. Variatio est mater Studiorum［R］. Opening address delivered to the 8th European Conference for Learning and Instruction，Goteborg，Sweden，August 24－28，1999.

变异之所以是学习的基础，是由于人们总是在参照中认识事物，关注存在差异的东西。当某一事物的一些特征出现变动，而其他特征维持不变，则变动的特征便会容易被辨识到。比如，在一些静止事物中的一个静止物体不易得到大家的一致关注，同样地，一些移动事物中的一个移动物体也不易得到一致关注。但是，在一些静止事物中的一个移动物体，或一些移动事物中的一个静止物体，便容易被大家识别。

在教学中教师怎样通过变异来让学生审辨关键特征？比如，“重心”是物体的固有属性，但它不像物体的颜色、重量、形状、质地那样直观，学生不容易审辨。在重心概念的教学中，为了使这一属性由隐蔽转为显现，教师设计了“用手指顶纸板的活动”，而且采用多种纸板材料。第一步，让学生顶正方形、长方形、圆等各种形状规则的纸板，初步感受到“重心”的存在，而且通过多次实践审辨到，规则纸板的形状、大小、重量等特征虽然变化，但不变的是寻找重心位置的方法，规则形态的物体的重心就是它们的几何中心。第二步，为了让学生拓展“重心”概念，教师又让学生寻找不规则纸板及立体物的“重心”，再次体会物体重心的普遍存在，规则和不规则的物体都有自己的重心。而且学生体验到事物变化后所造成的差异，发现很难通过寻找几何中心的方法，而只能通过顶的方法来找重心。在对比中审辨出找重心的不同方法，以及以几何中心确定重心方法的条件。

变异是审辨的基础，审辨必须经过变异才能形成。变异理论为我们分析教学和教学设计提供了有益指导。比如，“负数”是小学四年级上学期的学习内容，教师以往基于教材这样来设计教学：

> 第一节课由气温情境引出负数概念，第二节课介绍其他常见负数。教学指导对设计意图说明道：“每天天气温度的变化情况是与日常生活有着紧密联系的，可以从电视、广播的节目中了解，也可以从报刊等各种途径了解天气情况。在‘温度’这节中，教材通过天气预报图介绍北京等地温度，使学生了解零下温度表示的方法，从而概括出生活中正负数的表示方法，并初步理解负数的意义。”

第一节教学后，课题组教师展开评课分析，教师感到效果不理想。教师认为学生未能建立起清晰的负数概念，未能很好理解负数的意义。负数概念与温度总是纠缠在一起，甚至这节课给学生一种错觉，以为是一堂科学课。

课题教师运用变异理论分析这节课，找到了问题。问题主要在于，虽然让学生联系生活，分析了北京、哈尔滨等多个地方、多个季节的温度，但对于负数来说，它仅是一个事例，学生陷入这个情境，很难跳出温度来审辨负数的一般意义——与正数意义相反的数。正如仅仅见过3个苹果，那么就无法抽取出一般意义上的3，3总是与苹果连在一起，而很难分离，只有当经验过足够多样变化的数量为3的事物，如3座山、3个人、3棵树，等等。3这个数的抽象意义才能也才有必要抽取出来，而不再依赖于某个具体情境。

最后，大家达成共识，认为虽然是负数的第一节课，但仅仅涉及温度一个例证显然是不够的，很难支撑对于负数意义的概括。基于这样的分析，教师重新设计教学。将负数的实例进行梳理，列举出10多种实例，并采用了4个不同的实例（见表7－1）。

表7－1　负数的实际正例

1. 经济状况：收益5元——负债5元	（不欠不余为零点）
2. 海拔高度：海平面以上5米——海平面以下5米	（以海平面为零点）
3. 人员变动：调入5人——调离5人	（以无人员变动为零点）
4. 气温高低：零上温度5度——零下温度5度	（以水的凝固点和冰的熔点为零点）

调整后的教学至少在两个方面比之前仅用温度例子提高了教学成效。首先，这四个例子的具体内容差别很大，具体情境没有什么关联，正是在迥异情境的衬托下，它们的共通之处得以彰显，学生很容易体会到它们都包含两个相反意义的数，中间有一个明确的界线作为零点。同时透过这四个例子，学生意识到了这种相反意义数的普遍存在和其在生活中的意义。

其次，在相反意义的两个数中，有一个方向是学生以往用正数可以表示的，而另一方向的数，也就是与正数相反意义的数该怎么表达呢？由此引导学生体验负数及其符号生成的逻辑过程。因为有多个不同的例子，就要求这种表示方法既要区别于正数，又可以适用于所用例子，同时还要简洁明确。如果只针对温度一个情境，则无法让学生真正体会归纳抽象一般符号的必要性。只有多个例子才能使学生真正意识到超越具体情境形成一般符号的必要性，进而认识负数的意义。可见，正如变异理论的观点，经验多种不同的负数实例，才能审辨和理解负数的意义和生成过程。

第二节　变之有序——变异图式与范式

通常情况下，教师在呈现一系列学习情境时，必然有些方面是变化的，另一些方面是不变的。然而，变异理论提醒我们思考的是，这些变与不变是否是有序的、有目的的？这些变与不变会导致怎样的结果？会引导学生审辨学习内容的某种关键属性吗？还是会把学生引向其他方面？变异理论通过大量的课堂分析研究，证明了系统运用变异与学生掌握学习内容之间存在高关联，能使学习由难变易，提高效率。

一、系统运用变异的基本思路——变异图式

在变异理论看来，学习空间就是“实施的学习目标”。如何创设学习空间，使得“预想的学习目标”顺利转化为“实施的学习目标”呢？变异理论提出了“系统运用变异”（making systematic use of variation）的宏观原则。

系统运用变异的总体思路是，教师在授课时，围绕教学内容的关键属性呈现若干例子或情境时，有目的、有序地保持某个关键属性不变，改变其他属性，或者保持其他属性不变，改变某个关键属性的具体值，从而在显现的变与不变的对比中突出了这一关键属性，使其成为学生关注的对象，把他们的注意力引向对关键属性的审辨。如此通过学习内容的变异引导学生审辨关键属性的过程也被称为“变异图式”。① 教学中的变异图式可以用表图的形式来表示（如表 7-2），呈现审辨的关键属性、学习情境中变与不变的内容，

---

① 卢敏玲．变异理论和优化课堂教学［M］．合肥：安徽教育出版社，2011.

以及成为关注对象和背景的不同内容，使变异策略一目了然。

变异理论认为，通常情况下，先逐一引导学生关注每个关键属性，使学生审辨和关注到这一属性，然后再使若干关键属性同时变化，使学生认识到更复杂的变化形式，并从各个属性角度加以分析理解。

比如，“一次函数 $y=ax+b$ 的性质和图像”的教学设计。① 预想的学习目标是，引导学生理解一次函数的图像“直线”性质，包括几个关键特征，即参数 a 和 b 的几何意义，a 的几何意义是直线的斜率（倾斜度），b 的几何意义是直线与 y 轴的交点。如何在教学中突出这两个关键的变异维度呢？教学过程可以分为以下三步。

第一步，保持 b 不变，并变换 a 的值。如 $y=x+1$，$y=1/2x+1$，$y=2x+1$，$y=3x+1$，由此使学生注意 a 的变化和线的斜率变化之间的关联。

第二步，保持 a 不变，并变换 b 的值，如 $y=x+1$，$y=x+1/2$，$y=x+2$，$y=x+3$，由此使学生注意 b 的变化与平行线间距变化的关联。

第三步，a、b 同时变化，同时考虑两个关键特征。$y=x$，$y=-x$，$y=x-1$，$y=-2x+10$（见表 7－2）

表 7－2 “一次函数 $y=ax+b$ 的性质和图像”教学的变异图式

	审　辨	对　象	背　景
第一步	a 的变化和线的斜率变化之间的关联 即 a 表示线的斜率	变化： a 的值	不变： b 的值
第二步	b 的变化与平行线间距变化的关联 即 b 表示线与 y 轴的交点	变化： b 的值	不变： a 的值
第三步	考虑两个关键特征	变化： a、b 同时变化	不变： 一次函数

二、四种变异范式

在变异理论中，变与不变的范式有四种：对比、类合、分离和融合，可

① Marton F., Sameness and Difference in Transfer [J]. Journal of the Learning Sciences, 2006 (4).

根据不同学习情境和内容的需要采用不同的一种或几种范式，每种范式构筑的变异维度不同，使学习者关注到学习内容不同的方面。变异图式包含四个基本范式。

1. 类合范式与运用

类合（generalization）是教学中最经常使用的变异范式，为归纳思维创造了条件，所以也称为归纳变异。

类合就是“如果要识别出某一变异维度的关键属性，需要在其他维度变化时保持这一变异维度不变”。也就是，在多种变化中保持某个维度不变，使学习者对不变维度加以关注和概括。类合是变中显同、变中求同的范式，使学生关注共性。

例如，通过把比萨饼、蛋糕、西瓜各种不同物体分为两份的多种情境，使学生看到它们当中不变的是“平分二份取一份”，从而理解了“$\frac{1}{2}$”的意义。而且，通过对同一块蛋糕的多种平分方法，归纳类合，加深理解$\frac{1}{2}$的意义，而免受具体分法的干扰。在这里，教师通过各种不同形式的平均分，使学生感受到分的形式尽管多样，但不会改变平均分的结果。加深了学生对平均分配的理解，消除定式的横一刀、竖一刀的平均分方法。（见表7－3）

表7－3　分数教学中审辨“平均分”变异图式——类合范式

审辨的关键特征	对　　象	背　　景
$\frac{1}{2}$的意义	不变： 将物品平分二份取一份	变化： 分配比萨饼、蛋糕、西瓜等不同物体。
$\frac{1}{2}$的意义 平均分的意义	不变： 将物品平分二份取一份	变化： 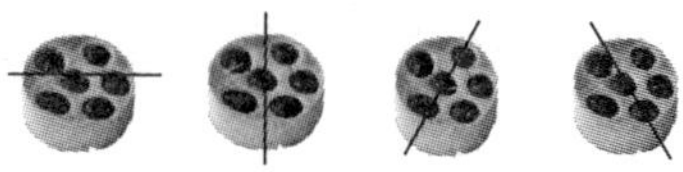

又例如，语文北师大版四年级上册《中国结》这篇课文中出现了“祥”、“社”、“祖”、“祝福”、“祈祷”一组字词，还有“结”、“绸”、“绳”、“编”、“缠”、“绕”一组字。在教学时可以运用类合引导学生分析，学生会

不难看出，第一组在字形上都是示字旁的字，在字义上都与神灵有关。第二组都是绞丝旁，字义上与用手做事有关。进一步，在前两个类合分析后，对两种偏旁的字进行归纳分析，从而得出偏旁与字的意义有联系。①（见表7－4）

表7－4 《中国结》教学中的变异图式——类合范式

	审辨的关键特征	对　象	背　景
第一步	示字旁的字与神灵有关	不变： 都是示字旁的字；字义上都与神灵有关	变化： 不同的一组字 "祥"、"社"、"祖"、"祝福"、"祈祷"
第二步	绞丝旁的字与用手做事有关	不变： 都是绞丝旁的字；字义上与用手做事有关	变化： 不同的一组字； "结"、"绸"、"绳"、"编"、"缠"、"绕"
第三步	偏旁与字的意义有联系	不变： 某种偏旁都表示某种意义	变化： 示字旁的字与神灵有关； 绞丝旁的字与用手做事有关

2. 对比范式与运用

对比（contrast）也是教学中比较常用的变异范式，指的是"要识别某个量或特征，需要同时感受与其相对的其他种量或特征。"也就是说，将一个事物与另一个（或多个）事物进行比对，被比对的事物之间只在某个维度上呈现明显的不同特征，而在其他维度基本保持不变或具有一致性，从而使学习者关注到特征的不同而认识到某个特征。常用于知识的细化分类和反例教学。

比如，在分数教学中，将不等分比萨饼与等分比萨饼的情况进行对比，

① 胡爱萍．变异理论的四种范式在小学语文教学中的运用［C］//运用变异理论拓展学习空间——变异教学理论课堂实验研究成果等，2011.5.

突出了“平均分配”的意义，使学生识别分数中“平均分”这一关键属性。这就是利用反例的对比。（见表 7－5）

表 7－5　分数教学中审辨“平均分”的变异图式——对比范式

审辨的关键特征	对　象	背　景
平均分的意义	变化： 平均分 不平均分	不变： 分配比萨饼

又例如，北师大版小学语文二年级上册中的《比本领》。[①] 这篇课文通俗易懂，教学重点放在引导学生“通过对课文内容的学习，懂得合作的重要性”这一点上。可以引导学生从文中找出梅花鹿与猴子开始（在不合作时）各自是怎样做的，其结果怎样（都不能摘到果子）。然后，再对比后来它们的行为及结果（合作之后就能很好地完成任务），在这个对照中，学生了解到合作的重要性。为了使学生对合作有更加丰富的理解，还应当提供一两个类似主题的文章（或请学生回忆自己读过或学过的类似故事），让学生体会不合作与合作的不同结果。通过迁移阅读中的对比，学生也会进一步懂得合作的重要性。除此之外，还可以让学生来谈一下，在自己的生活经历中关于“合作”的事情，或者阅读到的关于“合作”的故事。（见表 7－6）

表 7－6　《比本领》教学中的变异图式——对比范式

审辨的关键特征	对　象	背　景
合作的重要性：合作可以增长各自的本领，有助于实现各自的目的	变化： 不合作摘不到果子 合作摘到果子	不变： 梅花鹿和猴子摘果子

3. 分离范式与运用

分离（separation）指的是“要识别出某一变异维度，就需要使该维度变

---

① 胡爱萍. 变异理论的四种范式在小学语文教学中的运用 [C] //运用变异理论拓展学习空间——学理论课堂实验研究成果集，2011. 5.

化而其他维度保持不变。”即通过变化某个维度的具体值，使学习者将注意集中于事物、概念或现象的变异维度上。例如，当一个人注意到颜色之间的不同时，他就把“颜色”这个概念与其他属性（这些属性保持不变）分离开了。

例如，列举一系列分数，不断变换分母，保持分子不变，如$\frac{1}{2}$、$\frac{1}{3}$和$\frac{1}{4}$，使学生关注到分数的分母变化和分数数值之间的关系，从而识别和理解“分母”的意义。

表 7－7　分数教学中的变异图式——分离范式

审辨的关键特征	对　象	背　景
分母的意义	变化： 分母的数值	不变： 分子的数值

又如，在上述《中国结》这一语文课的教学中，当教师引导学生找出两组字：示字旁和绞丝旁，每个字的发音和字义暂时搁置，不去分析，而只关注字形，字形这个属性就被分离出来了。在此学生关注的是字形这个属性，而不是字音或字义的属性。

表 7－8　《中国结》教学中的变异图式——分离范式

审　辨	对　象	背　景
字形的维度	变化： 示字旁的字 绞丝旁的字	不变： 暂时搁置字音、字义
字形达意的维度	变化： 示字旁的字字义上都与神灵有关 绞丝旁的字字义上与用手做事有关	不变： 暂时搁置字音

4. 融合范式与运用

融合（fusion）就是“要让学生理解两个变异维度同时变化，需要学生历经它们同时变化”。它反映了几个变化的方面之间的关系，以及这些方面与作为整体的学习内容之间的关系。适用于包含多个维度，特别是多个维度间相互影响的学习内容，使学生对问题的更复杂关系有所理解，一般在其他几种范式之后采用，例如，同时变化分母和分子，使用融合策略，出示一些设计好的例子，其中平分数量和所取份数同时变化。(见表 7－9)

表 7－9　分数教学中的变异图式——融合范式

审辨的关键特征	对　　象	背　　景
分数大小取决于分子、分母的共同变化	变化： 分子的数值 分母的数值	不变： 分数

例如，让学生分别看到需求与供给变化对价格的影响之后，再让他们观察两者同时变化时的情形，可以帮助他们同时思考需求和供给两个维度变化对价格的影响，掌握它们与价格之间的复杂关系。① (见表 7－10)

表 7－10　“价格”教学中融合范式的变异图式

审辨的关键特征	对　　象	背　　景
价格浮动取决于需求和供给两个方面变化的关系	变化： 需求变化 供给变化	不变： 价格浮动的问题

在词语教学时也可以运用融合的范式，即同时向学生展示词的三种属性（形、音、义），并变化其使用语境（作为独立的词、作为句子一部分的词、与课文主题的关系）。这样能帮助学生将词语的不同方面及其与课文这个整体联系起来。

在教学中，教师须根据学习目标、学习内容和学生经验，选择适当的变异范式，并安排适当的运用序列，不存在固定不变的组合和顺序。但是，研究结果表明，先采用分离、类合、对比范式，再采用融合方式，常常更有效。

① Pang, M. F., & Marton, F., Learning Theory as Teaching Resource: Enhancing Students' Understanding of Economic Concepts [J]. Instructional Science, 2005 (33).

第三节 例证之变——知识教学策略

知识主要包括概念和原理，在学习内容中所占比例最大，也是最基础的部分。概念原理具有一定概括性和抽象性，是对事物本质属性的概括，同时，概念和原理也涉及大量的具体例子，它们既来源于这些例证，也将应用于具体例子。变异理论强调，为了引导学生理解事物的关键属性，需要使他们经历具有这一属性的不同事物。知识学习中的变异很大程度体现在例证的变化上。

一、三足鼎立——标准正例、非标准正例和反例

如前章所述，顾泠沅等归纳了概念教学中的主要变式类型，包括概念的标准变式、非标准变式和非概念变式，它们通常又被称为概念的标准正例、非标准正例和反例。顾泠沅等进一步分析指出变式的三种作用：（1）通过直观或具体的不同正例引入概念；（2）通过非标准例证突出概念的本质属性；（3）通过反例明确外延。通常来说，在概念教学中，标准正例、非标准正例和反例承担着各自角色，都是不可缺少的，可谓三足鼎立。

从四种变异范式的角度来分析，例证的三种作用体现了类合、分离和对比的变异范式。前两种作用相当于类合范式和分离范式，提供多个不同正例，引导学生归纳出它们的共同特征，同时识别共同特征背后的可能属性或维度，即变中求同。这些例证的代表性或强或弱，代表性强的正例即标准正例，由于它们的本质属性比较显现，便于学生归纳。代表性弱的正例即非标准正例，它们的本质属性被一些非本质属性干扰，容易使人误判其不是概念之内，对其进行审辨，可使学生更清楚地理解本质属性与非本质属性的界限。反例的作用属于对比范式，学生通过比较、辨别正例与反例，学会透过表面的相似揭示其本质的差异。

比如，“面积”概念是小数数学三年级下学期的教学内容（北师大版），这是学生第一次接触“面积”概念，将为以后学习各种规则图形面积奠定基础。

北京市八里庄小学高杰老师在设计这一课时，首先分析了“面积”概念

的界定和属性。① 对于三年级学生来说，“面积”被定义为“物体的表面或封闭图形的大小”，它的关键属性可归纳为两点：（1）面的“大小”，这个属性比较直观；（2）这个面是一个封闭图形，既包括平面的图形、曲面的图形以及物体表面的大小。由此确定了教学的基本内容和目标。接下来，教师将面积的各种例证进行梳理，如表 7 – 11 所示。平面的图形是学生比较熟悉的，他们比较容易想到，是标准正例，而学生对曲面和物体表面的大小相对陌生，是非标准正例。教师根据学生常出现的理解误区，列出了两类反例。

表 7 – 11　面积的正例和反例

		实际正例	形式正例
正例	标准正例	1. 数学书封面的面积 2. 桌子面的面积 3. 方形纸的面积 4. 操场的面积	规则平面几何图形的面积：长方形、正方形、圆、三角形等的面积
	非标准正例	1. 盒子的表面积 2. 树叶的上面的面积 3. 手掌面的面积 4. 杯子表面的面积 5. 球面的面积 6. 橘子表面的面积 7. 地球表面的面积	规则立体图形的表面积 1. 长方体的表面积 2. 正方体的表面积 3. 球的表面积
反例	1. 角等不封闭图形的面积 2. 周长大的图形面积也大		

教师设计了三个环节的教学过程。环节一，初步归纳第一个属性“面的大小”。从教师和学生“比比谁的手掌面大”的情境引入，再提出“找找哪个物体的表面比我的手掌面还大?”学生纷纷回答“桌面”、“教室的地面”、“学校的地面”，进而又提问“找找比你的手掌面还小的物体的面?”，学生又回答“眼镜片的面”、“橡皮的面”、“铅笔尖上的面”，等等。这里面有标准

① 高杰．“变”出来的精彩——基于变异理论进行《什么是面积》教学的行动研究［C］//运用变异理论拓展学习空间——变异教学理论课堂实验研究成果集，2011. 5.

正例，也有非标准正例，有平面和曲面，学生的思路很开阔，提问也有效地起到了激发学生思维的作用。在比较各种“面的大小”的同时，它们的共性实质上已显现出来，已为学生认知，教师水到渠成地归纳道：“这些面的大小在数学上有一个专业的名词，你知道吗？就是面积。”由此，在学生的知识体系中，“面积”明确作为一个描述事物的维度而开始被分离出来。（见表7－12）

表7－12 “面积”概念教学中的变异图式（一）

审辨的关键特征	对 象	背 景	范式
面的“大小” 就是面积	不变： 比较的都是某个面的大小	变化： 手掌面（非标准） 桌面（标准） 教室地面（标准） 学校的地面（标准） 眼镜片的面（非标准） 橡皮的面（标准） 铅笔尖上的面（非标准）	类合 分离

环节二，审辨关键属性“封闭图形”，引导学生理解所谓的面积是针对封闭图形而言的。虽然前面学生列举的各种例子都是封闭图形，但这个属性比较隐蔽，不容易识别。为此，教师设计了“给图形的面涂颜色”活动，这些图形中有封闭图形也有不封闭图形，从而看到只有封闭图形才有面积，不封闭的图形，由于没有清晰的边界，而无法确定它的大小，也就没有面积可言。

环节三，系统呈现多个立体物体实例，引导学生认识面积的外延，面积不仅包括平面、曲面，还包括物体表面积，认识到物体的面积准确地说是物体的表面积，即物体表面的大小，对面积的本质形成更完整的认识。首先，教师以盒子为例，引导学生思考立体物体的面积，为了便于学生观察和分析，把盒子拆开，使他们可同时看到所有的面，再引导他们归纳出“盒子的面积可以说是它所有面即整个表面的大小”。接下来，又以水杯为例，用纸给水杯做了可展开的外套，使学生更直观地看到水杯的所有面。第三个例子是橘子，教师在同学们面前慢慢把橘子皮完整地剥下来、展开，使他们看到橘子皮的面积就相当于橘子的表面积。最后，归纳总结道："看来，无论是什么样的物体，它的面积就是该物体的表面的大小。"（见表 7－13、表 7－14）

表 7－13　"面积"概念教学中的变异图式（二）

审辨的关键特征	对　象	背　景	范　式
立体物体的面积是其表面积	不变： 都可将表面转化为平面或曲面的大小	变化： 盒子的表面积（非标准） 瓶子的表面积（非标准） 桔子的表面积（非标准）	类合

表 7－14　"面积"概念教学中的变异图式（三）

审辨的关键特征	对　象	背　景	范　式
封闭图形才有面积	变化： 封闭图形（正例） 不封闭图形（反例）	不变： 为图形涂色，都是平面图形	对比

环节四，审辨面积与周长不是等同的，避免将面积与周长混淆，主要是理解面积相同，未必周长相同。以"构造一定面积的图形"的实际操作，使其体会到面积大小与周长长短的复杂关系。让学生在方格纸上画面积都是 10 个方格大小的图形，数一数这些图形的面积都是 10 个方格大小，周长又都是多少呢？从而让学生体会面积相等的图形，周长不一定相同。（见图 7－1、表 7－15）

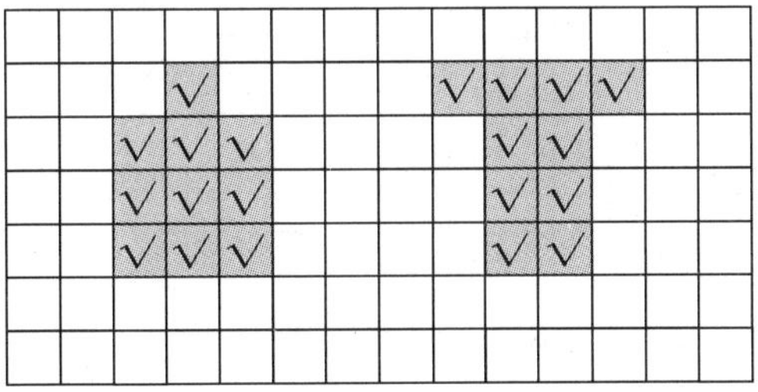

图 7－1

表 7－15　“面积”概念教学中的变异图式（四）

审辨的关键特征	对　象	背　景	范　式
面积与周长不等同	变化： 周长可能不同	不变： 面积大小相同的图形	对比

变异理论认为，对于某类事物的真正理解，往往是在认识了相似的另类事物之后，才能达成。比如，要真正识别某种品牌红酒的味道，必须品尝其他品牌的红酒，在比较对比之后，这种红酒的味道才能了然于心。可以说，知道“是什么”，同时隐含着知道“不是什么”，特别需要辨别那些表面上十分接近，而本质不同的事物，它们之间最容易造成混淆。对于认识的对象，其他相似且已混淆的事物，就是它的反例。在正例与反例的比较中确认是与不是，才能更清晰、准确地建立概念，强化概念的关键属性，基于反例的对比范式的价值就在于此。

例如，在第六章介绍的“图形的旋转”一课的教学改进中，红星小学李国彦老师为了使学生加深理解旋转图形的三个基本属性：固定的中心点、相同的旋转角度和不变的旋转方向，针对每个属性均呈现了反例，如图 7－2、图 7－3 和图 7－4 所示。

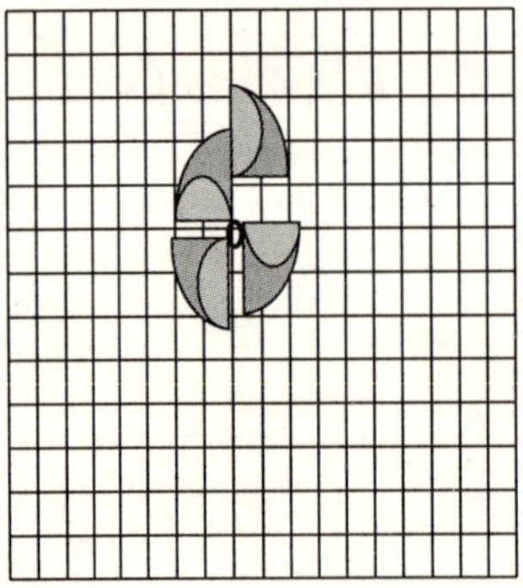

图 7－2　旋转点不固定

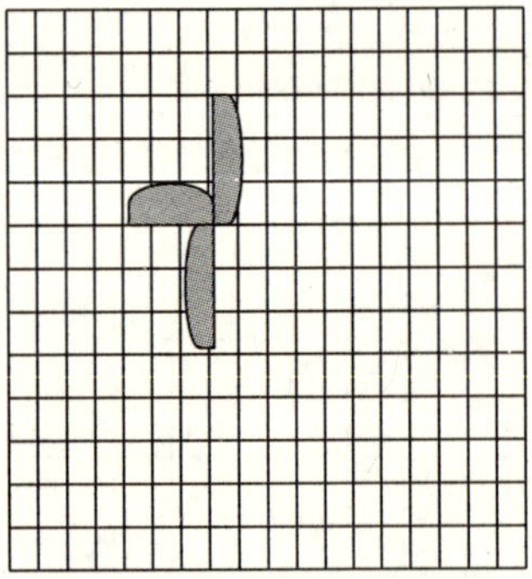

图 7－3　旋转方向不固定

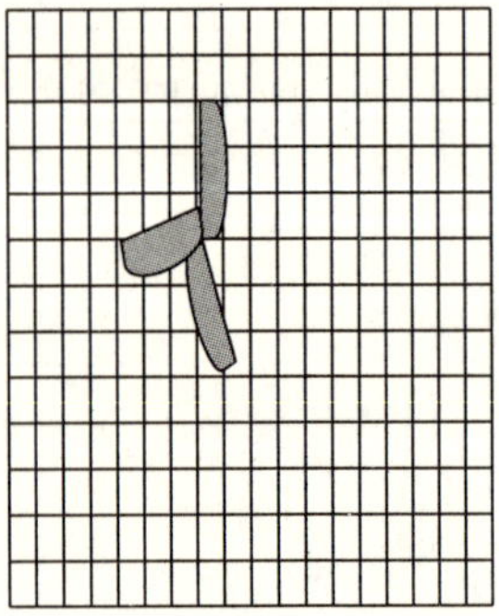

图 7－4　旋转角度不固定

表 7－16　“旋转图形”概念教学中的变异图式

审辨的关键特征	对　　象	背　　景	范　　式
旋转点固定	变化： 正例：旋转点始终不动 反例：旋转点移动	不变： 图形转动	对比
旋转方向固定	变化： 正例：旋转方向不变 反例：旋转方向改变		
旋转角度固定	变化： 正例：旋转角度相等 反例：旋转点角度不相等		

李老师回顾道：

> 通过出示反例，借助正反例的对比，使学生能够非常形象地看到，一旦改变旋转的中心点或者改变旋转的方向，又或者改变旋转的角度，便无法完成美丽的旋转图形。这样，学生很直观地感受到，如果不按照三要素去做，就根本无法制作旋转图形，设计出漂亮的图案。接下去，在正例和反例的逐一对照下，教师引导学生进行观察并且思考：中心点固定后，如果旋转方向和角度不固定会形成怎样的图形；旋转方向固定后，如果中心点和旋转角度不固定会形成怎样的图形；旋转角度固定后，如果中心点和旋转方向不固定会形成怎样的图形。这样一来，学生就认识到：绕中心点旋转、固定旋转方向和旋转角度对于制作旋转图形是缺一不可的。事实证明，教学中增加反例对于学生理解图形旋转的三要素起到了积极作用。这次课取得了意想不到的效果，学生对旋转过程的表达更加清晰和有条理了。在运用环节，全班同学都能设计出漂亮的图案。

又比如，在教学角的认识的时候，教师也应该呈现一些反例（见图 7－5），对于学生理解角的两个关键属性：一是两条直直的边；二是一个公共顶点，十分必要。

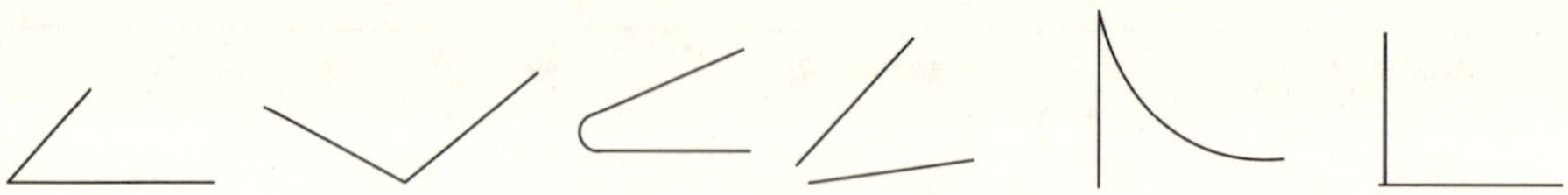

图 7－5

表 7－17 “角”概念教学中的变异图式

审辨的关键特征	对　象	背　景	范　式
两条直直的边 一个公共顶点	变化： 正例：具备两个属性 反例：有边是曲线 反例：没有共同顶点	不变： 两条相交或可能相交的线	对比

反例的确定与运用，需要教师根据以往的教学经验以及学生的具体情况来判定。在需要时，慎重地设计，恰当地运用反例。借助反例与正例的对比，使学生对概念基本属性的认识精确、丰满、充实。

学生的认识正是在多种例子的共同作用下，才逐步深入的。在多种元素的作用下，教学效果才可能得到逐步提高。变异理论在解释学生学习的同时，为课堂教学的改进提供了一种努力的方向和指导原则。

二、例证的运用时机

如前所述，变异理论强调例证的丰富和多样，那么教学中应如何利用和组织各种例证呢？是否有某种固定的顺序？比如，将标准正例先于非标准正例呈现，反例则安排在最后出现？

本课题组经过几年的实验和总结，我们看到，在具体教学设计时，例证的呈现无须固守某种一成不变的顺序，而是要遵循具体教学内容、学生思维过程、活动组织等的需要，选择和安排不同的例证。比如，在探究某一概念或原理的教学中，从适当的非标准正例入手有时更为合适。一般学生对于标准正例比较熟悉，因而这类例子缺乏新意，很难激发他们的探究兴趣，而若将基于学生经验选择难度适中的非标准正例作为问题情境，就会既具有一定的挑战性，又有助于进入新知识。

这里以北京市北洼路小学吕庆红老师的“比”概念的教学为例，说明如何从探究非标准正例入手，随后结合其他标准正例，创设变异空间，促进“比”概念的学习。①

“比”概念是小学数学北师大版六年级的内容，它的含义相对概括，是速度、单价和浓度等概念的上位概念，学生掌握比较困难。教材中虽列举了许多比的实例，但对于如何选择呈现这些正例，并没有必要的解释说明，这位教师总感觉困惑，不知怎样利用这些例证更有利于揭示比的含义，怎样组织更符合学生的认知发展规律。所以之前她上过的“比”的公开课，由于不知该如何呈现与比相关的教学素材或情境，总觉得很乱，学生在学习时也弄不明白究竟“比”是什么意思、有什么用。因此想尝试运用变异理论进行“比”的概念教学看能否让学生更好地理解“比”的概念。

教师首先分析“比”的意义的本质属性和主要类型，“比”定义为“表示两个量具有某种相除的对等关系，表示为 a : b”。“比”概念包含三个关键属性：(1) 包含两个量，两个量可以是同类的，也可以是不同类的；(2) 表示两个量具有某种相除的对等关系；(3) 上述对等关系还可以表征事物的某种属性。(例如位移和时间的对等关系可以表示物体运动的快慢，即速度)

然后，了解学生对于“比”的已有经验，发现他们比较熟悉速度、单价等“比”的例证，这些前知识可以加以利用。但另一方面，对速度和单价概念的熟悉，也使学生不容易从“比”的角度来理解这些量。而对于长方形的长除宽（即长宽比）表示其形状，学生并不熟悉，是“比”的非标准正例，需要一番分析才能识别二者之间的关系，对其进行计算分析又是在学生的已有知识范围之内，所以教师明确从这个例证的探究入手，使学生体会“比”的意义。教师设计了如下图的教学过程，整个教学过程可分为五个环节，图中每一横行的一个框或多个框可看作一个教学环节。(见图 7－6)

① 吕庆红．运用变异理论进行比的概念的教学［C］//运用变异理论拓展学习空间——变异教学理论课堂实验研究成果集，2011.5.

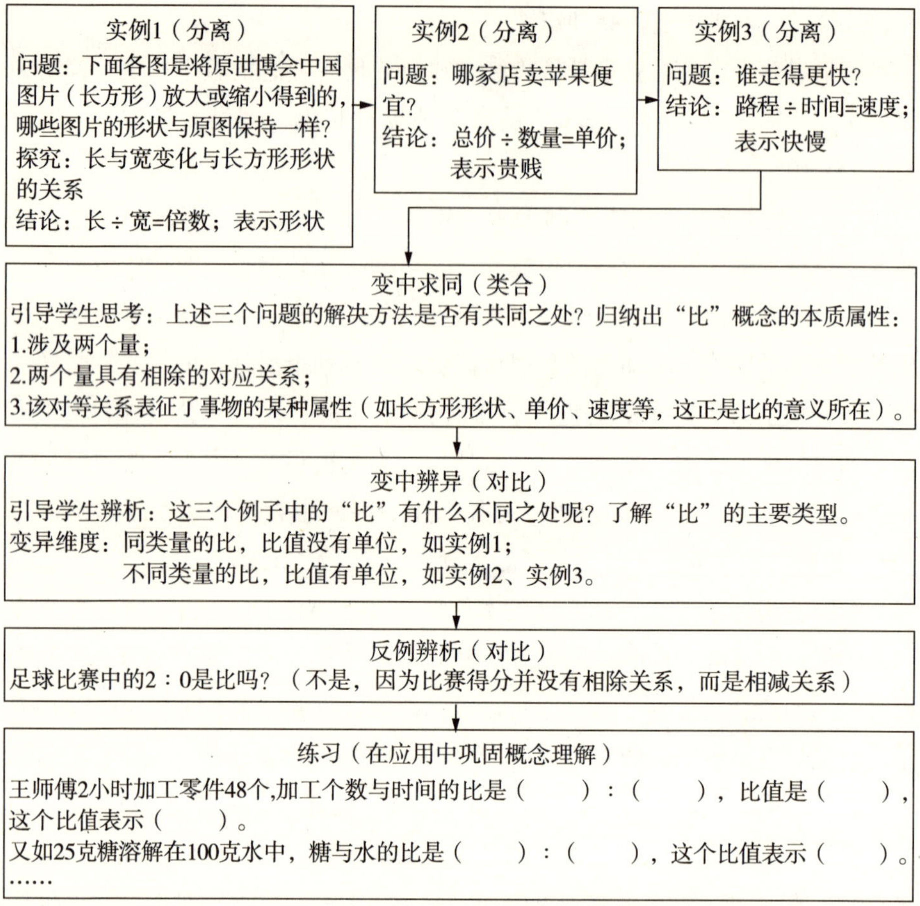

图7－6　“比”概念教学过程的序列

环节一，探究理解“比”的多个实例，主要运用了分离策略。

首先设置真实问题，其实质是保持长方形前提不变，改变其大小和形状，引导学生通过分析讨论、计算、交流等探究过程，识别“长÷宽”的变化与形状的变化相关，“长÷宽”相同的图形形状相同，而“长÷宽”不同的图形形状不同，从而使“长÷宽”的意义在变化中被分离而审辨出来。接着，引导学生分析两个熟悉的实例（标准正例），即识别“路程÷时间”表示快慢（速度），“总价÷单位”表示贵贱（单价）。（见表7－18）

表 7－18 “比”概念教学中的变异图式（一）

审辨的关键特征	对　　象	背　　景	范式
“长÷宽”构成一个新的量，表示长方形的形状	变化： 长÷宽的值不同，图形形状不同	不变： 印有世博会中国馆的长方形图片	
			分离
总价÷数量＝单价 表示贵贱	变化： 由总价÷数量的值不同可知贵贱不同	不变： 买苹果的情境	
路程÷时间＝速度 表示快慢	变化： 由路程÷时间的值不同可知快慢不同	不变： 行走的情境	

值得关注的是，将两个标准正例安排在一个非标准正例之后，这似乎与前面介绍的概念变式教学策略不太一致，但本课实践表明，这样设计收到很好的效果。原因可能有两个，一是虽然学生对两个标准正例非常熟悉，但由于速度和单价概念的先入为主和已能熟练运用，反而使他们很难理解学习“比”的意义和必要性。二是本课希望学生通过探究更深刻地体验“比”的意义，熟悉的例证显然很难构成具有新意和挑战性的探究情境，而课题“长方形的长宽变化与其形状关系”，对于学生既是新鲜的，又在其探索能力范围之内，难度和挑战性适当，只要加以恰当有序的引导，学生就能积极、富

有兴致地开展探究，从而获得深刻的体验——原来长方形的“长÷宽”决定了它的形状。

环节二，主要运用类合策略，引导学生对不同实例进行归纳，即变中求同。

通过“长÷宽”、“路程÷时间”和“总价÷单位”三个不同例证，归纳出它们的共同点，即不变的特征，也就是“比”的本质属性。例证的多样而典型，才能使“比”的本质属性更突出，使学生更准确把握本质而超越了每个具体的例证。（见表7－19）

表7－19 “比”概念教学中的变异图式（二）

审辨的关键特征	对　象	背　景	范式
1. 涉及两个量 2. 两个量具有相除的对应关系 3. 该对等关系表征了事物的某种属性	不变： 都用两个量的相除关系表示一个新的量	变化： 1. 长方形形状 2. 价格贵贱 行走快慢	类合

环节三，主要采用对比策略，引导学生识别三个实例间的重要差异，即变中辨异。

通过概念内的对比，即两种类型的“比”互为对照，使学生理解“比”的类型，从而了解有无单位不是“比”的关键属性，而是其重要的变异维度，加深对“比”的理解，使学生的认知得到细化，减少困惑。（见表7－20）

表7－20 “比”概念教学中的变异图式（三）

审辨的关键特征	对　象	背　景	范式
不同类型的比	变化： 同类量的比，比值没有单位； 不同类量的比，比值有单位	不变： 都是比的关系	对比

环节四，主要采用对比策略，辨析典型反例。

球类比赛的比分其形式与“比”很相似，但并不是数学中的比，而学生常误以为是比，经过辨析使学生了解比分中的两数不存在相除关系。在概念和非概念的对比中，使学生巩固了对概念本质属性的认识，避免混淆。（见表 7－21）

表 7－21 “比”概念教学中的变异图式（四）

审辨的关键特征	对　象	背　景	范式
两个量具有相除的对等关系	变化： 具有相除的对等关系 不具有相除的对等关系（足球比赛中得分 2∶0）	不变： 表面形式相同	对比

环节五，运用比的概念分析更多实例，使学生对概念理解更深入和应用更灵活。

这个例子中，我们看到，一个反例被安排在教学的最后环节。然而，如同非标准正例，反例的呈现时机并不是固定唯一的。比如在前面提到的《图形的旋转》教学中，教师围绕旋转图形的三个关键属性分别设计了一些反例，何时呈现这些反例呢？课题组认为可有两种方案。第一种，每分析旋转图形的一个属性，就呈现相应的反例，也就是，反例是穿插在概念属性分析的各环节中；第二种，分析了所有属性之后，再将反例一同呈现，让学生在各种反例和正例之间进行判别，从而加深对概念属性的理解。

又如，北京市北洼路小学侯丽达老师在《数对》一课中，在开课就引入了一个反例。她呈现了一张蛋糕房冰柜的照片，对学生说“老师喜欢的蛋糕放在冰柜的第 2 层，第 3 块（板书）——你猜是哪块？”学生所指的蛋糕并不一致。教师又问“咱们说的都是‘第 2 层，第 3 块’，为什么会是不同的蛋糕呢？”原来开始数的起点不同，于是教师引入课题“今天我们就来学习如何确定准确的位置，看来先确定‘从哪开始数’很重要。”从教学之始，就让学生感受数对有序的必要性，而且引发了学生的兴趣。

事实上，由于学生的错误有时就是反例，所以它的出现很难完全预设，在课题研究中教师被鼓励重视学生错误，及时利用学生出现的偏差来澄清对知识的理解十分有效。

教学并没有固定的路径，我们要考虑知识的内在逻辑、学生的经验和思维水平、客观条件，在此基础上进行具体分析、判断和决策。

第四节　方法之变——问题解决教学策略

除概念和原理之外，问题解决也是教学内容的重要部分，即指导学生运用所学概念和规则处理和解决问题。问题解决对于培养学生思维能力、提高思维灵活性和创造性十分重要。因为问题解决过程中，学生需要对已知条件分析识别，辨认属于哪一类型的问题，需要运用哪些已学的知识以及对知识的运用程序，往往需要对原有知识进行不同程度的变通。也可以说，问题解决的过程是学习者生成具体规则和方法的过程，有助于培养学生灵活运用知识的能力，在运用中更加深了对知识的理解。事实上，任何问题解决的过程都包括知识运用和生成两个方面，问题解决教学，旨在培养灵活的运用知识的能力和体验学习解决问题的方法和过程。

各科教学中都非常重视问题解决的教学，比如数学课程中的“包装的学问”、“估计费用”、“图形的规律”等；科学课程中的“制作不倒翁”等；语文和英语课程中的写作也是问题解决。

在我们变异理论课堂实践研究中，不少教师尝试在问题解决教学中运用变异理论，分析教学中的核心内容，确定教学的基本变异维度，尝试通过变异维度的设置，引导学生关注到关键内容。问题解决教学中，关键内容和线索主要是方法、问题情境及二者的关系。

一、方法变换与突破定势

培养思维的灵活性，是问题解决教学的重要目标。提高思维灵活性的途径之一是，在问题情境不变的情况下，探索不同的方法，激活思维，变换思路，感受知识内在的联系和变通，更有效避免被某种单一方法所限制，同时使学生通过对比不同方法，而识别可能的简便有效的方法，这与我们传统教学中十分看重的“一题多解”基本一致。比如，课题组多位教师在设计和实施“组合图形面积求解”的问题解决教学时，都关注到激发学生灵活运用多种方法。

教师首先带领学生回顾基本图形及其面积公式，然后呈现若干由基本图形组成的图形，引出组合图形的概念，引导学生思考“如何求解组合图形的面积呢?”“能像基本图形那样直接用公式计算吗?”通过比较基本图形和组合图形，学生能推演出计算组合图形面积的基本思路：把组合图形转化为基本图形，再用公式进行计算。

接下来，引导学生探讨转化图形的方法。北京市定慧里小学王晶晶老师基于教材创设了这样一个问题情境：“老师家的一个房间要铺地板，请你们帮忙计算地面的面积。”选择的组合图形比较简单，并且可以采用多种转化方法。请学生在学案上尝试将组合图形转化为基本图形，并强调可尽量尝试多种方法。学生们热情很高，也很投入，最后多数学生都找到了 2 ~ 3 种转化方法。通过展示分享，学生看到了更多的方法（见表 7 – 22），开拓了思路。随后，教师引导学生对这些方法进行对比、归类，最后归为三种基本方法——分割、添补和割补。

通过解决第一个问题，学生尝试了多种转化办法，归纳出三种基本转化方法。但该问题比较简单，还需要让学生探索更多样、转化难度更大一些的问题。北京市苏家坨中心小学甄红蕊老师随后呈现了几个问题情境，其中求红旗面积的问题也可采取多种转化方法。

而且，北京市六一小学王妍老师发现，在学习了组合图形面积求解方法后，多数学生陷入了一个定势，倾向于把某个基本图形也当成组合图形。

表 7－22 "组合图形面积求解"教学中的变异图式

<table>
<tr><th>审辨的关键特征</th><th>对　象</th><th>背　景</th><th>范式</th></tr>
<tr><td rowspan="2">多种转化方法
三种基本
的转化方法</td><td>变化：
分割法：
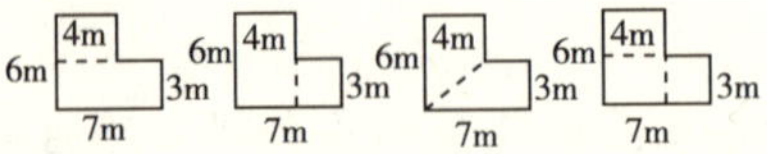

添补法：
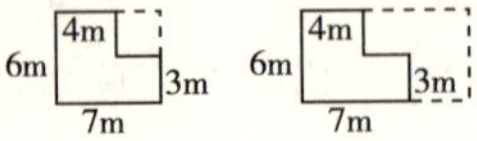

割补法：
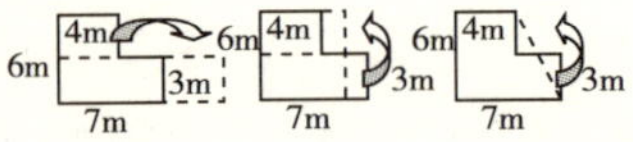
</td><td>不变：
一个组合图形
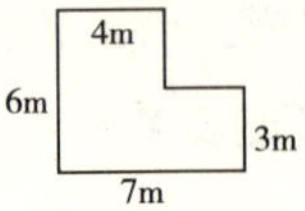
</td><td>对比
类合</td></tr>
<tr><td>变化：
分割法：
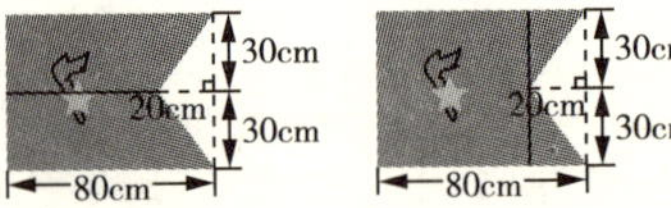

添补法：
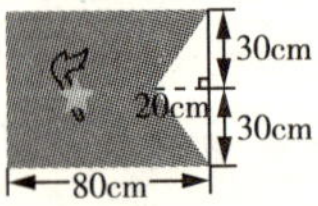

割补法：
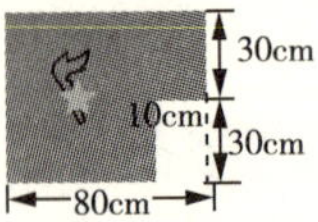
</td><td>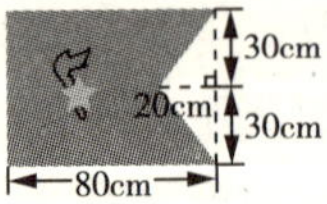
</td><td></td></tr>
</table>

比如，表 7－23 求解的阴影部分其实就是一个梯形，而因图形中其他线条和组合图形面积求解方法的影响，很少有学生直接利用梯形公式，而是采用转化方法。因此，王老师在教学中加入这个问题，当学生发现不用转化方法就可解答时，都显出惊讶的表情，借此教师提醒学生在采用转化方法之前，需先判别图形面积是否就是一个基本图形能直接求解，而减少为定势所困。

表 7－23　“组合图形面积求解”问题解决教学中的变异图式

审辨的关键特征	对　　象	背　　景	范式
直接求解与转化方法的条件辨别	变化： 转化方法 分割法 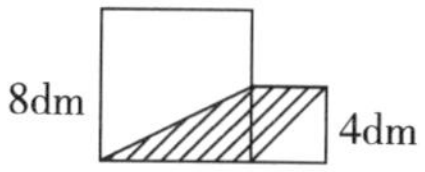 添补法 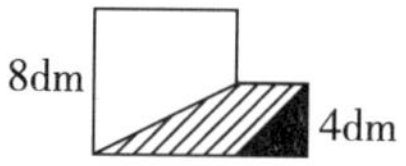 割补法 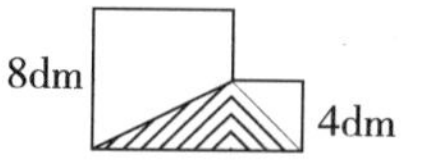 直接求解：梯形公式	不变： 求阴影部分面积 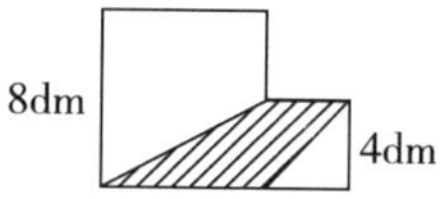 	对比

二、方法随情境而变化

问题解决教学中，学生往往不仅要掌握和探索问题解决的各种主要方法，更重要的是理解各种方法的适用条件，实质上，前者的变化是随后者变化而发生的。因此，需要学生审辨的内容，不能止于方法的不同，还要识别不同方法与不同情境之间的联系，即两个变异纬度和它们之间的关系，也就是依据具体的问题情境判断采用何种方法，否则，方法很难得到恰当有效的运用。

事实上，实践中学生对于不同方法的适用条件常常未给予必要重视。比如，北京市海淀区六一小学张云燕老师对以往《估算费用》进行如下反思分析。

我总觉得这节课只是浮于表面的方法，只是简单把一些估算方法展示出来，让学生知道有这些估算方法而已，却没有抓住这节课真正的灵魂——让学生比较、分析这些方法的不同以及这些方法背后的相同本质。学生在运用这些方法时感到困难，对几种方法似乎没有吃透。

于是张老师与课题组成员共同探讨，试图运用变异教学理论改进本课教学设计。首先分析《估计费用》一课内容的要点。估算是指在某种现实需求下，为计算简便和快捷，先将数据约估为整十或整百的数，再进行计算的问题解决过程和方法。包含两个主要变异维度，一是估算方法的维度，包括去尾法、进一法、四舍五入法和凑整法等方法（见表 7－24）。二是问题情境的维度，包括估计最少、最多、最接近等多种要求。去尾法估算能告诉我们最少要付多少钱，用进一法估算能告诉我们不超过多少钱，用这两种方法我们可以判断精确计算结果所在的范围。相比这两种方法，四舍五入法估算、凑整法估算的结果与精确计算的结果比较接近。教学重点是引导学生根据具体情况选择合适的估算方法。

表 7－24 《估计费用》一课内容的变异维度

<table>
<tr><th colspan="2">变异维度</th></tr>
<tr><td>方法的变异</td><td>问题情境和条件的变化</td></tr>
<tr><td>去尾法</td><td>问题：最少不会少于多少钱</td></tr>
<tr><td>进一法</td><td>问题：最多不超过多少钱</td></tr>
<tr><td>四舍五入法</td><td rowspan="2">问题：与精确计算的结果比较接近</td></tr>
<tr><td>凑整法</td></tr>
</table>

经过分析和研讨，张老师将教学重点定位在根据具体情况选择合适的估算方法上。为了引导学生辨析方法不同背后的条件差异，设计了如下问题情境：妈妈带淘气到小区超市购买东西，购物内容如表 7－25 所列清单。后因妈妈有急事要先走，只好由淘气来排队付款。妈妈该留多少钱给他呢？（1）妈妈从钱包里找出零钱 40 元，淘气立刻说肯定不够，你猜猜他为什么判断这么快吗？（2）妈妈只好拿出一张百元钞票，问 100 元够吗？他赶紧口

算，可是还没等他算出来，妈妈就说肯定够了，妈妈如何算得这么快呢？她说的对吗？（3）结账后，找回30多元钱，淘气想快速验算一下，他可以怎样算呢？（4）淘气和妈妈的计算方法与收银员的计算有什么不同呢？

表7－25　购物清单

果　汁	16.00元
火腿肠	13.00元
蔬　菜	8.00元
洗发水	23.00元
洗衣粉	6.00元
牙　膏	3.00元

通过讨论上面三个问题，引导学生依次得出去尾法、进一法、四舍五入法、凑十法等估算方法和精算方法。随后围绕几种方法进行深入讨论。

表7－26　“估计费用”问题解决教学中的变异图式

审辨的关键特征	对　　象	背　　景	范式
估计费用：为了快速大略计算费用，把不好算的数估成好算的数，即把末尾估成0或5的数，然后再进行计算	不变： 购物情境 都是估算	变化： 问题变化——方法变化 最少不少于——去尾法 最多不多于——进一法 最接近——四舍五入或凑整法	类合
不同估算方法适用于不同的估算情境	变化： 问题变化——方法变化 最少不少于——去尾法 最多不多于——进一法 最接近——四舍五入或凑整法	不变： 购物情境 都是估算	对比

首先，让学生说一说这么多估算方法，它们有什么相同的地方。这一问题的设计主要是想让学生在不同方法中找相同本质，体会到估算主要发生在生活中需要快速大略计算费用的情形，这些方法都是把不好算的数估成好算的数，

即把末尾估成0或5的数，然后再进行计算，便于快速解决问题。再让学生说一说这些方法有什么不同的地方，让学生体会有着相同本质的诸多方法也有着它们各自不同的特点和适用条件。四舍五入法、凑整法估算的结果与精确计算的结果比较接近；去尾法可以快速知道最少要付多少钱，精确值一定大于这个值；用进一法估算告诉我们不超过多少钱，精确值一定小于这个值。

课后张老师这样写下她的感受：

运用变异教学理论，让“估计费用”一课变得厚实起来。在估算方法展示汇报后，让学生对比分析这些方法的不同点和相同点，这使学生对这些方法又有了更高一层次的认识，原来不同的估算方法的背后却有着相同的本质，而有着相同本质的不同估算方法适用的情况又有所不同，所以要根据情况选择合适的估算方法。在不同中找相同，在相同中找不同，这一对比、总结把这节课提升了一个高度。

三、方法由具体到一般的演变

问题解决的方法，常常历经由具体到一般的逐步概括，随着探讨的问题情境的变化多样，我们发现，面对新的问题时，原来行之有效的方法不适用了，需要对方法重新进行更上位的界定，从而提炼出更本质的特征。问题解决教学有时也经历同样的方法提炼和归纳过程，学生经历方法由具体到一般的一次次演变。以下这则教学案例正体现了这样的方法变迁过程。

“包装的学问”（北师大版小学数学五年级下册综合实践活动单元）是在学生学习了怎样计算长方体表面积以及合并分割正方体和长方体的有关知识的基础上，尝试解决“如何叠放多个相同的长方体使其包装纸最省的问题”，也就是，探索在包装多个相同的长方体物品时怎样叠放才能使其表面积最小的问题。它体现了数学的优化思想，有助于提高学生解决实际问题的能力，发展学生的空间想象力，感受数学与实际生活的密切联系。北京市海淀区六一小学王妍老师在实施该课教学中，尝试引导学生进行有序探究，清晰记录各种叠放方案，强调不重复、不遗漏，选出最省包装纸的方案并说明理由，已取得较好效果。而后王老师与课题组老师们对问题又进行了细致梳理，使探究层次和过程更加清晰。

“如何叠放物品节省包装纸问题”的探索和解决过程要考虑多种变与不变的因素，这些变量构成了重要的变异维度。变异理论强调，为了引导学生关注某些重要的维度和方法，教学过程中问题情境的设置需保证某些维度是突出的，能引起学生的关注和审辨。王老师和课题组成员首先明确该问题的基本限定条件主要包括两个方面：(1) 物品为长方体；(2) 每次包装的长方体的大小形状相同。这些限定条件使该问题简化。同时分析指出，问题中涉及四个主要变异维度（见表 7－27），这为设计教学过程做了必要铺垫。

表 7－27　“如何叠放物品节省包装纸问题”的变异维度

变异维度	
长方体形状（长宽高关系）	较扁的长方体（宽 >2 高） 较厚的长方体（宽 <2 高） 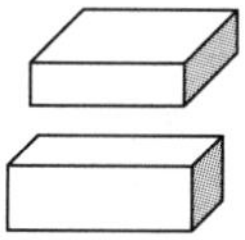
长方体个数	2 个、3 个、4 个，等等
叠加方法	大面重合、中面重合、小面重合 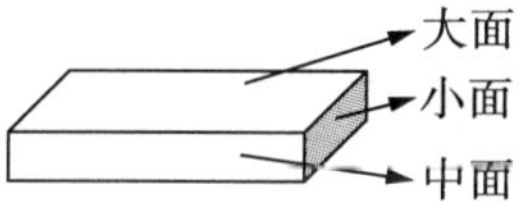 为分析方便，可将长方体最大的面（长 × 宽）称为大面，最小的面（宽 × 高）称为小面，介于大面和小面之间的面（长 × 高）称为中面
优化叠加策略	概括程度不同 具体策略：2 个大面重合最省纸（适于 2 个较扁长方体叠加） 4 个大面重合最省纸（适于 3 个较扁长方体叠加） 6 个大面重合最省纸（适于 4 个较扁长方体叠加） 中等策略：大面重合最省纸（适于较扁长方体的叠加） 一般策略：重合面越大，组合体表面积越小，越省纸 组合体越接近正方体（长宽高接近），表面积越小，越省纸 （适合各种形状的长方体）

基于上述分析，教学过程的基本思路确定为从探究具体策略到一般策略逐渐提升。整个教学可分为三个基本环节，第一个环节是从具体策略到中等策略。首先选择较扁长方体（磁带盒）作为探究对象，它的优化叠加策略比较直观和单一，便于学生归纳总结。教学中的变异图式如表 7－28 所示，首先引导学生对比分析 2 个长方体叠加的三个方案，从而识别出最省纸的是“2 个大面重叠”，随后依次探究 3 个、4 个长方体叠加的情况。（见表 7－28）

表 7－28　“怎样包装节省纸”教学中的变异图式（一）：具体策略

审辨的关键特征	对　象	背　景	范式
2 大面重合最省纸	变化： 叠加方案 3 个 2 大面重合、2 中面重合、2 小面重合 	不变： 较扁长方体（磁带盒） 长方体个数为 2 个	对比
4 大面重合最省纸	变化： 叠加方案 3 个 4 大面重合、4 中面重合、4 小面重合 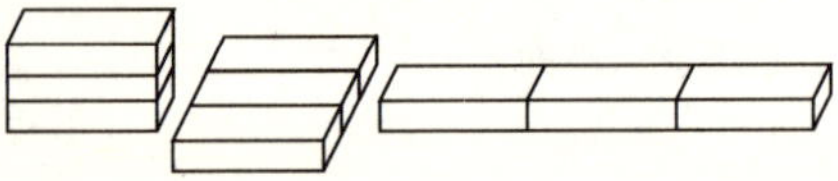	不变： 较扁长方体（磁带盒） 长方体个数为 3 个	对比
6 大面重合最省纸	变化： 叠加方案 6 个 6 大面重合、6 中面重合、6 小面重合、4 大面 4 小面重合、4 大面 4 中面重合、4 中面 4 小面重合 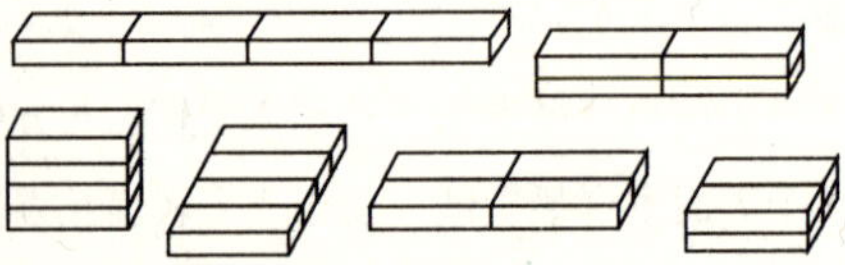	不变： 较扁长方体（磁带盒） 长方体个数为 4 个	对比

经过以上三种情况的探究，多数学生已经发现了某种规律，什么是变中的不变，教师稍加点拨便可以归纳出较上位的优化策略“大面重合最省纸”（见表 7－29）。

表 7－29　“怎样包装节省纸”教学中的变异图式（二）：中等策略

审辨的关键特征	对　　象	背　　景	范式
大面重合最省纸	不变： 最佳方案单一且一致	变化： 2 个磁带盒（3 种叠加方案） 3 个磁带盒（3 种叠加方案） 4 个磁带盒（6 种叠加方案）	类合

第二个环节，从中等策略到一般策略的探究，中等策略对于较扁长方体适用，但当长方体厚度达到一定程度，高与宽的差距缩小（宽等于或小于高的两倍），“大面重合最省纸”就不全面了，还有其他叠加方法也可以达到同等省纸的目的。因此，此时请学生探究较厚长方体（香皂盒，已知长 9.5cm，宽 6cm，高 3.5cm）的叠加优化策略，从而使学生看到中等策略“大面重合”并不总符合最优策略，而关注于更一般的策略。在分析过程中，运用对比看到较扁长方体与较厚长方体的优化叠加方案有所不同，教师进而引导学生关注两个不同具体方案都达到最省纸的原因，它们都符合更一般的规则：重合面积越大，组合体表面积越小，越省纸。事实上，此思路在前面也提及过，但经过这样的变异和审辨过程，一般策略更清晰地被分离出来，加深了学生对最优策略的本质意义的理解，避免某种叠放方案的可能干扰。

表 7－30　“怎样包装节省纸”教学中的变异图式（三）：一般策略 1

审辨的关键特征	对　　象	背　　景	范式
重合的面积越大，组合体表面积越小，越省纸	变化： 长方体形状不同——策略不同 较扁长方体：大面重合最省纸 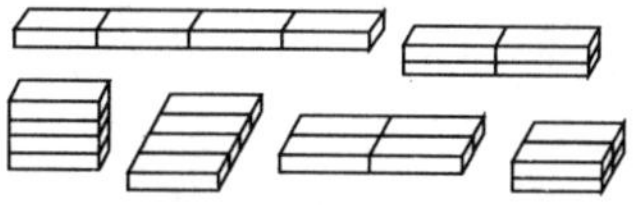 较厚长方体：4 大面 4 中面重合最省纸。（比 6 个大面重合更省纸） 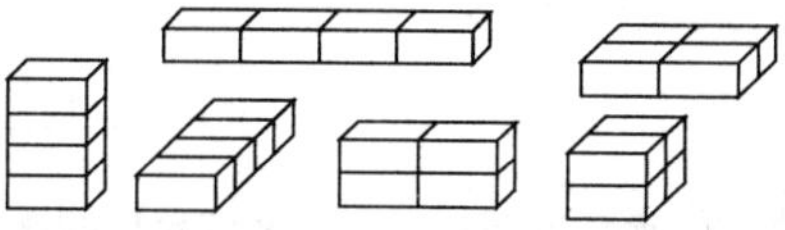	不变： 长方体个数都是 4	对比 分离

在教学研讨中，王老师曾提出她的一点困惑。包装省纸问题的最优解决方案（一般策略）有两种表述方法：（1）“重合的面积越大，组合体的表面积越小，包装越省纸”；（2）“组合后的长方体的长宽高越接近，即形状越接近正方体，则表面积越小。”采用哪种表述比较好？后者是对物体三维特征的判断。经讨论认为前者比后者更直观，学生更容易理解和推导，教学中适宜先归纳前者，再通过最佳叠放方式与其他叠放方式的异同比较，归纳出后一种策略表述。之前上课教师只是举起手中的不同叠放磁带盒组合体，让学生看最省纸方案与其他方案的区别，但效果不好，很少有学生能总结出此规律。课题研讨时大家分析，主要原因在于，手举磁带盒组合体最多一次比较两个，规律性不容易体现。因此，建议用课件将各种最省纸的叠加方案和其他叠加方案分组对照列出。（见图7－7）

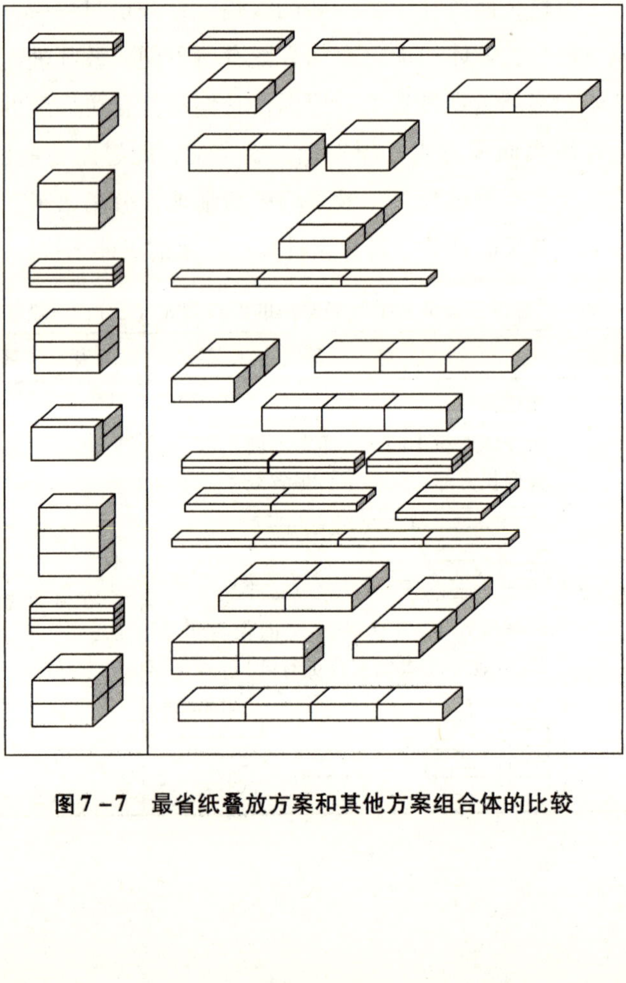

图7－7　最省纸叠放方案和其他方案组合体的比较

如图 7 -7 所示，左边组为最省纸的叠放组合体，请学生思考它们有什么共性，右组为其他叠放组合体，再思考它们又有什么共性，而左右两组对比，大家看看它们的主要区别是什么。

表 7 -31 “怎样包装节省纸”教学中的变异图式（四）：一般策略 2

审辨的关键特征	对　　象	背　　景	范式
组合后的长方体的长宽高越接近，即形状越接近正方体，则表面积越小，越省纸	变化： 最省纸的叠放组合体形状 其他叠放组合体形状	不变： 长方体 叠放	对比

在对比中学生比较顺利发现或认同（见表 7 -31）最省纸的各种叠放组合体，与对应的其他叠放组合相比，更方一些，而其他叠放组合体都更扁长一些。可见，第二种表述是对组合体三维特征的判断，只有基于较多组合体的观察和异同比较，才能有效地抽取出来。

在以上三个数学环节中，长方体个数、形状、叠加方法等变异维度有序展开，在变异图式和策略的引导下，学生一步步由具体到一般探明了长方体组合体表面积最小的叠加方法，并且从中体会到有序探索问题的一般方法和思路。

几年来，我们尝试在问题解决数学中运用变异理论，初步研究结果表明，对于数学成效的提高有较明显的作用。我们认为，问题解决教学所关注的核心要素是方法，而方法的变化和选择又与问题情境条件的变化相互关联，方法和情境构成了问题解决的基本变异维度，清晰把握两个维度及其关系，对于有效运用变异策略、创设有序变异的学习空间至关重要。同时我们看到，与知识教学相比，问题解决教学更为复杂，不同问题的变异维度的分析角度可能大相径庭，比如有的体现在方法的类型不同上，有的表现为方法的概括程度不同等。我们对问题解决教学中的变异策略的研究还处于初步探索阶段，有待开展更丰富和更深入的实践研究和理论分析。

第八章

路在脚下：在收获与反思中前行

经过四年的努力，应该说，变异学习理论已经在北京市海淀区教育中生根、发芽。在参与课题的学校里，许多教师从最初的懵懂，转变为对变异学习理论的自觉接受和运用。以变异学习理论为工具，以教学研讨活动为契机，不断对自己的教学设计和教学实践进行调整和改进；在对教学活动的深入钻研过程中，许多教师破除了对理论的排斥感和恐惧感，明确了行动研究的价值、目标、方法，渐渐学会把自己的教学研究成果以朴素的形式表达出来。

在项目实施中，以变异学习理论的推广、应用为载体，我们也收获了很多，既对变异理论的应用本身进行了反思，也对项目实施过程和教学研究活动进行了思考。在改进课堂教学的漫漫长路上，我们所做的，只是迈出了一小步。

第一节　教学研究就是在教学实践中研究教学

对于大多数中小学教师来说，教学研究或是课题研究是与自己每天教学工作无关的另一项任务，枯燥无聊又无真正的实际功用，最大的功用便是发表文章用来评职称。因而，无论是在理论层面，还是实践操作层面，都存在重复简单、应付了事的现象。这种所谓的研究当然无益于课堂教学质量的真正提升，而且导致人力、物力、财力的浪费。其实，真正的教学研究，就是在教学实践中研究教学，用自觉的态度去关注教学、发现教学问题、改进教学的活动，教学研究不是为了写文章，而是为了改进教学，就像农民的研究是为了种出更多更好的粮食一样，教师的研究是为了高质量的教学。因此，真正的教学，必须是扎扎实实的、扎根于每日教学实践的，任何矫揉造作的刻意打造和仅供别人欣赏的所谓研究，都不是教学研究。

一、教学研究的慢功夫

人们常说：“十年树木、百年树人”，意在说明教育活动的艰巨与漫长。作为教育活动的核心，教学活动的成效也一样，很难在短时间内看到突出的成果、见到显著的成效。因此，“急于求成”的心态搞不了教学研究，“见好就收”也不是教学研究的品格。有的人刚刚做了点工作就想收获，看不到收获就沉不住气；或者收获一点成果就不干了，就以为万事大吉了。教学研究工作的扎实，颇需要一番慢功夫。没有扎实深厚的知识功底，没有勤于钻研、善于反思和不断总结的进取精神，教学研究就无法真正有效，就无法真正促进课堂教学的改进。教学研究必须安下心来，宠辱不惊，用心去思考和行动，一心一意、踏踏实实地做细致的、长期的工作，耐得住寂寞、受得了折磨，才能真正做出有价值的成果，才能真正有所成就和作为。

我们运用变异理论改进教学的过程，正是体现了这样的慢功夫。起初，关于变异理论在教学中的运用，教师有诸多的困惑和不理解。例如，教师常问这样的问题：“变异理论只是适合概念教学吧？那其他内容的教学怎么办？”“变异理论为什么不特别强调学生动手探究？”“变异理论到底有什么用呢？我们干嘛要用变异理论呢？”“我们的学生素质不高，能把这些东西教会就不错了，搞什么变异教学理论的应用啊？”……教师有这样的疑惑和问题，能不能批评他们不思进取，或者强制他们不要这么想，强制他们全身心地投入到一种“先进的、全新的”理论研究和实践中去？当然不行。课题组清醒地知道，教学研究和变革的主体只能是教师，外部的研究者只能起鼓励、介绍、提供资料等辅助作用，而不能不顾教师的意愿而强制他们进入实验。当然，从另一面来看，参与某个教学实验或把某种理论应用于教学从来都不是我们进行教学改革实验的目的。教学改革实验的最终目的只能是为了学生更好地学习、发展，促进教师的发展，形成更合理的教学结构。因此，在教学活动那里，必须采用多样综合的方法或理论。当然，这并不是说，某一种个别的理论就没有意义，反而恰恰是解决教学中存在的某类问题的最好切入点。我们的变异教学理论的课堂应用，就是从和教师们一起分析课堂存在的各种问题入手。怎么分析呢？我们从课堂教学活动的全过程参与，即教学设计、组织教学、课后的反思提高、对学生学习结果的测试评价等活动入手。

一开始，北京师范大学的合作教授和项目校的教师们一起作教学设计。大家一起讨论：这节课的核心内容是什么？这个核心内容与其他内容的关系是什么？用什么样的方法能够让学生最深刻地掌握这个核心内容？需要举什么样的例子？这些例子之间的关系是什么？为什么举这些例子？这些例子真的能很好地揭示核心内容的关键特征吗？这个核心内容的关键特征究竟是什么？我们能不能准确全面地揭示它？……就是这样，从教师最熟悉的备课开始，一点点渗透变异理论的思想，引导教师们尝试着运用变异理论进行教学设计。慢慢地，教师可以朴素地说，变异就是要使某些要素发生变化，通过变化去把握那个“不变”的关键特征。再往后，教师开始领会，教学中的“变”并不是想怎么“变”就怎么“变”，也不是“变”得越多就越好，而是要抓住“关键特征”的变化维度，经过精心的设计来选择可“变”的维度与方式。经过几年的实验，教师开始意识到，教师在课堂上要教给学生的，并不只是平列式呈现在教材中的知识，而是要讲清楚这些知识背后的道理，内容与内容之间有着内在的关联。因此，教师开始自觉地对照着课程标准来梳理、提炼教材中的知识点，确定每个知识点每部分内容的关键特征以及适合于内容的标准正例、非标准正例和反例。经过几年的实验与探索，教师已经能够比较自觉地去设计和使用恰当的例子；在课堂教学时间的分配、教学重难点的突破等方面从容应对。

经过实验的教师都知道，这些心得的取得，是在一次次的尝试、探讨、修改、再尝试、再探讨的过程中实现的。当然，这个过程中并不是简单的重复，而是教师带着自觉的观察和试验的目的，自觉提升教学效果的过程，同时，教师对于教学的认识和把握也实现了螺旋式上升。

教学研究的“慢”，不是刻意追求时间上的缓慢，而是由教学本身的特点造成的。这种慢，不仅表现在要经历比较漫长的时间，不可能一蹴而就，而且表现在结果的显现上也是慢的，当我们认识到教学的这一个规律时，还有更多的更深刻的规律需要我们去探索。因此，认识教学规律、提高教学质量是一个永远的课题、不尽的工作，需要我们持续的努力，那种“三年超英五年赶美”的“运动式”教学研究，不仅无益而且有害。

二、教学设计的用心与精心

课题组的研究当然有各种前期的理论学习准备，但更多的工作是在教师的教研活动中、在师生共同的课堂教学中展开的。课题组的活动主要包括理论学习、教材研讨、教学设计讨论、观课、评课、磨课、课题组的交流研讨，等等。我们确定，实验的主体是教师。没有每一位实验教师主动参与，课题研究就不可能进行，更不可能取得什么可见的成效。事实证明，正是在一次次的活动参与过程中，教师渐渐有了自觉的、突破个人经验的教学设计，能够自觉运用变异理论来设计教学，改进课堂教学方式，也有了对教学问题的比较准确的把握和有成效的解决。这些成效，来自于项目校的教师对教学活动的用心、精心的设计和探索。

1. 教学内容的分析与组织要下大功夫

教学总要教学生学些什么，或者说，正是通过教些什么，来展开教学活动的。没有教学内容，就无须教学也不可能发生教学，因而，毫无疑问，教学活动的核心是教学内容。但是，一段时间以来，教学改革和改进的重点却只在改变教法，教学内容似乎成了可有可无的东西。于是，教学重点有游离，教学目的模糊不清，教学过程“跟着感觉走”。这些现象，都反映了一个问题，即对教学内容的忽视，以方法多样替代了对教学内容的掌握，以所谓的学生的生动活泼的学习埋没了学生掌握知识对发展的重要意义。变异理论强调内容与方法的有机结合，因而在实验中，课题组强调对教学内容进行深入分析和研究，真正使教学成为“教”些“内容”的教学，使学生能够“学”

到些“内容”，从而实现发展。

当然，教学内容的选择和组织、分析和研究，是需要下大功夫的，需要全面考虑影响教学的多种因素，如果处理不当或者忽视一些影响因素的存在，就会出现这样那样的问题。

首先，为了上好一节课，教师需要熟悉本学科本年级、学段乃至全部的教学内容。要把“这节课”的内容放在全部内容的背景下去分析，准确把握“这节课”在全部内容中的坐标点，分析“这节课”的学习内容与以前所学、今后要学内容之间的联系。至少要包括三个层次的联系：“本节课内容在整个学科教材体系的地位和承上启下的作用；本节课的内容在教学段中所处的地位和作用；本节课的内容在这个知识单元中所处的地位关系和作用。”① 只有明确了学习内容在知识结构中的位置，才能设计出有针对性的教学内容安排。

其次，教师需要对教学内容进行深入理解和深加工。教材主要是以文字的形式对教学内容的静态的凝练呈现，不可能涵盖所有的教学素材，也不可能充分表达知识的来龙去脉，更不可能照顾到所有学生的差异。有时，教师如果完全跟着教材走的话，会有很多不恰当的地方和问题。这时，教师需要根据教学需求，适当增补或者调整内容。

最后，教师需要进行学情分析，对学生的基本特点、学习需求等进行把握和分析。

我们以北京市上庄中心小学冯丽君老师的《乘法分配律》一课为例，对教学设计过程中的学习内容处理进行说明。冯丽君老师进行了教学分析和学情分析。

教学分析：

（1）这节课的知识点：理解乘法分配律的意义。

（2）学生学习的知识基础：乘法的意义、表内乘法和两三位数乘法。

① 杨玉东. 从学习内容分析入手做教学设计［J］. 人民教育，2010（3－4）.

（3）知识的前后联系：

已学过的相关内容：	→	本单元的主要内容：	→	后续学习的相关内容：
二年级上册 ·认识乘法，表内乘法 三年级上册 ·一位数乘三位数 三年级下册 ·两位数乘两位数		·两、三位数乘法及应用 ·能对一些较大的数进行估计 ·认识及运用计算器 ·探索一些数学规律		四年级上册 ·三位数除以两位数 四年级下册 ·小数乘法

（4）本节课在单元中的地位：这一内容在本单元的最后出现。在探索乘法分配律的过程中，能够运用到本单元掌握的所有知识和已有的学习经验。

（5）本节课所承载的数学思想或能力：对于运算律的价值，属于通性通法，首要作用不在于简算本身，即不是简算的技巧。其目的是通过应用进一步体会运算律，培养学生的简算意识。

学情分析：

对于学生来说，乘法分配律是个学习难点。在课后的练习中会出现这样或那样的错误。对于标准模式，会照葫芦画瓢，但是稍微一做改变，就无从下手，照着葫芦画出的是类似瓢而非瓢的东西。

四年级（1）班已经学习了乘法分配律，但是在试讲的过程中，学生还是没有真正理解什么是乘法分配律。试讲完后对他们进行后测：

第一题：$(10+7)\times 6$（考查学生在学习完乘法分配律后，有没有意识运用到计算中）

第二题：$12\times 62+62\times 88$（考查学生会不会运用乘法分配律）

第三、四题：57×101　$38\times 28+38\times 71+38$（考查学生对于非标准形式的乘法分配律是否能灵活运用，即是否真正理解了乘法分配律）

四（1）班共32人，结果发现：

	(10+7) ×6		12×62+62×88		57×101		38×28+38×71+38	
	人数	百分率	人数	百分率	人数	百分率	人数	百分率
不运用	1人	3.1%	0	0	0	0	0	0
运用错误	3人	9.4%	0	0	1	3.1%	4人	12.5%
运用正确	28人	87.5%	32人	100%	31人	96.9%	28人	87.5%

从这个数据中可以发现:

(1)(10+7) ×6这道题，大部分学生能够有意识地运用乘法分配律解决问题，错了的三个学生都是不理解乘法分配律的意义。错例:

第一种:(10+7) ×6=6×7+10

第二种:(10+7) ×6=10×(6+7)

第三种:(10+7) ×6=(10×6) +7

(2)学生对于12×62+62×88的式子不成问题，也就是说乘法分配律的标准模式中提取公因数对学生来说不是难点。正确率达到百分之百。

(3)57×101即使不讲乘法分配律，学生也会利用拆数的方法解决。试讲过程中，把拆数、竖式以及乘法分配律的三种算法结合起来，让学生找到它们之间的联系。

(4)38×28+38×71+38不是标准乘法分配律的模式。错例:

第一种:38×28+38×71+38=38×28+38×71+38×1=38×(28+38×71+1)

第二种:38×28+38×71+38=38×28+38×71+38×1=38×(28+71)×1

第三种:38×28+38×71+38=38×28+38×71+38×1=38×(28+38×1)

第二题三个学生全对，因为可以照葫芦画瓢，但是多一项，就不会画了。说明头脑中根本就是模糊的。

第四种:38×28+38×71+38=38×28+38×71+38×1=38×

(28 +38 +1)

提取公因数后，剩下的数是三个了，比标准正例多一项，所以提取乱了。

正确的里边还有3个学生这样写：

$$38 \times 28 + 38 \times 71 + 38 = 38 \times (28 + 71) + 38 \times 1$$

于是，老师对此进行了深入分析，学生的困惑到底在哪儿？有了情境，对于标准模式的题型学生会做，但是脱离了情境或者形式稍微有变化学生就特别容易出错。带着这样的问题再度思考，乘法分配律的本质是什么？从题目上看，首先它是乘法，乘法计算离不开乘法的意义。有了乘法的意义为支撑，乘法才会有不同的形式，如乘法交换律、结合律、分配律，等等。乘法分配律只是乘法计算的一种形式。有了乘法的意义作支撑，才能在此基础上进行分配和提取公因数。有了对乘法意义的理解，学生才会理解“分别乘即分配”和“提取公因数”的含义。从而最终让学生理解，乘法分配律再怎么变，也只是形式上变化，结果是不变的。

可见，对于学习内容的分析和处理，是一件需要耐心和要下一番功夫的。教师必须对教材知识、知识体系、学生学情等有了准确而深刻的把握，才能为下一步的教学设计提供准确的服务，进而为教学质量的保证和提高打下基础。

2. 内容的实现要有“恰当”的方式

静态教学内容总要通过动态的活动来展现，才能真正成为教学内容，也才可能被学生所掌握。因此，在对内容进行深入分析的同时，要对教学内容的呈现方式即教学活动的方式做精心的考虑。恰当的教学内容实现方式，是使教学内容顺利被学生所掌握的重要通道，也正因如此，才有人为了方式而方式，把方式作为可以脱离教学内容而独立存在的抽象物。

在变异教学实验的过程中，教师们逐渐明确了：教学方式不是孤立、抽象、静态的，总是与内容的实现联系在一起的。一种教学方式是否恰当，就要看它是否有利于揭示教学内容的本质属性、是否有利于学生理解和掌握教学内容。

在《找重心》这一研究性学习中，教师引入了老北京的传统玩具——跟斗猴。跟斗猴的壳体是用轻质材料制成空腔的圆柱体，其两端为半球形，再将钢球放入空腔内，钢球的重量大于壳体的重量。当把这个玩具置于斜面上时，腔内的钢球在重力作用下，由高点滚向低点，钢球便把壳体的后端压迫得翘起，使得壳体后端向前翻转。

引入跟斗猴有什么作用呢？这位教师是这么做的：先看后玩儿——这是为了让学生看到两个不同的跟斗猴之间的差异，从而发现跟斗猴之所以能够翻跟斗的关键——即重心变化。教师先给学生一个外表是跟斗猴的样子内里却没有钢球的“跟斗猴”。孩子玩儿时，发现这个“跟斗猴”跟别的跟斗猴不一样，只能打滑梯不能翻跟头，这是为什么呢？为什么外形相似的两个跟斗猴，有的能翻跟斗有的却不能翻呢？学生的好奇心和探究热情被激发起来了。通过对比，学生终于知道了跟斗猴能翻跟斗的秘密：跟斗猴有一个像胶囊一样的外形，里面有可以随意滚动的钢珠，把它放到斜面上，由于重心移位，它就可以翻跟头了。

可见，引入跟斗猴，就是要把重心移位的原理，通过两个有差别的跟斗猴实现出来——重心移位是这节课要学的核心内容，两个有差别的跟斗猴是体现重心移位原理的实物载体。正因为有两个有差别的跟斗猴，孩子们才能通过操作、观察、对比等种种外在活动和内部思维去具体理解重心位移的原理，也就是说，学生的思维和操作有了具体的对象，又通过对具体对象的思维操作达到对抽象概念的理解，这时，抽象概念不再是远离学生的抽象语词，而是有了具体的内容；同时，跟斗猴也不再是玩具意义上的“好玩的”跟斗猴，而是有了普遍抽象意义的科学原理。如此，教师通过选择这样一种方式来实现教学内容，教学内容就被活化了、就被打开了，在这样的实现内容的过程中，学生们质疑问难、主动探究的能力也极大地被激发出来。

三、教学设计的切磋与交流

教师对知识的活化和打开是怎么实现的呢？在我们的实验项目中，参与实验的学校都是普通学校，没有特级教师，高级教师也少有，大多是年轻教师，既无多年教学经验，也少有经验丰富教师的带领和指引。在这样的情形下，项目校形成了各种范围的研究小组，例如：有校内学科小组（如数学研究小组）、校内多学科研究小组（数学、语文、科学等各学科）、学区研究小组（以学区为单位形成的学科或多学科研究小组），还有全部参与实验的四个学区所形成的实验联盟。这些研究小组的功能，就是结合自己的教学实践，探讨教学中的各种具体问题。这些问题看起来都不大，甚至可以不研究、忽略不计，可是，一旦研究，这些小问题就变成了大问题。例如：为什么要举这个例子，还有比这个例子更典型的例子吗？这个环节应该怎样提问？这些问题虽然小，却都是实现教学内容、完成教学任务必须要讨论和回答的。要回答这些问题，就必须有对教学内容的全面把握和深入研究，还必须有对学生学习这些内容所能遇到的困难的准确把握。当然，这样的能力不是自然而然就有的，只能在教学实践中自觉地研究、琢磨、思考，与同伴一起讨论，才能比较快地获得。

教学设计就是把教学过程及教学结果以理性想象的方式预先呈现出来。教学设计虽然不能与教学过程及教学结果完全等同，但是，要使教学过程更为积极、教学结果更好实现，教学设计就必须要全面、周到、细致，预想一切可能对教学过程及结果发生影响的要素。因此，教学设计中的多商量、细琢磨就成为必需。在实验过程中，各个研究小组的最重要的工作就在于切磋、研讨、集思广益。

北京市育鹰小学蒋振东在教六年级第一单元《工具与机械单元》时的感悟与实践，非常典型地代表了项目校的教师在教学中的研究与探索。蒋老师在课后的反思中全面地回顾了他的教学实践过程。如下：

一、问题的提出

当前小学科学课堂是以探究为核心的，探究性学习（inquiry learning）是一种积极的学习过程，主要指的是学生在科学课中自己探索问题的学习方式。在长期的教学中，我发现这类课学生往往十分活跃，参与度很高，学生能够主动发现，但是往往也存在着一堂课后学生仍然没有形成清晰的概念，甚至有些概念还是错误的情况。

在《工具与机械》单元教学中我发现了这个问题。这一单元的第一课使用工具，其中有这样的一个内容如下。

把我们使用工具的“经验”填写在记录表中，统计一下同学们共用过多少种工具。

工具名称	可以做哪些事情	工具名称	可以做哪些事情

教材的目的是引导学生建立工具这一概念，再通过简单工具这个概念和简单机械形成联系。

因为在前面一个环节我出示了一张剪纸引导学生说出了剪刀这个工具，所以在我的预设中，学生填写表格的工具名称一栏时一般会写钳子、螺丝刀等这些工具，然后我就可以顺水推舟引导学生提出，这些工具一般都是简单机械。

前测时，这部分就出了乱子。学生填写的表格一下就叫我傻了眼。有的学生这样写道——“工具名称：电脑，可以做哪些事情：玩游戏”；“工具名称：课桌，可以做哪些事情：学习写字”；“工具名称：字典，可以做哪些事情：查找生字”。表面上看这些应该都可以算是扩大的“工具”的概念，可是又觉得不太对，如果这个时候给学生一个定义——这些工具都是简单机械显然就不是恰当的定义了。

二、初步研究问题，改变教学设计

怎样准确地定义“工具”，怎样让学生清晰地体会到桌子这些不是工具呢？

我抓紧时间查了查“工具”准确的定义——一般指劳动中的器

具。我一想还真有道理，比如螺丝刀、羊角锤、杠杆等，而桌子、书本、电视等都不是在劳动中应用的。教材为了让学生更直观没有给出准确的定义也有道理。如果我直接告诉学生，让学生死记硬背这个概念又并非逐步建构的过程。

于是我依照变异理论的思想对这部分进行了修改。在明确“什么是”的同时，去对比“什么不是”，这恰恰可以用到变异理论。那么该怎样运用变异理论引导学生建立这个正确的科学概念呢？

首先进入新课，我先引导学生找一个老师手中肯定是工具的，学生纷纷从我手中苹果、锤子、水杯中选择了锤子。这个活动很简单，然后我再进一步深入，为什么我们不选择苹果、水杯是工具呢？学生纷纷发言：“我没选苹果，苹果是吃的，不是工具。”“因为，苹果不能用它做事情，能吃。”“水杯一般都是喝水用的”，我抓住学生的回答进行追问：“那么你手中还有不是工具的吗？”

这个时候让我惊喜的事情出现了，一个学生毫不犹豫地拿起他的笔：“这个不是！”大家纷纷同意。我请另外一个同学帮他解释为什么不是。学生说：“笔是学具，不能算工具”，我顺势引导学生，工具与学具区别是什么？“学具是学习用的，工具不是。”

这个时候，我没有再请学生明确地说工具就一定是工作用的，我感觉火候还是不够。就出示了课件，请同学筛选筛选这些物品中什么不算工具。iPad、蜡烛、水、大树等纷纷被学生筛去，再来对比是工具的这些，很多同学逐渐地明白了一般生物、自然资源、自然现象、玩具、文具等都不能算工具。

再让学生来写一写其常用的工具名称是什么、用这类工具做过什么的时候，学生就学会思考了，再也不随便想一个用的东西就算进去。有个同学写的是手枪，大家一起来分析。再来讲简单机械，学生就能建立联系了。再没有像原来一样，有的学生学过后还质疑电脑算工具，进而还把电脑当成是简单机械。

三、深化问题，梳理单元概念，运用变异理论

在课后我又翻阅了教材，发现这一单元容易混淆的概念真的很

多。我进行了整理：第2课杠杆的科学：【杠杆】用刚性材料制成的形状是直的或弯曲的杆，在外力作用下能绕固定点或一定的轴线转动的一种简单机械。

第4课轮轴的秘密：【轮轴】是固定在同一根轴上的两个半径不同的轮子构成的杠杆类简单机械。辘轳、螺丝刀、绞盘、石磨、汽车的驾驶盘、手摇卷扬机等都是轮轴类机械。

第5课动滑轮和定滑轮：【滑轮】属于杠杆变形的一种简单机械，是可以绕中心轴转动的、周围有槽的轮子。使用时，根据需要选择。滑轮可分为定滑轮、动滑轮、滑轮组、差动滑轮等。有的省力，有的可以改变作用力的方向，但是都不能省功。

第7课斜面：【斜面】像人行天桥的斜坡那样，可以省力的简单机械叫作斜面。它是一种简单机械，但不是杠杆。我发现轮轴是杠杆的变形，而轮轴和滑轮外形又有相似点，轮轴又和动滑轮一样都省力，而斜面省力又不属于杠杆的变形。杠杆在每一轮教学后都会出现，因为滑轮、轮轴都和杠杆有关，所以学生对杠杆印象太深刻，看见什么都是杠杆。还有的学生，对轮轴与滑轮分不清，更有的学生看见圆的都认为是滑轮。（见右图）

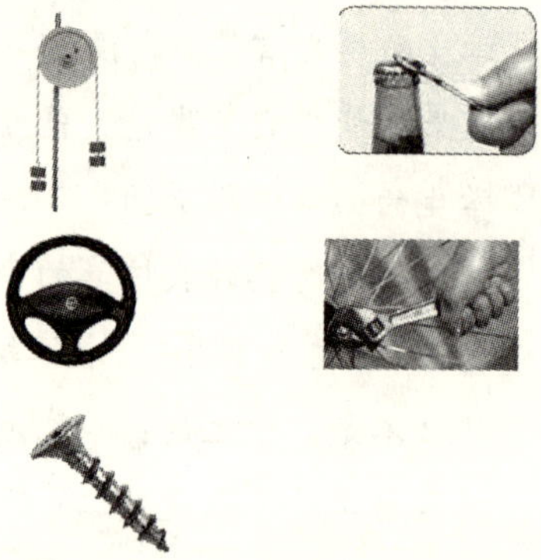
很容易混淆的简单机械，左侧向下依次滑轮、轮轴、斜面，右侧依次是杠杆和轮轴。

我发现变异理论所阐述的：学生的学习总是存在知觉性的。关于学习的知觉性有两种解释：一种是累加说，认为我们从环境获得的信息很贫乏，需要不断累加这些信息。另一种是辨别说，认为我们从世界获得了太多信息，需要进行辨别或选择，由此，学会感知就是要学会根据我们的目标找到关键性的差异。后者，正是变异理论所赞同、所关心的问题。

变异理论认为，学会辨别意味着作越来越精细的区分。这种辨别是指找出使一事物区别于其他事物的突出特征或关键差异。这就可以解释为什么学生容易在这一部分出现概念偏差，因为我们往往引导学生总结，甚至刚为学生举了一个例子就以此为例进行概括。而反复累加起的概念看似牢固，实际出现易混淆的概念时学生就难以区分了。

就如上轮轴一课。从前这样上：

一、创设情境

（展示实物阀门，没有安装上面的轮）谁能把它拧开？学生挑战失败，出主意：安上一个把手。

把它们组合起来，你再来试一试！前后两次拧阀门，你有什么想说的？

提出概念：我们把像水龙头这样，轮子和轴固定在一起，可以转动的机械，叫作轮轴。

二、玩变形轮轴螺丝刀（略）

经过分析我发现，从引入到形成概念，学生实际只接触了一种物品，而这种物品就是属于轮轴的，在后面继续学习中又去研究螺丝刀，学生看似建构了轮轴这个概念，实际是不牢固的。这就导致后面遇到真的像水龙头又不是轮轴的物品时，学生无所适从。

经过思考，我把概念建构加入了一个对比环节，用变异理论使学生不再模糊地感知这个概念，而是切实地逐步去建构。

修改后的教学设计：

一、创设情境

1. （展示实物阀门，没有安装上面的轮）谁能把它拧开？学生挑战失败，出主意：安上一个把手。

把它们组合起来，你再来试一试！前后两次拧阀门，你有什么想说的？

提出初阶概念：我们把像水龙头这样，轮子和轴固定在一起，可以转动的机械，叫作轮轴。

2. 出示一个可以随意转动的罗盘，上面也是圆盘，下面也有轴，但是圆盘转动轴不动（所以不是轮轴）。提问：老师又找了个轮子，配上了轴，有轮子有轴就是轮轴吗？请你说说你的观点。

有学生这样说：“我认为是轮轴，因为您说像水龙头一样的是轮轴。”有的学生说“我认为轮轴是有条件的就是轮子必须要大，所以要看您的轮子大小，轮子大就是轮轴”。还有同学则反对：“老师说像水龙头但是要固定在一起，这个明显就没固定啊！”

我又请几个同学发表了观点，又追问他们，我们说像水龙头一样，是指外形像呢还是原理像？学生纷纷表示应该是原理像。“那我们看这个活动的轮子有轮轴的原理吗，它改变了力的传导吗？”“完全没有。”

学生知道了可以活动的没固定在一起的不是轮轴，再来看风车、滑轮大家就都会应用这个方法了，纷纷表示不是轮轴。

二、玩变形轮轴螺丝刀

再去观察螺丝刀，学生发现虽然螺丝刀一点都不像轮子，可是却有轮轴的原理。

通过修改本课的教学设计，再次提问学生，学生都能够准确说出轮轴的基本特征，能区分轮轴和滑轮，而继续学习滑轮一课时学生还能以轮轴为例区分出滑轮的概念。

同样，本单元我还把斜面与杠杆进行了比较，学生会发现斜面里面没有杠杆原理，再去分析时就不会认为只要省力就一定是杠杆原理了。

三、体会与认识

通过浅显的研究，我基本梳理出了科学六年级课《工具与机械》单元运用变异理论引导学生形成正确科学概念的方法。通过使用这种模式，我发现学生形成的概念更加清晰，课堂效率也更高。

我认为通过变异理论，一定能改变传统的探究方式，解决在学生探究时只注重活动的氛围，忽略概念的完整与正确这一教学难题，通过对变异理论的学习研究，可以对习惯性的教学模式进行必要的反思和改进，会使学生更会探究、更爱探究。而运用这个理论的关键还是深入教材，通过辨析建构概念。

通过蒋老师的课后反思，我们发现，教师正是在教学探索的过程中，变得自信了，对教学活动有更清晰的认识，能够独立自主地做出教学改进。

第二节　教学研究要洞察教学的细节

“细节决定成败”，教学细节成就教学的品质。教学启发在于“不愤不启，不悱不发”，而造成学生“愤悱”状态的，通常是一个个小的细节。虽是细节或细小的部分，却又通常是教学的“阿基米德点”，一旦被忽视，便会造成学生巨大的理解困难。因此，只有锤炼、打磨教学细节，能够把细节放大，才能够“四两拨千斤”、“细节处见精神”。

在变异教学实验过程中，我们的各种教学研讨活动，就是对教学细节的锤炼和打磨。

一、把握细节是教师的基本功

教学的细节表现在方方面面，当然也表现在时间的安排上。教师要有效利用课堂的时间，需要兼顾许多因素。比如，教师多花多少时间才能让学生少花时间？教学环节的时间如何分配？举例多少才能保证时间够用？……对教学时间的关注，按教学的顺序和流程，可以分三个层面。一是试讲之前，在教师的教学设计中对时间的安排和处理；二是在课堂教学中，教师对时间的动态把握和调整；三是教学后，对教师时间处理的回顾和反思。

在北京市苏家坨学区试讲与进行教学设计研讨时，刘春艳老师对教学内容和教学时间产生了疑问和困惑。

刘春艳：想问问以前教过这个内容的老师，要是把这些（指直径、半径的辨认）辨认的情况都教，时间够不够？如这种像是半径，还是直径的情况，时间应该不会有更多增加。

丛立新：可以事先准备好，学生如果事先有准备，就不会花更多时间。学优生没问题，有些成绩处于中下等的学生会迷茫。这个问题其他人也考虑过，但如果仅仅增加演示图，时间也可能不会增加。

当然，教学细节更多的还是表现在对教学内容的处理上。例如，某个小知识点是不是有问题？教师对学生的关注是否全面？教师制作的课件有没有字、图片等方面的问题？正例和反例的使用是否合适？对学生的错误有没有及时关注和纠正？……

关注教学细节，要求我们从教学设计中的一些点（如知识点、转折点、关键点等）出发，发现问题、分析问题，这些问题可能是小问题，但对这些小问题的挖掘和分析，却具有大作用。在变异理论实验过程中，教师研究最多的，就是这样一些细节。

2010年秋季学期，北京市上庄学区在白水洼小学举行了一次教学研讨活动，这次活动主要针对两节研究课进行研讨。这两节课之前已经做过一次试讲，这次是第二次试讲：

一、研究课的内容

第一节　白水洼小学　韩飞老师执教的数学课《线的认识》

第二节　上庄中心小学　冯丽君老师执教的数学课《乘法分配律》

二、评课

（一）上课教师说课

韩飞：“线的认识”是四年级的课，我们这次上课用的是三年级的学生，上起来有些吃力。因为学生没学过画线段。这次课的思路变化不大，还是从生活中的斑马线、竖琴等入手，引导学生认识不同的线。先引导学生认识线段，然后是射线、直线。和上次相比，依然是从生活中的事物抽象出三种线（指线段、射线、直线），有变化的只是加上了长度能不能延长。整体来说，没有用四年级学生上得顺手，练习题没有完成，介绍前面三种线的特点用时太多。

冯丽君：以三个情境为依托，认识乘法分配律，让学生发现生活中可以运用的例子，为发现规律做准备。练习题安排了拆数的、隐藏1的，原本在最后环节还安排了一道开放题，但因为时间紧，没实现。如果能完成就更能体现变异理论了。与上节课不同的是，换了一个数，板书增加了两组算式，这三个情境的落脚点放在了方便计算上，让学生能够感受到学习“乘法分配律”是为了使计算简便。

（二）评课

1. 评冯丽君的课

郭华教授评：乘法分配律的关键点是让计算简便。有些学生对等号两边是否相等不太注意，有些错误就是出自等号两边不相等。因此，一定要强调等号两边是相等。乘法分配律的本质特征是等号两边是相等的。其次，课堂要有节奏感，前边用时太多，有拖沓感，后面时间少了，不从容。教学还是要注意给学生搭台阶，要从生活到数字再到字母。从生活入手，不断抽象，再从抽象到具体。

韩玉梅评：前边新授课部分用时太长，新授课通常15分钟，不能超过20分钟，后面要安排时间做练习。课件的字太小，字要大一些。

学者1评：分配律的核心是什么，就是它的定义；练习题124×21怎么做，这道题太突兀了，学生还没有从“套”中出来；总结字母公式的时候，忽略了学生的认知，从左边怎么到右边，要从学生的思维习惯出发。

2. 评韩飞的课

研究生1评：听过类似的课，上课教师是从直线入手，先讲明白直线，再从直线上截取线段和射线，这样学生是不是能理解得更深入。

韩飞：可能这样端点就不能理解得透彻了。

研究生2评：三种线的读法能否依次讲解，不要放到一起讲解；表格学生完成得很吃力，是否因为前边没有讲清楚；教师的问题要明确，要让学生明白老师在问什么；有些内容不要直接打出来让学生读，要让学生自己感悟。

韩玉梅评：以一种线为基础，先学透了，再抓住不同学习后两种线，例如：斑马线的长度一样长，为什么能画固定的长度，引导学生去发现线段的特征。三种线不要平均用力。

李立新校长评：线段为重点，后面两种线让学生自学。

郭华教授评：要让学生自己悟，不要直接给学生；要以一种线为依托，怎么研究的，方法是什么，以端点、方向、长度引导学生学习。要教给学生方法；端点和线上的点有什么关系，为什么不能也叫端点，关键因素怎么找出来，变异理论的反例，点在中间就不是端点；读法问题，为什么射线只能有一种读法，而直线、线段却可以有两种读法呢？要找到恰当的方法，让学生真正地理解；课件中的掌声去掉，声音杂乱。

学者1评：线段的端点，端点什么意思？开端、末端、终结，或是一种性质？数学概念和生活中的要区分开；射线举的例子不是很确切，方向并没有变；要给学生充分的思考时间。

学者2评：变异本质同中求异，异中求同，找事物的共同特征。线的认识本质是端点、长度等问题，这几个内容维度不变，本质不变，其他是可以变的；要从不同找到关系，抓住本质特征。

3. 北京市海淀区教科所李艳莹总结：提的问题要设计好；重点要落实；教学设计很完善，要关注学生的具体学习程度；对于学生的答案不要一下就肯定，要给其他的学生留出回答问题的空间。

2010年秋季学期，在北京市定慧里小学一次教学研讨活动中，大家一起讨论李海燕老师执教的一节六年级数学《比的认识》。

银燕小学《比的认识》

李海燕　六年级数学

李海燕：生活中有应用，在以前常理解为“配比”，对“比”的概念理解得狭隘。

现在找标准正例：糖水；自身比例；福尔摩斯；脚长与身高的

比；中国国旗；长宽的比。

非标准正例：速度（单位不一致）

反例：篮球比赛中比分，例如，比分为98∶84

长方形长宽扩大值一样

学情分析：调研中，一汤匙糖水，100ml，大多数学生会自己配。在学生熟悉的环境中读写“比”。

设计：以糖、水的比例

速度 单位

出示比的定义

出示相对的定义

陈红兵：定义如何给的？

李老师：书上给的。

陈红兵：教材上例子挺多的，感觉背后的线索挺多的。

李老师：长宽放大缩小。

陈红兵：感觉“比”不大容易理解，值得挖掘、探索。基本上按上次的案例。

三个层面：A∶B 或 A/B、2 个同类量的比、2 个不同类量的比

这三个层面之间什么关系？哪个更上位，更本质？

A∶B 是最基本的、最为本质的。

陈红兵：A÷B 更本质，其他两个是它的类型。

找资料：《辞海》对“比”的解释

内地的解释：两个数相除。

1. 等分除，得到的是一个量。

2. 包含除。

3. 当量除，不同量之间的对等关系（他认为 1 中没有比的意思；2、3 中有比的意思）

台湾的解释：比，两个量之间的对等关系。

分析例子：等分是否可以转化成比的意思。

如：人均国民生产总值。不同国家之间有，也可叫均分量。均分量是否也有对等的含义？

比是除法的一种特殊称呼。涉及举例子，如何对接？看本质的含义，李老师把这之间的关系再讲一讲。

比是两个同类量或不同类量相除，来记录它们的关系。

1. 有2个量（可以同类，可以不同类）——非本质属性。

2. 这两个量相除记录对等关系。（比的本质属性是什么？如果用“除法”界定，过于抽象）

3. 这种对等关系表征了某种本质属性。

李老师举了五大类标准正例，也是很多的。

糖水的浓度是有意义的，人的身材匀称也是一种属性，矩形的长宽比是形状属性，比相同，形状也相同。

电视屏幕例子好理解：两种16∶9和4∶3。

争取从这两个属性分析。

这次我也列了11个例子。（没按标准、非标准整理分；按同类量与不同类量——考虑先给同类量，再给不同类量，易掌握）

宗宝国：教材上多是这种顺序，不同类量多表示结果。

按同类量（单位相同）：男女人数；身高比例；投入产出比；斜坡的斜度。

按不同类量：速度、价格、浓度（有时同类量）、密度。

用什么维度来给例子，怎样更有深度？这些量有些是专用术语（比值就是这种量），有的时候没有，如长方形的长宽比。

是“有”的容易还是“没有”的容易？如何组织这些例子呈现，需要自己思考，组织一个例子。

银燕小学某老师：比是两个量之间大小的关系，并不表示一个比值的含义。人与桌子的比例，表示一种关系。

宗宝国：不同类量之间的比是一种比值。同类量之间的比体现一种关系——倍数关系。

陈红兵：不同类量之间的比是一种当量关系，倍数关系。台湾把这两种关系统一叫作“对等关系”。这种提法，使两种关系走向统一。

二、通过细节把握事物的关键属性

事物的关键属性或者本质特征，需要通过对多个细节的变化，来使学生认识到“不变”的本质。那么，通过哪些细节来揭示事物的本质特征，又如何呈现细节，需要教师精心的考虑和设计。

北京市东马坊小学的韩淑红老师在《分数的初步认识》一课中，反思了如何运用变异理论来进行概念教学。她写道：

数学概念具有一定的概括性和抽象性，根据皮亚杰对儿童认知发展阶段的研究，小学生正处于“具体运算阶段”，基本上克服了思维的自我中心，能进行简单的逻辑推演。但是，思维活动仍局限于具体的事物以及过去的经验，这对学生学习数学概念是一个最大的障碍。小学生在学习数学概念中的这种特点，需要教师在教学中尤其是抓住概念的本质特征来引导学生对概念的全面把握。但是，在教学实践中，有的教师对概念教学的重要性认识不足，在概念教学中存在着重计算，轻概念；重结论，轻探索；重形象，轻抽象；重课本，轻实践等问题，导致学生对数学概念认识片面、模糊。那么，怎样才能提升概念教学的有效性呢？变异理论为我们提供了全新的视角。

视角 1：学习源于系统的重复和变异。变异理论认为：对于学习来说，一定数量的重复是绝对有必要的，但并不是说学习能从一成不变的简单重复中产生。变异理论的基本观点是，为了认识某个事物，就必须注意到这个事物与其他事物之间的不同。马飞龙和他的同事们为我们总结出了变与不变的四种范式：对比、类合、分离和融合。

在教学《分数的初步认识》一课时，“平均分”是分数的关键属性，为了帮助学生识别出“平均分”这个关键属性，教师选择学生喜闻乐见的生日情境导入新课，让学生借助自己的生活经验将一块蛋糕分成2份，得出相等和不等的两种分法，通过对比两种分法，认定“平均分”是最公平的分法，从而引出$\frac{1}{2}$，为分数的学习奠定基础。教师在学生用$\frac{1}{2}$表示出半个蛋糕之后，使用类和的范式帮助学生把学到的知识应用到其他情况。让学生借助圆形、长方形、等边三角形、等腰梯形等学具，先动手折一折，再用斜线把它的$\frac{1}{2}$涂上颜色，以此来说明$\frac{1}{2}$的意义。教师通过指导学生对比长方形的3种折法，进一步体会不管怎样对折，只要把长方形平均分成2份，每份就是这个长方形的$\frac{1}{2}$。在学生充分感知$\frac{1}{2}$的基础上，为了帮助学生识别出分数的分母这一关键属性，教师运用了分离的范式，适时提出问题：你还想认识几分之一？用手中的学具折一折，并用彩笔表示出来。给学生空间和时间，让学生自主创造分数，学生在动手折、说分数的意义、观察板书的同时，就会发现不管什么图形，只要平均分成几份，分母就是几，分母表示的是分的份数。

接着，教师通过图形的变换，不断拓展丰富学生对分数的认识，体会分数的分母和分数数值的关系。下列图形中，涂色部分可以用几分之一来表示？

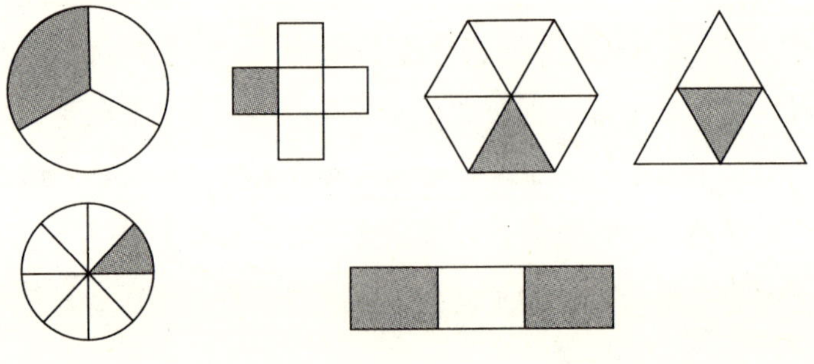

第六幅图运用融合范式，是具有承上启下的作用。承接几分之一，又引出新知：几分之几，通过“上图中空白部分可以用几分之几来表示？为什么分子不是 1 了？”这两个追问，分离出分子的属性：分子表示所取的份数。学生明白了分子、分母的属性后，分数的概念形成就水到渠成了。

视角 2：学习是迁移的差异性和共同性共同作用的结果。变异理论提出，没有共同性当然就不会有迁移，但是没有差异性也不会有迁移。二者同样重要。我们之所以能认识事物的特征，是因为这些事物有些方面相同而有些方面不同，进而通过对比、区分来加以认识和理解。传统意义上的概念性变式主要包括以下两类变式：一类是改变概念的外延，称为概念变式；另一类是改变一些能混淆概念外延的属性，比如举反例，称为非概念变式。这两种变式构成“概念性变式”，目的是让学生获得对概念的多角度理解。在教学《分数的初步认识》中，我设计了如下的练习题：

1. 用分数表示下面各图中的涂色部分，并读一读。

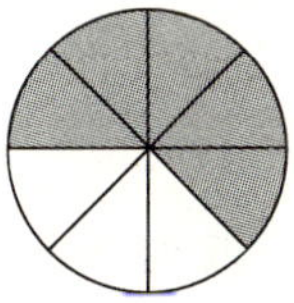
(　　)

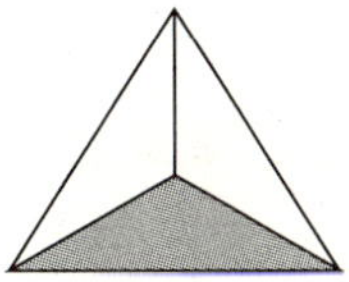
(　　)

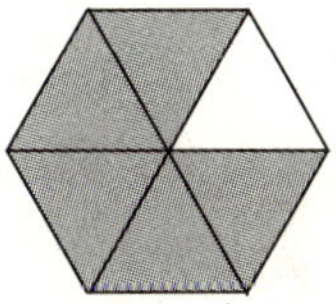
(　　)

2. 按分数把下面各图形涂上颜色。

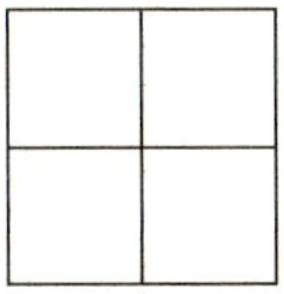
$\frac{3}{4}$

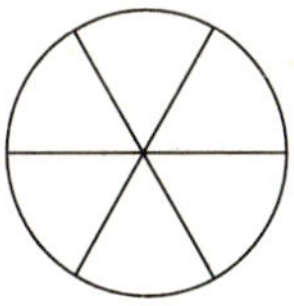
$\frac{1}{6}$

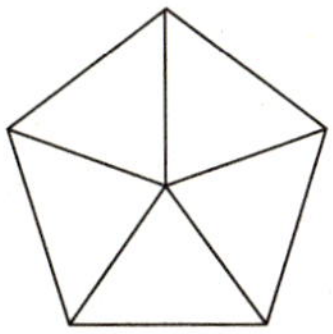
$\frac{3}{5}$

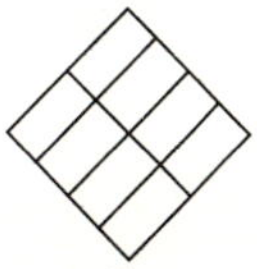
$\frac{5}{8}$

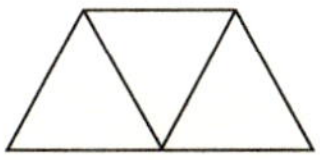
$\frac{1}{3}$

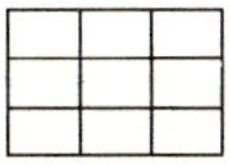
$\frac{2}{9}$

3. 下面图形中涂色部分可以用分数表示吗？

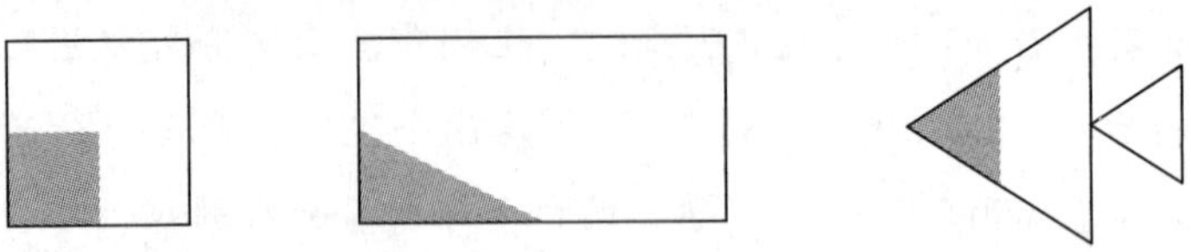

在这一巩固练习中，我运用融合的范式，将是否平均分、切分的份数、所取的分数同时变化，检验学生对分数意义的理解。练习3为学生提供了标准、非标准的正例以及反例，使学生透过现象看到本质，借此帮助学生准确形成概念，真正掌握概念。练习4则是采用非标准的正例，需学生自己添加辅助线将图形进行平均分之后才可以用恰当的分数表示出来。

视角3：学生的错误是最好的教学资源——反例。变异理论为我们理解正反例在概念学习中的作用提供了一个独特的视角，使我们不仅知道什么样的正反例有利于学生学习概念，而且知道为什么这样的正反例有利于学生学习概念。我们从使用的教材中可以直接获取正例，而对于反例在其中所占的比例非常小。变异理论指出学习者要先单独审辨出事物的每个相关属性，最后同一时间把这些相关属性联系起来，融合在一起，才能认识这个事物。只有正例而没有反例，是不利于学生学习概念的。反例从何而来？我们面对一个个生命的个体，学生的思维方法各不相同，因此，出现偏差和错误是很正常的，这就为我们的教学提供了最好的教学资源——反例。如在教学《分数的初步认识》一课时，我们通常都会采用如下的练习形式：

4. 用下面的分数表示阴影部分对吗？对的画“√”，错的画“×”。

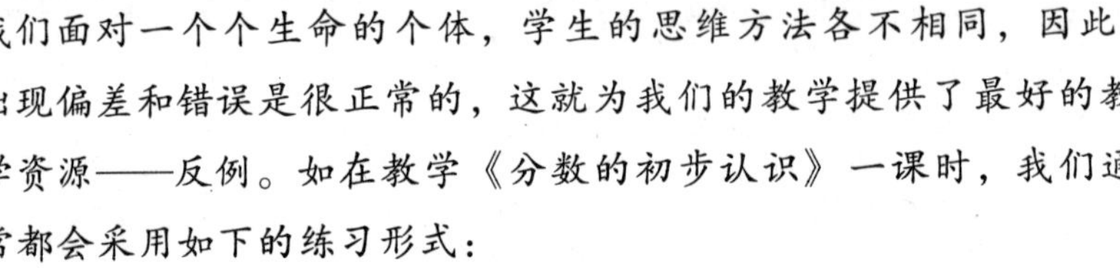

$\frac{3}{4}$（ ）　$\frac{2}{3}$（ ）　$\frac{1}{2}$（ ）　$\frac{4}{6}$（ ）

题目中的前两道题就是“平均分”这一关键属性的反例，是错误的。但是第二小题往往会有个别学生将其判断为正确。教师在课堂中可以给学生创设良好的思维空间，引导学生多角度、全方位审视图与数之间的内在联系，深化对分数的认识。

由上文可以看到，韩淑红老师正是通过若干例子的设计，来凸显不易被学生发现的细节，从而能够使学生通过细节的辨别来认识概念的关键属性。

第三节　教学研究无止境

教学是细活，需要花费大量时间精雕细刻。教学活动的改进与提高，永无止境。所谓的“没有最好，只有更好”，对于那些有志于教学规律探索的人来说，教学活动的改进是一条看不到尽头的漫漫长路（学生的大脑是怎么工作的，为什么教师讲了学生就懂了，学生的思维到底是怎么运行的），唯有扎扎实实走好每一步，才可能有所发现。对于变异教学理论的课堂教学研究而言，我们所做的，也仅仅是迈开了一小步。

一、教学研究是一次次的探索旅程

对有些教师来说，教学是一种简单重复的工作，要做什么、能够发生什么，都在预料之中，习以为常、熟视无睹，因而在这样的教师那里，教学是无趣的、乏味的，是一次次对惯例做法的重复。久之，不仅教学活动难有提高，教师的职业倦怠也是严重的。在变异教学实验项目组中，最开始教师是排斥所谓的“教学研究”的，因为太熟悉了，无须研究。但是，在一次次的共同研讨中，教师发现，原来自己的教学工作中有那么多的问题需要重新看待、需要深入研究。当他们把研究的目光投射到日常的教学生活中，从自身的实践中去发现问题、分析问题和解决问题时，教学研究就成为一次次的探索旅程，每一次都会有新发现，令教师欣喜。

例如，北京市某学区教师头脑风暴列出的科研主题：

数学

—非标准正例（关键属性上的表现不典型）

- 硬币—圆柱体

—多种正例（在非本质属性上变化）

- 角的大小与边的长短无关，与开口大小有关
- 平均分与有没有剩余无关
- 分数的含义

—对照反例（识别关键属性）

- 不是长方形——长方形的四个内角相等
- 两个数的倍数关系与比多少的区别
- 两位数乘法竖式——加减法竖式

—概念的多方面属性或多个知识点的融合

- 分数的意义：整体 1 代表的数量；平均分的份数；所取份数；分数代表的数量……
- 时钟指针的大致形状、时针和分针的相对位置
- 用方程解决相遇问题
- 圆周长与半径的关系

语文—英语

- 通过比较巩固知识：同音字、形近字、多音字、同偏旁的字
- 引导学生分类并寻找共性和规律

—形声字规律：偏旁部首与字音、字义的关系

—英语字母的读音：cake，make，date，late……

—词语搭配和句式规律等

- 通过对比掌握多样性的表达方式

—文章开头：共性—点题或吸引读者；可以有所差异

- 增加迁移运用的学习任务

—运用构字规律猜认生字；词语搭配

—选字填空（音形接近的字）

—假如我有一支马良的神笔……

科学—信息技术

- 鉴赏与运用

—插入艺术字：对比中使学生感受美观、和谐

- 对比中识别概念的关键属性

—电磁铁：通电和断电；绕线方向单一和变化；线绕在金属棒（铁钉）和非金属物品上；绕线圈数

—土壤的组成：三种土质的共性

—认识“冰点”：未结冰时的温度—结冰时的温度；能溶解的物质—不能溶解的物质

- 知识的迁移运用

—“巧用绳”：死扣/活扣；不同应用情境

可继续探讨的问题

- 依托教材恰当确立教学目标和教学重点

—数学“东南西北”：方向名称的固定性；四个方向的顺序关系；

—语文阅读教学：通过“这一篇”课文教篇章结构特点、写作方法、阅读策略等

—科学：学习概念而不仅仅是感知和记忆事实

- 根据学生学习难点设计变异教学活动

—不容易出错的规定性内容不必“变异”

—围绕本课重点内容精选“变异”

这些问题都是教师工作中和个人发展过程中遇到的具体障碍和情境问题，教师在对问题的分析和解决中，主动发展智慧、提高能力，养成反思和探究的良好习惯和品质，动态生成自身专业发展的必备素质。而研究的结果，最终将回归到实际的教学工作中，教师通过教学设计的改进，更加合理地改善实际的教学工作。

二、只有继续前行，视野才能更加宽广

北京市海淀区的几个学区从变异理论入手，开始了教学研究的旅程。正是在研究中，教师们越来越感觉到，我们以前的一些教育理论依然有价值，其他的一些教育理论也有价值，不能只局限于一种学习理论。

教师们有这样的认识，说明以变异理论为切入点的实验是成功了。教学活动是一种复杂的、高级的社会活动，不可能由一种理论就能做万全的解释。各种理论共存，有的解释了教学的这面，有的解释了那面，诸多理论也都只是部分的深刻的解释，只有在活动的主体这里，各种理论才能真正融合在一起，共同成为教学活动的依据。

教师们有了这样的认识，说明我们走上了一条自觉研究之路。只有继续前行，视野才会越宽阔，我们更自觉地往前走。

附录一

变异教学理论实验研究大事记

2010 年 3 月—7 月 北京市海淀区变异教学课题组专家团队在全区范围及各学区组织 9 次变异理论培训。课题组干部教师对变异理论从陌生到熟悉，逐步领会其真谛。

2010 年 11 月—2012 年 11 月 北京市海淀区变异教学课题就课题组干部教师在变异教学实验中积累下来的案例、论文、教学设计基础上，组织 3 次年度主题征文，形成一批优秀的研究成果。

2010 年 11 月—12 月 北京市海淀区变异教学课题组在各学区组织起集专家、科研人员、学区、学校干部教师于一体的研究共同体——工作坊，各工作坊内部开始尝试运用变异理论开展教学实践，其中专家指导下开展变异理论教学设计研讨 21 次，课题组广大干部教师逐渐清晰了变异理论指导教学实践的教学内容及方式。

2011 年 3 月 北京市海淀区变异教学课题组各学区组织论文撰写培训 4 次。

2011 年 4 月 8 日 北京市海淀区变异教学课题组为课题组校长、教科研主任开展“变异教学课题子课题科研方法培训”。课题组全体成员清晰了变异教学子课题的研究方式，提升了自身的科研素养。

2011 年 5 月 27 日—28 日 北京市海淀区变异教学课题组在首师大附属

育新学校小学部组织“首届变异教学理论课堂实验研讨会”，变异教学课题组成员及全区小学负责教学、教科研的领导参会，海淀区广大干部教师开阔了视野，对变异理论有了更加直观、清晰的了解。

2011 年 9 月 16 日 北京市海淀区变异教学课题组为课题组干部教师开展“运用变异理论进行教学设计的步骤”培训。课题组成员的实践思路更加清晰，步骤更加科学合理。

2011 年 10 月 19 日 北京市海淀区变异教学课题组在石油附小组织“与特级教师同上一节课活动暨变异教学课题论坛”，变异教学课题组全体成员及全区小学负责教学、教科研的领导参会，海淀区广大干部教师在领略了特级教师的教学风格的同时，对变异理论指导教学的主导思想更加清晰。

2011 年 11 月—12 月 北京市海淀区变异教学课题组就课题开展以来形成的精品教学设计、研究课，在四学区内组织“变异理论指导下的研究课和教学设计”评比活动，在树立典型、推广经验的同时，加强各学区之间的交流、合作。

2011 年 12 月 7 日—13 日 北京市海淀区变异教学课题组织课题组成员赴宁波市万里国际教育集团、宁海县实验小学教育集团、杭师附小教育集团参加“变异教学课题浙江名师教学培训”。课题组成员拓宽了研究思路，吸收了前沿的教学改革经验，更深入地开展变异教学实践研究。

2012 年 2 月 29 日 北京市海淀区变异教学课题组为课题组干部教师开展“运用变异教学理论开展教学研究的策略和方法”培训。课题组广大教师掌握了高度凝练的变异教学实践策略。

2012 年 3 月 3 日 北京市海淀区变异教学课题组在昌平温都水城为课题组各校科研干部进行变异教学课题成果提炼方法培训，在了解课题组成员提炼成果个性化需求的基础上，帮助各学校理清课题总结经验、提炼成果的思路。

2012 年 4 月 20 日 北京市海淀区变异教学课题组为课题校干部教师开展“变异教学课题论文撰写培训”。课题组全体核心成员分享了 2012 年度一等奖优秀研究论文研究成果，掌握了优秀论文撰写方法，为下一步课题成果的提炼打下了良好基础。

2012 年 4 月—5 月　北京市海淀区教育教学课题组各学区组织“适合变异理论指导教学的学科知识梳理及对照表”的培训和研讨 2 次。课题组教师在专家的指导下，对适合变异理论指导教学实践的教学内容有了一个更加系统的认识。

2012 年 9 月—2013 年 4 月　北京市海淀区变异教学课题组为课题校干部教师开展 2 次“变异教学子课题研究报告撰写培训”。课题组干部教师清晰了课题研究报告的撰写方法，培训为各学校针对子课题个性化研究开展的科学、规范的全面总结奠定了基础。

2013 年 10 月 25 日　北京市海淀区变异教学课题组召开“变异教学课题结题暨成果交流研讨会”，课题组分享四年来课题研究成果，推广可操作的实践经验策略，为下一步的深入研究奠定了基础。

附录二

变异教学理论实验研究课题组成员名单

单位（范围为北京市）	负责人	执行人
二里沟学区（7）	马福兴	宗宝国
万寿寺小学	徐宝如	吕艳红
定慧里小学	刘海忠	刘小侠
八里庄小学	张艳红	郝建萍
北洼路小学	钱　军	冯益勇
亮甲店小学	郑亚伶	贾　斌
六一小学	董洪霞	高建光
人大附小银燕分校（原银燕小学）	郑瑞芳	王海龙
东升学区（7）	常有盛	杨　蕾
实验二小	张国立	陈　丽
育鹰小学	赵　芳	张丽霞
科大附小	张美娜	刘江山
育新学校小学	张金成	丁　新
实验三小学	赵　瑗	邹　红

续表

单位（范围为北京市）	负责人	执行人
石油附小	肖　英	路红梅
中关村一小	刘　畅	蒋东伟
苏家坨学区（5）	杜德强	韩秀梅
苏家坨中心小学	杜德强	周　继
北安河小学	郝金山	张淑艳
红星小学	王秀君	王　军
台头小学	翟金利	刘利平
苏三四小学	李雪琴	周海燕
上庄学区（4）	毛向军	韩玉梅
上庄中心小学	毛向军	夏雪琴
前章村小学	管全玲	白永红
白水洼小学	李立新	赵忠霞
东马坊小学	史海深	韩淑红

后　记

北京市海淀区变异教学理论的课堂实验研究课题，从2010年年初启动以来，在海淀区委教育工委、区教委、区教育督导室领导的高度重视和关心下，选择了四个学区的23所项目实验学校开展研究工作，走过了一段艰辛的教学探索之旅。四年来，课题实验学校经过努力学习领悟了变异理论的真谛，以数学学科为主，兼顾语文、英语、科学等多学科，创造性地运用变异理论指导教学实践，组建教师研究团队，充分调动了教师参与教学改革的积极性和主动性。实验学校教师积极尝试变异教学课堂教学策略和方式，形成了一批高质量的和优秀的教学案例、课堂实录和研究论文，提炼出了一套运用变异理论指导教学实践的操作流程和实践策略。

课题实验得以顺利进行并取得理想的实验效果，首先我们要感谢变异理论创始人——瑞典哥德堡大学教育学院马飞龙教授、香港大学教育学院彭明辉教授以及他们的研究团队。在2011年“首届变异教学理论课堂实践研讨会”的过程中，为我们带来了关于变异理论的原汁原味的解读。与此同时，他们作为先驱者的先进实践经验，以及极具借鉴价值的现场教学交流、学术交流，使项目组成员更加准确地把握了理论的真谛，更加清晰了变异理论在实践中的操作要领。

其次，我们要感谢参与项目实验的四个学区中23所项目实验学校的校长、科研干部和广大教师。正是他们的积极参与，以及坚持不懈的努力，使得项目实验任务得以圆满完成。通过实验，课题组干部教师更新了教学理念，更清晰地把握了教学内容，科学规范了教学设计，提升了科研素养，提高了课堂教学质量和实效。

四年来，北京市海淀区教科所的研究人员与北京师范大学专家以及项目组领导、教师一起，伴随着项目的推进，形成了团结、和谐、创新、高效的研究团队。

当然，本书出版发行得以实现，离不开众人多方的积极参与和共同努力。参与本书撰写的人员有来自海淀区“变异教学理论的课堂实验”项目组的一线干部教师，他们是：高萍、蒋振东、王文雅、王妍、李实、刘文静、綦宝珠、裴亚军、路会敏、丁新、单红利、马宁、韩志领、叶建娣、李国彦、吕庆红、侯丽达、王晶晶、张云丽、冯丽君、韩淑红。他们的参与使我们的书稿内容更加丰富，形式更加活泼，感谢他们的辛勤劳动。参与本书撰写的人员还有北京师范大学教育学部课程与教学研究院的研究生，他们是博士研究生吴立忠、黄华、刘弋贝、李晓蕾，硕士研究生王礼君、马用雷、薛亦娇、李昆、李凌、王珍菊、江笑、闫国瑞、徐佳、于熙、上官金曼、刘敬仙、顾腾飞、樊琪、严优、丁鑫、朱丽玲、胡爱萍、刘烜，由衷地感谢他们的投入与付出。教育科学出版社的领导对本书的编写和出版给予了大力指导和帮助，孙袁华、张璞、谭文明等同志提出了宝贵意见，谨此一并致谢！

尽管实验取得了预期的成果，积累了丰富的教学改革经验，但是，由于时间、条件等多方面的限制，研究还处于初步探索阶段，尚有一些不尽如人意之处。相信在今后的实验推进过程中，我们还会不断地完善和改进。

由于时间仓促，水平有限，本书难免有疏漏、不妥之处，敬请读者提出宝贵建议。

2013 年 9 月

出版人　所广一
责任编辑　孙袁华　张　璞
版式设计　杨玲玲
责任校对　贾静芳
责任印制　叶小峰

图书在版编目(CIP)数据

教学的稳与变/吴颖惠等著. —北京:教育科学出版社,2013.10(2017.7重印)
ISBN 978-7-5041-8029-2

Ⅰ.①教… Ⅱ.①吴… Ⅲ.①课程教学—教学研究 Ⅳ.①G424.21

中国版本图书馆CIP数据核字(2013)第243033号

教学的稳与变
JIAOXUE DE WEN YU BIAN

出版发行	教育科学出版社		
社　址	北京·朝阳区安慧北里安园甲9号	市场部电话	010-64989009
邮　编	100101	编辑部电话	010-64989559
传　真	010-64891796	网　址	http://www.esph.com.cn
经　销	各地新华书店		
制　作	北京金奥都图文制作中心		
印　刷	北京玺诚印务有限公司		
开　本	169毫米×239毫米　16开	版　次	2013年10月第1版
印　张	15.75	印　次	2017年7月第4次印刷
字　数	229千	定　价	35.00元

2011年10月“与特级教师同上一节课暨变异教学课题校长论坛”活动现场

2011年10月浙江特级教师俞正强在“与特级教师同上一节课暨变异教学课题校长论坛”中做报告

2011年10月浙江特级教师俞正强在“与特级教师同上一节课暨变异教学课题校长论坛”活动中做研究课

2011年10月北京市海淀区教师在“与特级教师同上一节课暨变异教学课题校长论坛”活动中做研究课

②

从立新教授在北京市海淀区苏家坨学区同课题组教师开展教学设计研讨

陈红兵教授在北京市海淀区二里沟学区同课题组教师开展教学设计研讨

郭华教授在北京市海淀区上庄学区同课题组教师开展教学设计研讨

易进教授在北京市海淀区东升学区同课题组教师开展教学设计研讨

北京市海淀区育鹰小学刘敏杰老师利用变异理论给孩子上写话课

易进教授在变异教学课题研究课中听课

北京市海淀区东升学区运用变异理论指导科学课教学

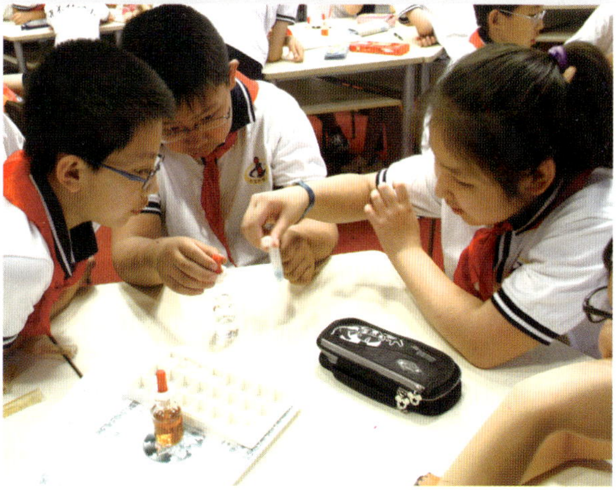

北京市海淀区中关村一小运用变异理论指导科学课教学

2011年5月北京市海淀区教委王建忠副主任在首届变异教学理论课堂实践研讨会开幕式上致辞

2011年5月首届变异教学理论课堂实践研讨会的研究课现场

2011年5月首届变异教学理论课堂实践研讨会中香港教师做语文研究课

2011年5月首届变异教学理论课堂实践研讨会干部论坛中瑞典马飞龙教授与课题组干部教师面对面交流